U0448317

常锡桢 著

鼎沸沙鸣
从北京到台北的乡愁

商务印书馆
2017年·北京

图书在版编目(CIP)数据

鼎沸沙鸣:从北京到台北的乡愁/常锡桢著.—北京:商务印书馆,2017
ISBN 978-7-100-12539-0

Ⅰ.①鼎… Ⅱ.①常… Ⅲ.①常锡桢—回忆录 Ⅳ.①K825.42

中国版本图书馆 CIP 数据核字(2017)第 164242 号

权利保留,侵权必究。

鼎沸沙鸣:从北京到台北的乡愁
常锡桢 著

商务印书馆出版
(北京王府井大街 36 号 邮政编码 100710)
商务印书馆发行
北京新华印刷有限公司印刷
ISBN 978-7-100-12539-0

2017 年 11 月第 1 版　　开本 787×960　1/16
2017 年 11 月北京第 1 次印刷　印张 24¾
定价:68.00 元

目 录

前 言 I

第一章 话从当兵说起 几度死里求生

要说，也从当兵说起吧 2
独立辎重汽车第十四营 3
东北盐警总队 6
志愿出差 押运冬装到营口 9
回程周折 旷野萧瑟 空村寂寂 13
夜宿甜水井 月色暗 风声紧 人瑟缩 17
胡家惊魂记 车倒 人倾 马翻 20
再访沟帮子 绕过双羊店 行军回锦州 21
葛师傅情深义厚 罗宋汤齿颊留香 23
出差当勤务 护送曹帮办到北平 25
请短假回乡探母病 火车宪兵放我一马 29
天津海光寺进陆军 团部书记室当上士 33
驻防通州 李荣相密云县短假探亲 35
部队开拔 卫军需开导话 铭记在心 39
刘安庄鱼腥虾臭 睡热炕下暖上凉 41
本团扩编为三一八师 溯河西上探葛沽 45

1

塘沽旧事　1948年短暂造访葛沽镇	46
天津失守有人开小差　塘沽撤退登上北盐轮	48
渤海湾风云变色　北盐号触礁惊魂	49
安抵青岛进退失据　灵山战役伤亡惨重	59
"赤脚"大夫土法医疮　劈石据险　山村救人	66
青岛撤退到基隆　误认琼岛是天堂	71
丁佩玉荣升营长　莱阳老乡称英雄	75
天涯海角风情雨意　蛇虫果蔬不识鲜奇	76
海南风风雨雨　回忆点点滴滴	79
为助女友持枪抢劫　海南岛老广殉情毙命	81
长坡——烟墩之行	85
水土不服英雄无力　兄弟相会宛如隔世	90
银元太重带不走　海口机场办移交	93
琼岛撤离不知归期　故乡亲人思念无尽	94

第二章　家世出身成长　故都旧事乡情

我出生成长的地方——闷葫芦罐（胡同）	96
闷葫芦罐的地理位置	98
闷葫芦罐人文凋敝	100
军阀、财阀之外　北京还有粪阀	102
从一段往事怀念父亲常玉峰公	103
祖传中医　重良心　轻财富　家境清贫	106
父亲常说的一段军中故事	108
我降生一年两个多月时曾遭劫难	111
幼年就读香山慈幼院二校	116

慈幼院五校设在我家附近——窦家坑	117
父亲送我到香山念书的那一天	117
曾在香山地区见过的文物和特产	118
沦陷期间的香山慈幼院二校	122
我曾参加熊希龄院长逝世追悼会	123
邻居种大哥是个好警察	125
闷葫芦罐里的赵柱子	130
闷葫芦罐里焊洋铁壶的老崔	137
忘不了北平那些拉洋车的爷们儿	138
北平的电车	146
天桥八大怪中的"大兵黄"	148
补漏如新手艺高——锔炉锅的	152
三丈高棚平地起——棚匠	153
横竹竖线遮窗门——织竹帘子的	154
串街敲鼓收旧货——打鼓儿的	155
阴丹士林大五幅——卖花洋布的	158
代马输卒自奋力——拉排子车的	159
千斤重物一肩扛——窝脖儿	161
千里长征我先行——拉骆驼的	161
敬德李逵赛张飞——煤黑子	162
白纸坊印刷局与北京印钞厂	163
在闷葫芦罐里成家立业	165

第三章　海峡两岸相望　家庭旧梦难圆

戒严体制下的生活	168

兄弟聚短离长　　　　　　　　　　171
家父乘鹤归西　　　　　　　　　　174
家庭支离破碎　　　　　　　　　　182

第四章　兄长往事历历　明志传继家风

恩泽家族　感念良多　兄弟情深　聚少离多　　184
运金之说　姑妄言之　大有公司　责任无限　　186
同事相煎　遭受排挤　不是好来　不会好去　　188
重读旧信　恍然一梦　善良宽厚　深感不值　　189
染红不至于　信中表心声　祖国一样情　　　　190
金德璋"外交部"探密　友联是大陆外围组织　　191
常友石1965年曾秘密赴沙捞越工作一年　　　　192
历经白色恐怖、警察骚扰与友联相关？　　　　195

第五章　情义交织台湾　艰苦岁月谋生

1951年侧身踏入电影圈　　　　　　　　　202
大有多金开戏院　影剧生涯第一步　　　　204
久华公司开张歇业　中山堂街边摆烟摊　　206
写作、校对、记者与新闻界　　　　　　　209
我的朋友萧铜——《京华探访录》作者　　212
台北京戏名伶胡少安　　　　　　　　　　218
台北京戏名伶哈元章和梅葆玖第二次访台　220
《银河画报》《中外电影》和《影剧天地》　223
生活煎熬兼差多　　　　　　　　　　　　224

捞过界　拍剧照　说相声　当演员	226
写过电视单元剧本　在台视八点档演出	228
代办友联"星马书报发行公司"图书采购	229
重回电影广告生涯	230
文华电影老板赵积德这个人	230
"中国育乐公司"与"中华影业公司"	233
万邦董事长上官业传为人正直	234
联亚公司兴衰史　怀念老东家吴骥	236
感念香港嘉禾制片公司周庆韶先生	238
筹组台北市电影戏剧宣传制作人联谊会	241
专制时代电影广告工作者的压力与痛苦	242
捐赠毕生搜集的电影资料	244
经营《大成报》黑白电影全版广告经验	245
台风吹到竹篱笆外——眷村生活	246
南机场的老郭	251
漂流过海的贾师长	256
老连长罗刚	275
真情难忘	288

第六章　重入香慈怀抱　纪念回顾英灵

北平香山慈幼院旅台校友会	292
熊毛彦文院长的二三事	293
青年作家蔡登山先生来访	300
吴振汉探询"毛院长日记"下落	301
怀念毛彦文院长与香慈校友会的往事	304

敬告编写《熊希龄年谱》的学者慎重定夺 311
北平香山慈幼院在台校友的"回家节" 312
北平香山慈幼院院史出版经过与意义 315
再说《北平香山慈幼院历史汇编》 318
雷洁琼先生与香山慈幼院 320

第七章　服务社会小区　守望相助真诚

永和智光里守望相助委员会 326
担任洪秀柱女士顾问 331
陈情信中阅读到的两则老兵故事 334
参加河北（平津）同乡会 337

第八章　八十感怀补述　两岸和平共赢

"台独"是一条死胡同 340
补述两位影视名人 341
盛竹如主演第一部电影预告片是我导演的 343
2010年迎春晚会说相声 344
办公室不可或缺的长辈 347
由"识正书简"所想到的 349

附　录 352

一、毛彦文院长致作者的信函 352
二、周汝昌先生为《北京土话》撰写推介文章
　　手稿影印件 355

三、常友石先生1950~1952年间的信件　　356
四、常友石先生的履历表　　370
五、常友石先生任《银河画报》督印人　　371
六、乃麟作《读〈鼎沸沙鸣〉》抒怀　　372

后　记　　375

跋（常乃麟）　　378

前　言

　　最近翻阅两部时下名人回忆录，作者不是战功彪炳，便是身世显赫，生活经历多姿多彩。这些书所记载的事迹与个人的才、德、言、行，都堪为历史脚注或为他人鉴镜，他们当然有资格写回忆录。而我这样的一个小小人物，犹如恒河之沙、过江之鲫。《金刚经》里有"微尘众"经句，说一沙、一尘都有一微世界；既有一世界，就该有可说的故事和真理。我亦犹如恒河之沙，虽毕生不堪回首，仍愿不揣浅陋试说前尘往事作一忠实回忆录，想给关心这一代苦难小人物实际生活者提供一个真实事例。给近代史学者留下一些蛛丝马迹，作为研究参考资料，也给后代子孙们留下家族历史和作为长远纪念。

　　这书名定为《鼎沸沙鸣》意义在此。

　　我于1997年近70岁时完全退休，身心都轻松下来，但时间很难排遣，尝到无事可做的苦味，每天都到住家附近的一个老人公园去聊天。这个小小公园设有很多水泥塑造的石桌、石凳、石椅，供人下棋、玩纸牌、闲坐、聊天，大约每天午后都有上百人聚集在此。我是个新加入的插班生，认识的人很少，常常肯聚在一起"拉管儿、摆龙门阵"的不过一二十人而已。这些朋友当中有士官长退下来的，也有混到中校级别才退役的，但大家共同之处是都没念过几年书，和有着极为类似的坎坷人生历程。人人各有一套大道理或对时事的精辟见解，以及各有一段感人肺腑的故事，高谈阔论滔滔不绝，数说不尽！虽人声鼎沸、声嘶力竭，可惜传到外界的声音终似沙砾相撞般微弱，引不起别人的关注！因此触动我写作的欲望，同时也可借此消磨一些时间。

最近我又重读了《代马输卒手记》一书，作者张拓芜先生是一位有名诗人，很巧合，我与张拓芜同为1928年（民国十七年）6月生，同是没有高学历的行伍军人，但他到台湾以后成为诗人、作家，能在文坛成名，可见他对文学下过一番苦功夫。《代马输卒手记》大部分写他在军队里的生活经历，他当过炮兵连的下士副班长、文书上士与军中文官。我也当过辎重汽车兵、盐警和陆军团里的文书上士以及中尉书记。同样的阶级、同样的职务，不过我们却有着完全不同的人生经历和遭遇。张先生笔力深厚，文章写得生动感人。台湾女作家三毛在报上发表了一篇情生意动的书评意见，赞赏这本书"好看极了"！一时间，洛阳纸贵，竟使这本军人生活故事畅销宝岛。在迟了二十多年后，如今我才有胆写我自己和一些朋友的故事，当属后知后觉之作。

经过两岸开放三十余年后，好像以前很多禁忌的话现在也可以畅所欲言了。因此我于2012年冬重新校定书稿，并增补部分当年军中的经历见闻，充实内容，还原真相。

第一章

话从当兵说起
几度死里求生

要说，也从当兵说起吧

人若生不逢时，必定影响时运！

我出生那年，即1928年（民国十七年），国民革命军北伐攻克北京后，因国民政府定都南京，北京于6月28日更名为北平市，并设北平特别市，直隶国民政府。接着战乱来临。军阀割据，倭寇入侵，战火燎原，民不聊生。

中国军民坚持十四年抗战，赶走了日本鬼子，原想能过几年太平日子；但国共和谈破裂，不幸内战又起，再次把中国的老百姓卷入一场浩劫与灾难之中。

打仗需要兵源，于是国民政府开始征兵！中国俗话说："好铁不打钉，好男不当兵。"何况那时候战争频仍，死伤很重，所以没人愿意当兵。政府只好实行征兵政策，1946年（民国三十五年）开始全面抽壮丁，满18岁的男子都必须要参加抽签，决定入伍时间的早晚序次。

那时候有钱人家可以花钱买壮丁代替从军。我家属于平民阶级，家境虽然穷苦，托天大幸，生活勉强过得去，不曾遭受大饥荒，父母还犯不上把自己的儿子当作壮丁卖。

征召新兵多数送进战斗部队，上前线当炮灰，伤亡几率偏高，老百姓普遍认为"当兵就是送死"。所以有人在抽签之前自找门路，先选个后勤军事机关去当兵,在服役单位或部队请领一张《在营服役或任职证明》,寄交当地县市政府,就可不必参加抽签了。这样当兵总比在野战部队安全多了。于是我在1946年北平征兵抽签之前自动加入非战斗部队,以保安全。

独立辎重汽车第十四营

我大哥是军人,比我大11岁,他少年得志,曾任国民革命军陆军一四二师中校军需主任(注:按常友石先生履历表所记,1942年至1944年曾任国民党军队一四二师中校军需主任)。驻在北平的第五总监部有他的老同事,就托人介绍我进了独立辎重汽车第十四营汽车修理厂(简称"独汽十四营")当了一名上等兵,时在1946年腊月。

一般汽车营都配属一个保养连,而独立汽车营保养单位叫"修理厂",编制比较大,有厂(连)长少校、副厂长少校、技术员少校一人,上尉二人,副官中尉还有补给官等姓名已不复记忆。

独汽十四营成立之初,修理厂原设在北平东安市场后身儿、金鱼胡同里边第一条胡同(煤渣胡同)。这里原为中国大学工学院新建院址,可惜始终未曾开办,所以被军方征用,大约一个月后工厂就迁到宽街。宽街这条街实际上不宽,而且很短。西通鼓楼,东街口跟铁狮子胡同相对。厂里的大兵们闲着没事儿出营闲逛,上北海、景山最为近便。

1997年我返乡探亲,台湾旅行社介绍我预订宽街的一家宾馆,说是还是几十年前的老四合院,经过整修后室内设施稍稍现代化。原来我对这个住处很感兴趣,也很期待回溯一下旧时生活环境;但是下飞机来到这家宾馆时,发现宽街变成单行道,进出都要绕道非常不便。街口大马路正在拓宽路面,整天暴土飞扬,让人感到不舒服。由于家人有意见,只好另在天

这张"东来顺饭庄"照片拍摄于1992年5月16日,地点在北京市东安市场北侧、金鱼胡同口。民国初年东来顺就开在这里,和吉祥戏院近在咫尺,独立辎重汽车第十四营修理厂旧址离此不远

桥找了一家宾馆落脚。

独汽十四营的军服符号为"永平",故简称为"永平部队"。北平还有一个汽车第二十二团,符号为"思予"。

我们独汽十四营营部真像个"大衙门",居然设在天安门里边的签押房。第一连设在北海东面的陟山门外。第二连的军车都停放在东皇城根和两边胡同里。第三连设在石驸马大街西头、南河沿的城墙脚下。我们修理工厂先设在煤渣胡同,后迁宽街。因此每周一早上,我们全营都集合在天安门内广场营部出操训练。

因汽车营任务在于运输,不在作战,武器配备极为有限。我们修理工厂只配备10支步枪,在出操时队伍里只有前头9名士兵持枪,另外一支必须留给工厂大门卫兵持用。

第一章　话从当兵说起　几度死里求生

我们工厂要去天安门营部集合出操，队伍都要行经八面槽胡同和东华门大街等热闹地区，到了皇城根往南拐才能走到午门。大约在早晨6点出发，操练到9点回程。这些士兵不是开车司机就是修车师傅，一般的阿兵哥百分之八十都是北平市的少爷秧子，成分算是正经八百的杂牌军。

负责士兵训练的上尉副官王清华是警官转业，所以教导训练都有警察味道，他教唱的歌有几首是警歌改编的，其中有一首《中国新警察》，他改歌词唱成："中国新军人天生胆气豪，有精神，有活力……"以及慢调的《满江红》等，由于阿兵哥唱歌有气无力、五音不全，前一首听起来像叫街，后一首简直像送殡，因此常会引起沿街路人的侧目。

独汽十四营没有什么功绩可言，但是这桩旧事非要提一提不可。

独汽十四营的装备是接收日军留下来的破旧车辆，包括"尼桑""丰田"和六轮"尼司兹"，六轮尼司兹是柴油引擎，马力很强，日军常用来拖拉待修的战车。因为这批战利品都超逾了使用年限，老掉了牙，正如相声演员形容说："除了喇叭不响，哪儿都响！"汽车开着开着，两个轮胎会一块儿掉下来，车子倒了，车轱辘还在街上滚！因此我们修理厂的生意可好着呢。

眼看这些老车子快到不堪使用的地步，很难达到执行运补任务的要求，因此独汽十四营遭逢被终结的命运。大约在1947年（民国三十六年）夏改编为装甲汽车营，归属陆军战车第三团（简称"战三团"）指挥，那时战三团有个营长就是蒋介石之子蒋纬国，团部驻在京南丰台基地。后来蒋纬国晋升为战车第一团团长。

结果呢？我很荣幸地被"编余"了！"编余"就是部队改编剩下来的兵员，上边的人跟我说："我们的庙太小，容不下你阁下，请你另寻高就！"

凭良心说，我很不喜欢驾驶和修车工作，更不喜欢东北沈阳兵工厂改装的装甲车。这种车子里边实在太闷热。1947年5月4日前后，北平学生举行大游行，诱发街头暴动，市面动荡不安，最先接回的大约10辆装甲车立刻被派到北平市区，在内城的几条主要大街穿梭巡逻，协助维持治安秩序。我曾经登上一辆装甲车，跟着逡巡了一个来回，知道是美国军用杰姆森汽车改装。装甲外壳是用七分厚钢板焊接打造，车顶中央有一座圆形重机枪射击座，车子四个方向都有枪眼，可以容纳枪兵4名，重机关枪手1名，弹药手1名，车长与副车长担任正副驾驶。车子里边除了闷热外，还有一股子汽油味和油漆味，我天生怕闷怕熏，所以我情愿被"编余"，另觅栖身之地。

东北盐警总队

说到盐警，不能不提盐税与缉私。盐是百姓生活不可缺少的必需品，也是奸商私盐牟利的财源，更是历代王朝严加控制的丰厚财税来源。

天津长芦就有盐场，据资料记载，清朝光绪年间在长芦盐场建有长芦盐巡营，北洋政府在此建有长芦缉私营。

民国政府成立后，宋子文整饬盐务弊端，统一盐税，废除包商制，将各缉私队改组为"税警"，建立盐务警察部队，划归财政部盐务稽核总所代管。

家父曾在北洋政府的长芦缉私营任职，我大哥亦于1935年至1938年在国民政府长芦盐务税警第三十八队任中尉副队长、上尉书记等职。我被装甲汽车营"编余"后，因有我大哥的老关系，便被介绍到东北盐务警察总队士警训练所受训。

1947年8月10日早晨7点，我搭乘从北平开出的302次特别快车前往锦州，向东北盐务警察总队士警训练所报到，接受预期6个月的"士警"训练，结业后可以派到分队当班长。

第一章　话从当兵说起　几度死里求生

那天我起了一个大早赶到前门火车站，买了火车票然后登车，车到锦州已是华灯初上时刻，我怕入夜后地址难找，便拉开行李卷儿在站台地上睡了一觉，次日早晨跨过栅栏离开火车站，那张火车票没被收走就保留了下来。当作护身符带在身边十几年，经常拿出来看看，可惜在1960年遗失了，但还记得车票所印载的重要内容。我特绘制了一张车票正面的样子，内容、比例应该相去不远。

车票是牛皮纸色的卡纸印制，宽窄较一般车票稍微窄长。背面印的是流水号、登车时间和站台、车厢、座位号码等。301次特别快车是从沈阳开往北平，302次特别快车是从北平直开沈阳，每天早晨6点50分对开。

法幣 26,000 元
302 特別快車
民國 36 年 8 月 10 日
上午 6 時 50 分
自北京站開車
經天津　唐山
山海關　綏中
錦州　溝幫子
至瀋陽
中國鐵路局北平車站製售

从北平到锦州的302次特别快车票样

1947年，国共两军在锦州一带激战，东北行辕主任陈诚为了集中兵力固守要点，在永吉、长春、四平等地各部署三到五个师进行独立防守；在锦州至沈阳铁路沿线及其两侧要点，各以一到两个师驻守，并相互支援；新编第六军及新编第一军一部于沈阳、铁岭地区实施机动。

那个时候东北锦州一带的战局还算平稳，约在开训后不久（1947年9月），蒋介石下了一道动员令，命令解散全国军校以外的所有军事训练机关，人员立即改编为战斗部队，加入作战行列，充实兵源。东北盐警穿的也是草绿色军装，与国民党军队无异，只是编制、任务与薪饷待遇不同。盐警原是负责缉私与保护盐田任务，但是遇到作战情况，算是很能打的队伍。在动员令下达后，我们那个分队被编为东北盐警总队直属第四十五分队。

记得在锦州盐警训练所大门前轮值站卫兵时，曾向在街上通过的陈诚将军车队执枪敬礼，同班的李忠厚告诉我："刚刚过去的就是陈诚！前天他下令枪毙了几个师长！"当时这样的传说喧腾一时，在东北搞得人声鼎沸！据说1947年陈诚升任一级上将，并在8月底以参谋总长兼任东北行辕主任，上任后撤销东北保安司令部，由行辕全权负责东北军事政治事务。陈诚则在东北进行人事大搬风，原东北保安司令杜聿明则离开沈阳去北平，原副司令长官郑洞国改任行辕副主任，但不被重用。有人说：陈诚大刀阔斧地整顿军队，铲除领军无能草包，志在振奋军心，激励士气，力挽战局！但也有人认为阵前斩将有损军心，何况当时的军队普遍厌战畏战，能打仗的精良部队不多，不是枪毙几个师长、撤换几个军长就能提振战力的。因此众说纷纭，莫衷一是。

但事情很快见了端倪，大约不到一个月的时间，长春一带好几个军的部队竟然全军覆没！所谓"四平街七进七出的拉锯战"终于结束，使得东北战局急转直下，民间对陈诚东北之行有了"祸国殃民"的定论！

1947年我虚岁20，初中肄业，念书不多，没有社会经验，没有政治色彩，没读过三民主义，也没念过马列共产主义，思想一片空白，没左没右，不算中庸之道，更非中间路线。当兵、受训都非我所愿，实不得已而为之。中国有句俏皮话："武大郎服毒，吃也是死，不吃也是死！"遇到那个征兵打仗的时代，上哪儿都跑不掉！

在受训期间出操、打野外，每天操练到筋疲力尽。有时下午上学科，都要念三民主义，背《陆军操典》，实在想打瞌睡。教官说："军人要有尚武精神！"可惜我到中午就没劲儿了。直到目前为止，《总理遗训》依然无法完全背诵。

所幸训练了一个多月便中止了，当盐警班长的梦碎了。我分队被编为盐警总队直属第四十五分队，随即调派到锦州盐务局高级住宅区驻防、守卫。

10月中，锦州战事突然爆发，解放军猛攻锦州机场，万分吃紧，草木皆兵！盐警总队也派出一个中队的盐警到西区去趴壕沟，可以说动员锦州所有兵力，"保卫大锦州"！

第一章　话从当兵说起　几度死里求生

东北盐警总队直属第四十五分队上士班长赵祎（笔者的班长、北平老乡）。1947年冬摄于锦州

激烈战争近一周时突然停止！解放军全部撤离锦州！于是谣言满天飞，听说机场守军在久围之下，几乎弹尽粮绝，只好把高射炮做平向射击，没想到高射炮弹有空中爆炸的特性，因而破坏了解放军设在山后的前线指挥所，解了锦州之围。这是当年锦州民间传说、无稽之谈！事实上是因关内国民党军队前来解围，才使解放军改变了战略，因而结束了锦州战事。

志愿出差　押运冬装到营口

东北战事吃紧，铁路线被破坏得"柔肠寸断"，满目疮痍，交通受阻。

那年到了12月中旬，驻守在营口一带第三大队的冬季被服还没有运送补给到位。刘总队长下令组织一个志愿队负责运送，这项艰苦危险的任务落在第四十五分队，12月25日上午欧阳队长召集全队训话，说明这次出差由王副队长指挥，赵祎班长、柳副班长领班，另外13名队员全部志愿参加。我是第一个志愿者，我的同事杨旭和李忠厚接着举手出列。

在东北这几个月时间里，我深深体会到在外闯练不易，尝到了离乡背井的孤单。我家境虽然穷苦，但自幼娇生惯养，成年之后肩不能担担，手不能提篮，年轻时无自知之明，渐入老境后，才明白自己生来体质孱弱。

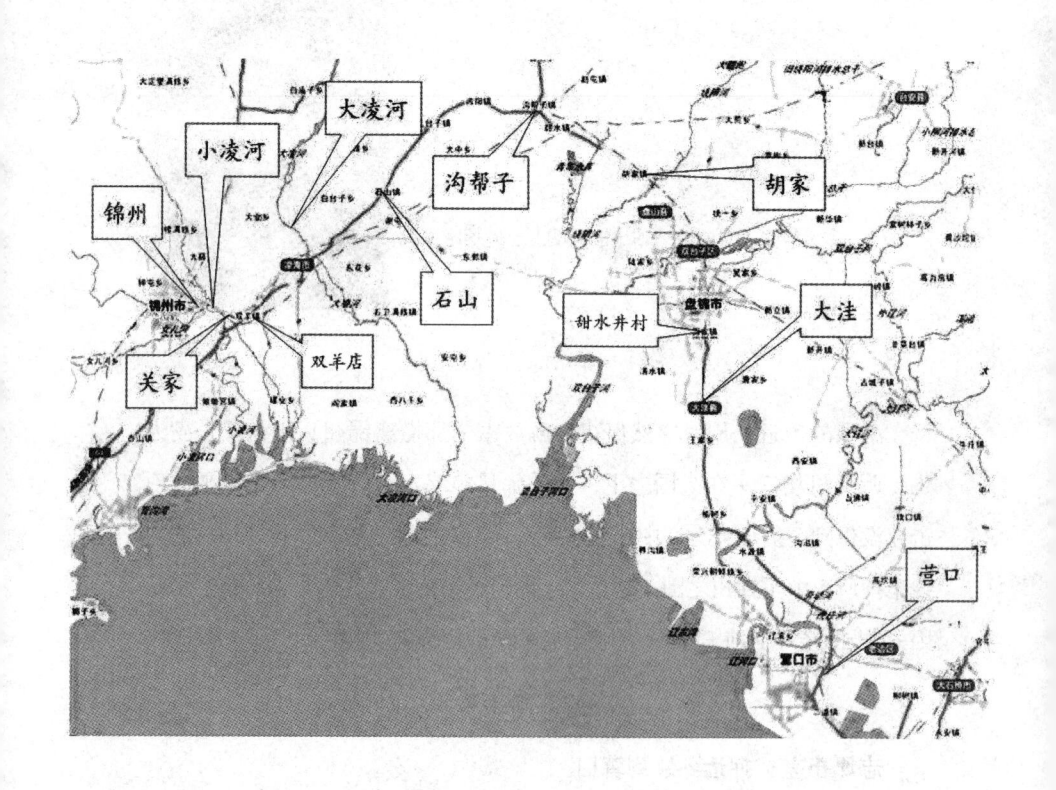

1947年12月笔者随志愿队从锦州到营口执行任务途中所经过的车站

第一章　话从当兵说起　几度死里求生

我生性憨直，不喜攀交。初到锦州时，听不习惯东北话，语言稍稍有些障碍，对大小班长的命令常产生误解，因而遭到训斥，心情非常苦闷，所以甘冒这次危险，出趟差接受一次考验！

新调来的上士班长赵祎，和我是北平小同乡，对我很照顾，感觉上很亲热。这次出任务由他负责领班，也是我志愿参加这一趟行动的原因。何况在严寒之际能为第三大队同仁"雪中送暖"，也算得上是一项功德。

我们运送的冬季被服包括：皮鞋、棉军装、棉手套、棉大衣与棉被等。分类打包，每个包裹都约有50来公斤，一共装了两辆军用大卡车。志愿队于26日清早5点在总队大门前集合，先听总队的一位大官训话，他说："这次的任务艰巨，希望各位顺利完成。这次出差任务是运补，把冬季被服运送到目的地营口，不是叫你们去打仗，路上遇到闲事千万不要管，平安最要紧！绝对要听副队长和班长的命令，行事千万小心！"

6点钟，装满补给品的卡车开来，我们立即分别登车出发，车子越过小凌河后到了"关家"车站，货物卸在站台上，汽车队就开回锦州，我们在车站站台上等候"压道车"来接运。

关家站是锦州以东的第一个小车站，从这里到沟帮子站勉强维持通车，但来往的都是军事巡逻的"压道车"。

什么是"压道车"？就是战争期间检查铁路安全的列车。列车组成大致如下：火车头前后都连接两节平板车皮，车皮四周堆了一圈防御沙包，一般都是交警负责警戒，有时由军队随车巡察，官兵多数集中在前段车皮上。车子出站后，开得飞快，听说是怕万一压到地雷，车子开得越快被炸的可能性越小，所以车皮尽量少挂，列车越短越安全。

关家站是个迷你型小车站，站里边软硬件一切设施已被破坏殆尽，门窗都被拆走，只剩下一张小木桌，连一把椅子都没有。站员只剩下站长一个人，他每天早上提着一部电话机、两面信号小旗子和一个板凳上班，下午下班把东西随身携带回家。

等了一个多小时后压道车开来，我们把补给品搬上车皮后，火车倒着开，疾驶而去。途中经过双羊店站到达石山站，火车照规定在石山站停留了半个小时，然后继续驶往沟帮子站。

沟帮子站是山海关到沈阳间铁路大站，要去营口必须在此转搭支线火车。这里更是军事要冲，当时是陆军第六十军防地。我们到达沟帮子站先卸货入仓，然后缴械进寨，借了一处营房歇脚，等候通车通知。第二天上午接到消息，11点有一次压道车驶出，我们到寨子口领回枪械武器，然后到车站取货，我们把补给品由第一站台扛到第八站台，装上压道车。上午11点整开车驶往营口支线，途经胡家站，很快就到了大洼（注："洼"读第四声）站，时间大约是下午3点左右。

沿线邻近车站都有密切联系，互通消息，所以当我们的车子进站时，驻在大洼的三大队第三十六分队队员，已在站台上列队欢迎，并且帮忙把补给品搬回队部。

大洼是个很出名的地方，它是营口伸向陆地的一个前哨，当初这条火车线是直通的，抗战胜利那年，苏联军队势力立即伸展到营口一带，在国民党军队接收之前乘虚而入，在东北运走很多重要资财与生产设施。为了阻挡迟来的国民党军队顺利前进，他们居然把从营口到大洼铁路上的铁轨、枕木与机械设备等全部拆运回西伯利亚，彻底破坏了这段铁路。国民政府接收后一时无力重建，只好以铁路路基改建成公路。这段公路长约50公里，路面非常平整笔直，东北人常用的大车装上汽车轮胎，通常都套上两三匹马，以跑一阵、走一阵的方式驾驭，速度很快。从大洼到营口可以朝发夕至。

27日夜宿大洼三十六分队队部，至今记忆非常清楚，那一夜正逢满月（农历十一月十六），值夜站卫兵时恰见一轮明月从墙外冉冉升起，在零下十几度低温夜空中闪烁出无数颗微小水晶珍珠，好像一丝丝银色细雨洒向大地。望着那幅千载难逢的天象美景，顿时忘记沁骨寒意和身在险境。

第一章 话从当兵说起 几度死里求生

在大洼留交三分之一被服给三中队，剩下三分之二继续前运。

三十六分队替我们"抓"了三辆大车载货。战时战地老百姓有义务协助军事活动，"抓车"跟"抓兵"同样是司空见惯。因为三个车把式都是沟帮子人，在上路之前请求回到沟帮子时，一定要放车放人！不能再把他们带到锦州去，如果不答应这唯一条件，宁愿枪毙也不跑这一趟营口。王副队长认为所说合情合理，就答应所请，保证如其所愿，并且负责伙食与草料。

我们到达营口时，又接受了一次热情欢迎。大队管理补给的官员们都夸我们舍命护送寒衣！三大队队部给我们安排了住处，招待了一顿丰盛的晚餐。

第二天是12月29日，我曾在营口港区码头和街上闲溜达了一阵子。因为战事紧张，市面很萧条。港内见到几艘黑壳大船静静地停靠码头上，大街上的商店十之八九关闭着。街边却摆有很多地摊，卖的都是衣服杂物。我跟他们交谈过，其中一些是外乡人逃难到了营口，找不到营生活计，只好变卖随身所带的东西度日。也有当地人士没事好做，到街边来做点小买卖，赚点零钱补贴家用。我在一个地摊上，花很便宜的价钱买了一件灰色毛背心，在那个时代这件毛衣应该出自名店！好料、好样式，是我平时买不起的贵重物品，因为合身又保暖，所以很珍惜它。后来这件背心跟着我历尽艰辛，千里迢迢地带到台湾，直到快穿成了一团毛线才丢掉。

回程周折　旷野萧瑟　空村寂寂

王副队长依照约定，早一天先放回一辆大车。31日清早我们16个人分乘两辆大车，挥别了营口，太阳没落山就赶到大洼。

当晚除夕，三十六分队加菜吃犒劳，煮了一锅肉，炒了两大盘子菜，准备了几壶好酒替我们饯行。我不会喝，却被三十六分队的同仁强灌了两小杯，到了深夜还觉得全身发热，喉干舌燥，睡不安稳。

大洼镇里除了少数乡兵外，还有两支国民党军队常驻。其中一支是盐警第三十六分队，约有50人兵力，另外一支是"复员军官队"，约有六七十人，这两支非正规军共同负责大洼镇的安全防务，彼此间经常联系。

1946年国民党军队大裁军后，东北部队被裁撤下来不少军官，有些人一时无家可归又无其他出路，心中极度不满，时常群起抗议闹事。为此政府成立了"复员军官队"收纳各地被裁撤的尉、校级无职军官，解决生活问题，这些人可以在队中等待职缺或另谋高就，有机会时就可接受资遣离开部队。

大洼这个复员军官队由一位中校队长领导，他的大队部就常驻在大洼镇最东边的一家货栈里，占住上房正厅和右手房间。

这个大货栈分北西两排房，另有货仓和马厩，院落宽广可容纳二三十辆马车，昔日从营口往西途经大洼的客商拿这家货栈当首选宿头。我队回程来到大洼依旧寄住第三十六分队队部，所乘的两辆大车和车把式都寄宿在这家货栈里。

第二天早餐后正预备启程，两辆马车也赶了过来，不料这时复员军官队过来两个人，不由分说竟把一位车把式抓回货栈去了，理由是他们发现昨天夜里该队装在大车上的补给品被马偷吃，啃破了好几袋面粉，指认这辆车的一匹马嘴上还沾有白面粉。因此扣人，要求赔偿。

王副队长跟了过去察看，这时车把式已经掩盖不住，承认夜里有匹马嗅见面粉的麦香味，挣脱了缰绳啃了面袋偷吃了面粉，因为怕赔不起所以逃避责任不敢声张。王副队长了解事实后，急忙面见该大队长商量如何解决赔偿问题。不料这位大队长脾气非常古怪，坚持必须赔偿原牌原样的面粉，赔钱都不行。

因此双方闹得很不愉快，并且僵持了两个小时，王副队长无奈，只好辞退，暂回三十六分队门前与大家共商如何脱困之道，这时已经过了中午。于是王副队长又派我和吴镇方带了几十元流通券（东北专用钞票）来

第一章　话从当兵说起　几度死里求生

面见大队长，真是好话说尽，再三道歉。我说："如再不放人恐怕误了行程！"大队长这才把钱收下。

他说："你要知道我带的部队都是军官，他们一个比一个不好惹，我又必须公平做事。明后天发放粮饷，面粉每人一袋。我问你们，好几袋面粉被马啃破了，你让我发给谁？"

听他如此说确也是个很大难处！我还是毕恭毕敬地苦苦请求，他最后挥挥手说："我不为难你们了，去吧！"

我和吴镇方带着车把式急急忙忙地赶回会合。王副队长唯恐再生变化，急忙和三十六分队队长及队友们握手道别，立即命令车把式扬鞭打马辞别了大洼。

下午，路过一个大村庄，我们车子进村后，发觉情况很诡异，每家大门深锁，不见一个人影。靠大路右手边有座大庄院，也是紧闭着大门，门楼和围墙上都设有枪眼，在黑洞洞里隐约看到充满怀疑的眼光投在我们这十几个人身上！我们本能地都把子弹推上了膛，大车缓缓停在路中央。我们从几个方向跳下大车，站在车子四周警戒，屏息着等待情况的发生，气氛死寂而紧张。

大约三分钟后，王副队长先把手枪揣在怀里，再示意让我们队员放松下来，保持警戒。然后举起双手，操着浓重的河南口音大声呼喊："各位老乡，千万别误会！我们是锦州的盐警队，运送棉衣到营口。今天从大洼过来，经过贵宝地，想跟贵村讨个方便，请让我们弟兄打个尖，给一点儿热水喝，饮饮马匹！不多耽搁时间，还请一位老乡出来说话！"

他喊叫完毕，没有一丝动静，也没任何反应。于是他又反复地说："我们是锦州的盐警队，打此路过，请赏个方便，停留一会儿，讨点热水喝就走！"

大约又等了五分钟，大门吱呀一响，里边闪出一位身穿黑袍子的矮胖老爷子，他回头一招手，门后边有四五个人抬出来一大桶热汤和喂马的草料、凉水，都放在大路边。

　　王副队长立刻趋前道谢，那老爷子说话啦："这几天这边不消停，大家都很害怕！我们老百姓不怕两边的军队来，就怕闹胡子！前几天胡子还打过我们村子，幸亏被我们挡住了，没打进来；否则就没机会招待你们几位啦！听前一拨过去的人说，局势不太稳，你们还是快走的好！"

　　王副队长连忙称谢说："谢谢老爷子，我们让牲口稍歇歇腿，立刻就走。"

　　老爷子说："不陪你们，用完，把水桶放在门前边就行啦！"说完，作个揖就回去了，立即关上大门。

　　我们在这个村子里耽搁了半个小时，车把式牵过马来套上车，准备启程。

　　上路前，王副队长冲着大宅院高声道谢，两辆马车继续赶路。

　　东北渤海沿岸开了不少盐田，也有大片大片的荒芜草地与苇塘。苇子是制纸材料，为了取材之便，在附近曾经建设了造纸工厂，还铺设了收运苇草的铁路小火车。途中我们曾在一处荒废的造纸厂里做了一次庄严而惊奇的巡礼，一阵阵凄凉和复杂的感觉侵袭我内心，谁会想到这样规模宏伟的厂房，竟在无情战火摧残下，只留下一个空壳子？！

　　这个时节正属隆冬，万物都被厚厚的白雪覆盖着，树木光秃秃的，剩下枝干迎着风雪挣扎！

　　一眼望去，田野连绵广袤，一时之间觉得心中无比畅快。

　　在目光尽处，突然闪现了一个穿灰袍子的人影，斜着跑向北边。

　　"你们看！"赵祎班长手指着叫了一声。

　　只是发现一个人在远远的地方跑过，就会如此大惊小怪，好像有点莫名其妙！

　　现在回想这一段路程，好像行走在荒漠里，遇不上一辆来往的车子，四周不见人踪，实在太寂寥了！

第一章　话从当兵说起　几度死里求生

夜宿甜水井　月色暗　风声紧　人瑟缩

大约4点钟到了甜水井，车把式说天快黑了，再往前赶，日落之前赶不上大站了，建议就在甜水井过夜为好。王副队长认为车把式是当地人士，对这条道路熟悉，就决定停车打尖。

甜水井村分前后两个部分，村长家和十几户人家住在大路边。往北地势稍洼，走过一个大斜坡才到后村。

因为时间已晚，我们几个慕名而来，只在后村边走了一下，没机会看清楚村子的全貌。5点钟，天色暗下来就跑回前村。据说，甜水井村三面有高地围绕，冬暖夏凉，又有个出名的甜水井，是个居住的好地方。

稍后听说曾有三辆某机关的大车路过，他们说是奉命撤到安全地方，车上载了很多公文箱和行李，连几位女眷一共有20来个人。大院已容纳不下，所以没卸车，在村前休息一会儿，就匆匆赶路去了。

副队长在吃饭前跟队员讲话："前些时晚上住的地方都是别队队部，比较安全。今夜住在老百姓家，一切要靠自己了。中午那位老村长的情报说，那帮回乡队就在这附近活动，我们势单力薄，警卫要特别小心！过了9点钟，大路上就没有车子经过了。有，一定是情况，发现有人活动立刻开枪！"然后派定卫兵时间顺序，规定了夜间口令。卫兵双哨，两人一组，院里院外各一组，互相照应，免得一个卫兵万一睡着了，危险。

大院门外有一块平整的空地，种了五六棵大树，还设了两处石桌凳。太平日子，农闲时期，常有人到这里聊天下棋。靠右边的大树下边安有一座石头砌的小土地庙。小庙后边横着一条两丈多宽的小河，夏天河里长满了苇子，入冬以后河水早已结成厚厚的冰，枯苇在冰里边互相牵扯着。

白天晴空万里，入夜之后气温遽降。我8点钟入睡，12点被叫起来值勤站岗，好友李忠厚跟我在一组，我们一出屋门就感觉奇冷！走出大门，我们把子弹推上了膛，也把手榴弹上边的布带子解掉，然后挂在腰带上。

锦州押运冬衣到营口的同行弟兄，左起是杨旭、李忠厚和笔者。摄于1948年3月18日，"离痕"两字是笔者到了台湾才写上去的

第一章　话从当兵说起　几度死里求生

前几夜晚的皎洁月光今夜被乌云遮住！北风顺着小河冰面呼呼地吹过来，夹杂着少许雪片，刮在脸上疼得像小刀子割一样。

朝东有一条河挡着，东来的人车进村必须经过一座木桥。我们在桥栏杆上绑了四颗手榴弹，用细绳子拴在保险环上，再把细绳横拉在离桥面一尺来高的栏杆上，以防万一有人闯过桥来。这是个平常的招数，我们知道防御效果低，但是还是照做了。

李忠厚叫我先坐在树后边，他走到小庙边，望着小河对岸，出神地察听四下里的动静。

天气太冷啦，我哪里坐得住！不起来活动脚会冻僵，所以轻轻地移了过去。

"老李，你听河里边是不是有声音？"我小声说。

他拉我一把，我们都伏卧在雪地上，把枪口指向河那边。仔细听，果然河里的苇子发出断裂声，像极了脚步声。

"别紧张，没看见人影千万别开枪！"

"我知道。"

"你可以朝着一个固定方向，两眼注视，不要移动，然后再换一个目标，如果雪地上没有东西移动，就是没事儿。"

在月黑风高的雪地里，我凝神注视着雪白的河面，确实能够看出很远。经过了十几分钟后，我们确定河里不断传来的清脆声音，是因气温降低，河冰冷缩发生裂缝，拉断了冰里的枯苇发出的！

两个钟头很难熬，我们瑟缩着走来走去，有时候走到门口和院里的人打招呼，有时候爬到河边张望几分钟。赵班长出来查过两次哨，换岗时候李忠厚还把他那一套"夜间注视法"传授给下班卫兵。

说到这里必须做一声明，为了怕把地名写错，我特别请北京亲人寄来一份辽宁省地图作参考，结合电子地图查阅后发现东北叫作"甜水"的地方还真不少呢！其中在"沟帮子"与"胡家"中间有一个地名叫"甜水镇"，我肯定记得此处并不是我们夜宿的"甜水井"，而是在大洼以北大约二三十里的地方。

胡家惊魂记　车倒　人倾　马翻

离开甜水井路上不见人烟，走了两个钟头后，才看到前边斜叉着的两行路树，路两边是一块块整齐的田地。车把式说："胡家快到了！"

说着，300米外弯路前边冲出一辆马车，这辆马车见到我们掉头就跑。王副队长叫赶车的追，赵祎扯着嗓子大叫："快停下！"那辆大车怕被抓公差，哪里听你的！反而快马加鞭飞驰而去。坐在右车辕上的赵班长举起手中的冲锋枪，冲着前方天空扣了半梭子子弹示警，这一下子惊了本车的三匹马！这三匹马惊了魂似的向前飞奔，车把式一时之间无法控制，只好任凭三马向前奔驰，车把式警告说："大家要抓紧，千万小心啰！"

车子像飞起来一样，追逐着前边那辆马车，大约跑了300米赶到S弯路处，眼看快要追上了，在前的两匹套马突然跑得没有了力气，竟然停了脚步，它们所拖拉的套绳，立刻绊住辕马的前脚。说时迟那时快，辕马双腿一屈（在京戏《战长沙》里老将黄忠"马失前蹄"就是如此向前跌倒），车辕前端触撞到地面后，整个车身从后向前掀了起来，车上的人全部抛出车外，登时如腾云驾雾般地上了天空。

过了几秒钟，我发现有知觉，但睁开眼竟看不见一点儿东西，吓了一大跳！惊魂甫定后，渐渐恢复意识。我发现马枪还紧握在手里，脸上和脖子里有雪在融化，发凉！抬起头向上看见了天，这时知道自己被甩落在雪坑里了！听到后车上王副队长的呼叫声，我很自然地喊了一声："我在这里！"我拼命地站起身来，头还埋在雪堆里，只好把马枪伸出去，才被几个弟兄合力拉起来。

第一章　话从当兵说起　几度死里求生

这出事的地点是贴着胡家村边的一个S形路段，车道两旁都挖有一米深的壕沟。挖起来的土培上马路，把路面垫高。强劲的北风又把雪片吹到人家后墙边，所以积雪特别深，没想到雪坑竟救了好几条性命！

赵班长和全车的弟兄都从雪坑里被救出来。

"没事儿！都没事儿吗？"赵班长先说自己没受伤，再问清楚兄弟们安全情况，真是不幸中的大幸。八个队员集合起来检查了一下，都无大碍。可怜那匹辕马受伤不轻！所幸前腿没摔断，肚子上的一大片皮有严重擦伤。

再说前面那辆马车，在弯过去不远处遇上驮货的骡子队，挡住了去路，马车太快来不及停住，直冲下了马路边，车轮陷进雪沟里动弹不得。

车主眼见逃不掉，过来向王副队长求饶，还请帮忙抬车。王副队长一肚子火正无处发泄，听说他是那辆车的车主，不由分说上去就是两个耳刮子！那仁兄不躲不闪，站在那儿纹丝没动，硬接了副队长这一招儿。其实副队长戴着一双皮手套，车主戴着三块瓦皮帽子遮着脸颊，根本打不到肉！只有打人动作，而无打人之实。

王副队长刚刚看到那辆车的一刹那间，心中立即有了打算，因为他已答应这两辆车，到了沟帮子就要放车放人。现在有机会抓一辆送我们回锦州，那可多好！所以他才决定下令追抓此车。不料翻了车，马受了伤，使他非常懊恼！如今出事的车只能勉强跟着走，失去了载重能力，新抓的车无论如何都要去一趟沟帮子了。

再访沟帮子　绕过双羊店　行军回锦州

您听说过"无巧不成书"这句话吗？还真巧透了！大家在交谈之后得知，新抓大车的赶车把式居然是我们刘大队长的小舅子，"大水冲倒了龙王庙"，想不到一家人遇上一家人！大家坐上了他的车，彼此一叙方知底细。如此一来，车到沟帮子就把他放了。

我队在两个多小时后抵达沟帮子，先与驻军联络，照例缴械后进寨子。副队长到火车站打听情况，压道车现在只能通到石山站，火车站答应我们次日上午搭这段火车。副队长回来把抓来的大车都放了，也给赶车的一些金钱做补偿。

次日乘压道车至石山站，往后我们只有起早行军。石山站车站的人告诉我们，前面的双羊店正受到攻击，听说仗打得很激烈！情况对我军非常不利；但我们是孤军在外，没有选择余地，只有向前进，不能退！碰碰运气吧！

我们在上车之前，车站的人还建议我们在下车之后顺着铁道走，铁路最直、最近、不会迷路。

这段铁道已被炸得面目全非，大约每隔10米就被炸掉一小段，被炸断的地方都留下清晰的痕迹，北风把炸断裂的铁轨粉末撒向南边的雪地上。我想等到冬尽春来雪溶时，这图案也不见了。再一想，其实只要再来一场新雪，这个有颜色的记录就被掩盖住了！我很没记性，但这些情景却深深烙在脑海里！我很愚笨，现在还没想透人们为何要这样做，听过很多理由，仍然不懂！

大约走了四五个钟头我们赶到双羊店附近，这里正进行着一场激烈的战斗！弟兄们卧倒在铁轨路基左侧下面。少时枪炮声已经停止，我们顺着一条田间小路绕过了火车站，小跑着前进。此时北望那一个斜溜溜的土坡，顶多200米，那就是双羊店！因为保卫车站和维护铁路畅通是交警的任务，这次战事起因于双羊店车站的争夺攻防，死伤很为凄惨，双羊店山坡竟为之染黑！为何染黑？因为铁路交警穿黑色制服！

小跑了二十分钟，绕过车站范围后，又上了铁道线，很快又望见了关家站。这回，那位光杆儿站长没上班。话说回来啦，铁路断了，没有火车过站，上班干啥呀？

上回坐大汽车在冰上渡过大凌河，回来却要徒步啦。

到了岸边见到成帮成伙的难民聚集，他们来自东北各地，想要去较为安全的地方避难，听说附近闹胡子，有人不幸在途中被劫！他们觉得人多势众会好一点儿，民众见到我们这一小队军人，有枪有炮，跟着走路一定多几分保障。这批民众约有30人，尾随着我们的队伍前进，很快回到锦州。

我们走在锦州街上摆出步伐整齐、军容壮盛的样子。王副队长趾高气扬，很"臭屁"！到了总队部报到交差的时候更是得意！的确，这一趟运送冬服任务，看起来不是什么大事，但对我们十几个盐警来说，都算是吉星高照、鸿运当头！否则或许到得了营口，却未必回得到锦州！

东北盐警队里的等级观念很深，当官的架子很大，连分队长都不太亲兵，因此加重了副队长和班长的带兵权力和责任。这次营口之行，欧阳队长对我有了特别印象，曾在队长室召见赵祎和我去谈话，问了一些路上的特殊情况。

葛师傅情深义厚　罗宋汤齿颊留香

东北盐务管理总局在锦州盐警训练所附近，拥有一片高级住宅区供作官舍，一栋栋同样外形的洋房，整齐美观。盐警总队直属第四十五队负责这个小区警卫任务，在小区街道口建有碉堡、各地段设有四个岗亭。我经常轮到郑帮办公馆前站卫兵，因此认识这里厨房的葛师傅。

有时候周末假日公馆里办小型派对宴会，葛师傅采买大量食物回来，我会帮忙搬送到厨房，厨房里的柜橱灶台和锅碗瓢盆全是西洋化，我是初次见到这些新鲜设备和厨具，就像刘姥姥进了大观园觉得非常新奇。

郑公馆规矩很大，厨师都是在后门进出，外人是非请勿入的。我替葛师傅搬东西也是送到厨房放下就走，因此没机会参观公馆里边的格局布置。

1947年冬锦州情况渐渐吃紧，天气也跟着渐渐冷了起来，西北风夹杂着细细的雪片吹在脸上活像小刀子刮一样！

这一晚我持着步枪在街上一来一往地踱步，听到公馆里边传出的音乐声和嬉笑声，那些人好像正在餐后跳舞享乐，虽然很觉羡慕，但并无丝毫嫉妒。心想人总是要有区别的，各司其职、各享其福，本当如此。当盐警的为长官维护安全、站岗守卫为分内之事。

大约9点过后公馆里的宴会结束，客人散去、灯火渐熄，街上显得更为寂静冷清。

等了一会儿，听到葛师傅在小巷后门呼叫，我走过去见葛师傅端了一大碗热汤走出来。

"老常，来来！"葛师傅说，"这是刚刚剩下的罗宋汤，我热了一碗来端给你喝，暖暖身子吧！"

"罗宋汤，什么是罗宋汤？"我傻傻地问道。

"真是'老赶'（方言：指没见过世面），喝了就知道。"葛师傅说道。

我立刻把步枪挂在左肩上，用双手捧过大碗，倚在墙边喝了一口，再用汤匙舀菜吃。

"啊！好香！谢谢！谢谢！"我不禁赞叹这天下第一美味！连声道谢。

虽然碗里没有大块牛肉，但洋白菜、洋葱、土豆、西红柿、芹菜合熬的罗宋汤味道非常香浓！在这寒夜街头能够有人送上如此热腾腾的肉汤，不单齿颊留香，简直沁人心脾，暖身子之外还温暖了心！那份喜悦感觉和对葛师傅的感激都是很难用语言来描写形容的。

第一章 话从当兵说起 几度死里求生

"罗宋汤是俄国人很喜欢喝的汤，很有营养。"葛师傅说，"做西餐都是一份一份的，没剩下什么东西。郑帮办算计得很精、管家管得很严，剩下来几个面包他都要数数儿，洋酒柜都加锁，所以没别的给你吃了。"

"这碗热汤已经心满意足了。感谢！感谢！"

"别客气，算不了什么！"葛师傅说，"喝完了把碗给我，我要睡觉去了。"

葛师傅接过大碗，回身进了后门，然后上了锁。

锦州晚上10点钟开始戒严，所以这条街更为寂静沉沉。我又持起步枪孤独伫立、无聊漫步，同时注意聆听街道四周的动静，心里计算着还有多少时间才能下岗……偶尔打个嗝，还是一嘴的罗宋汤味儿！

前几年，我还时常照着葛师傅传授的做法炖过罗宋汤，味道虽然没什么不同，总是比不过那一夜葛师傅送给的那一碗香！

出差当勤务　护送曹帮办到北平

1948年（民国三十七年）2月9日是旧历年除夕，锦州地面上很紧，人心惶惶不安。我们的勤务加重，站岗时间改为"站二歇四"，盐警们的精神体力都不堪负荷，非常辛苦，却又有苦无处诉，难免心浮气躁。

大概是大年初五那天，早上4点天还没亮，我和一个队友在街边重机枪阵地里警卫，忽然发现一个黑影在100米外的横路上活动，这条街正是盐警训练所的东围墙外，那人跑几步就躲在路树后边，形迹十分可疑！

我立刻大叫："哪一个？口令？！"对方没有回答。

我的伙伴喝令那人："举起双手，慢慢地走过来！"

那人还是没有反应。

"快出来！不然开枪了！"我警告他。

"赶快出来！我数一、二、三，别后悔！"

"一……二……三……"

"三"字说完"砰"的一枪，子弹射在街边的大树干上。

"同志，别开枪！我投降。"大树后边转出一条黑影，立刻跪卧在地上。

这一枪惊动了我们全队，班长、副队长和队长都冲到街上来，我们立即报告情况，副队长命令那个夜行人慢慢走过来。

在很多枪支监视下，那个人渐渐走近。盘问之下，才知原来那人是个逃兵，因思念家人，趁机溜出部队，打算跑回绥中家乡，不料被我们发现，制止了他的逃脱行动。那时候是战地戒严，在城防地区和军事要地，白天都不能随便乱跑，何况黑更半夜！

队长立刻向总队报告，经上级授意，直接由分队把那名逃兵移交给他所属的军事单位。

事后队长找我去问话，我心里很嘀咕，生怕队长骂我乱开枪。

等到见了欧阳队长，才知是件可喜的事。原来盐务局的曹帮办奉调上海，即将启程，先坐火车到北平，再转搭飞机赴上海，需要一名随行负责护卫安全。欧阳队长知道我是北平人，所以指派我随扈。

队长告诉我："你到北平后，可以跟你的家人团聚一个礼拜，但必须如期回到锦州，向我报到，如果你不答应回来，我就另派别人出差。"

我脑中像闪电一样想了一下，立刻表示"一定会准时回锦州交差"。

队长说："好吧，就这样决定，准备后天成行。你现在去见曹帮办，问有什么要你办的事没有，下午3点钟来拿你的护照！"

一见"护照"二字，如今的年轻读者可能会误解为出国护照，这里的所谓"护照"可称为"差假证"。那个时代军人出官差时所持有的身份证件都俗称"护照"。还有一个笑话：当年奉军入关，有很多蛮横的士兵坐火车不打票，嘴里有两句顺口溜："头戴狗皮帽，腰挎盒子炮；后脑勺子

第一章　话从当兵说起　几度死里求生

是护照，妈了个巴子是车票。"由此即知"护照"是当年军人身份证明的代名词。

初七清早我提了简单行李，带了一把三号驳壳手枪和16发子弹，赶去曹帮办住宅，曹帮办已经打点停当。他说已经和火车站通过电话，今天通北平的列车照开，所以叫我先清点他的行李，行李中有箱子、袋子，大小一共18件，其中有一件是我最头疼的——一包生鸡蛋。

出发时有好几位工人帮忙搬行李上汽车，到了火车站就都归我管事，大件的交铁路局随车转运，还有三五件随身携带着。

上午7点准时发车，铁路常遭破坏，时断时通，赶工修复的铁道路况差，车行速度慢，到了山海关天色已暗，只好在此处歇息一晚。在下车前列车长报告明天6点开车，早一点开车才能在天黑之前赶到天津。

我们在车站外雇了一辆车，驮着行李，送我们到几里外的市镇里，在影影绰绰的黑暗中好像看见了山海关城门楼。第二天早晨天不亮就往车站赶，可惜！反正没看清楚山海关那雄伟的样子！拉车的介绍了一家干净旅馆，先吃晚饭后睡觉。

曹帮办只有30多岁就做了大官，他是一位有学问、修养的人，没有一丝官架子，对我很客气。他告诉我这里的安全不一定靠得住，我们必须要有一人值更守夜，避免被抢被偷。他说："我看你累了，我值前半夜，你先睡，后半夜我叫你起来。"我说："不好意思。"他说："没关系。"我就先睡了。当我尿急醒来时，已经快2点了。我上了一趟厕所回来，他才睡，睡下去不到两个钟头就起来了，他的动作快，有秩序，指挥我把所带行李归置在一起，锁上房门，同到前边吃早餐。

餐后天刚蒙蒙亮时，拉车的来接，很快到了火车站。

那时关里比关外平静，铁路路况也好。我很怕丢了随身携带的行李，不时瞄着上边的行李架，很累！特别是那一包鸡蛋，怕压又怕震，如果掉下来就完蛋。

为什么带鸡蛋？这问题很简单，那时北平城像是孤立海岛，城内不事生产，物资缺乏，物价昂贵，鸡蛋不是一般人吃得起的。北平的蛋价比东北贵上好几倍，又买不着，有些东西天津的价钱比北平便宜一半，这就是当初盛行跑单帮的主要原因。

下午3点左右到天津，我们在中国戏院对面的一家旅馆住了一晚。

农历正月初九中午回到北平。我送曹帮办到铁狮子胡同5号（现在的门牌是张自忠路23号）前外交总长顾维钧先生旧宅，曹帮办有家人跟亲戚住在这里。原来他出身官宦世家，难怪年纪轻轻当帮办！后来方知，1924年（民国十三年）12月孙中山先生扶病来京商谈国事就是在顾宅下榻，著名的孙中山遗嘱即在此定稿，1925年（民国十四年）3月12日孙先生病逝于此宅中。

我的任务达成，立即赶回自家。

因为行动突然，没有机会告诉家人，及至进了家门，把家人吓了一跳。

"怎么跑回来啦？"

"没跑，我是出差护送大官儿到北平的。"

"那你就甭回去啦！"

"那可不行，我答应队长一定按时回锦州交差的。"

"你不回去，他们会来北平抓你？"

"临离开队部时副队长塞给我这把盒子炮，我若不回去不能算短假不归，按携械潜逃处置，要枪毙的！"

"你能在家待几天？"

"七天，顶多十天。"

"盼着吧！如果交通线断了，他们就怪不着你啦！"

1948年正月十七，我为了遵守信约，重回锦州队部报到复命。

欧阳队长对我说："好好地干吧！"

第一章　话从当兵说起　几度死里求生

请短假回乡探母病　火车宪兵放我一马

自从回过北平，再回到锦州后就更想家。3月，我患了思乡病！光说饭量吧，在受训期间我能吃十一"对碗"高粱米饭，回到了队上还能吃六七碗，如今两碗饭吃不完！虽然像杨四郎探母那样，很想速速返乡，但我绝不后悔重返锦州。

有一天我接到家父从北平打来的电报，电文说："你母病重速回"。我写了一份《请假报告》，附呈电报纸送给队长。

欧阳队长好似看穿了我的心一样，直接揭穿说："你写信叫你父亲打电报来的吗？"

"是的。"我说。

"好，诚实！你去找刘书记官吧！"

我离开队长室来见书记官，刘书记问我，我就把实情向他报告，他说："按照规定不能申请短假，总队无法发给你回北平'差假证'。不过我有一个办法，我可以在你的请假单上批写'照准'二字，然后盖上队长的印章和本队的钤记，给你拿着，等哪天有火车，你就哪天走。行不行得通，走不走得掉，全看你的运气了。"

3月27日，我离开了锦州，回到家乡北平。

不久后，听说我搭的那班列车成了"最后列车"，从此这条由锦州通山海关的火车线就断了。

火车过了锦西快到绥中时，随车宪兵队来检查旅客，老百姓要有"身份证"，军人要看"差假证"或"身份证明"。记得我是坐在门边的座位上，宪兵班长带着两个兵很潇洒地过来，我穿着一套银灰色带细条纹的中山装，样子应该不像逃兵，但那三个宪兵见了我，竟把我紧紧地围着。

"同志，你到哪里去？"

"我回北平。"

"你是哪个单位的？'差假证'呢？"

"我是锦州盐警队的。"接着我把"请假单"交在一个宪兵手里。

"你这是什么玩意儿？"那宪兵问。

"同志，这是我的请假报告，我们队长批准，书记官盖了印的。"我恨透宪兵对我不屑的态度，但敢怒而不敢言，只能摆出很无辜的样子回说。

"班长，你看！"宪兵把报告交给班长。

"你要好好保存着，小心别丢啰！"班长接过去只看了一眼就交还我，然后对宪兵说，"算了吧！这种情况下你要把他送交给谁？你下车，说不定上不了车！何况他又不是逃兵。"

这位宪兵班长放了我一马，我对他真有说不出的感激！他认清我"请假单"确实经长官批准，证件不是伪造，只是手续欠完备而已！若是平常日子或遇上一个脑筋不转弯儿的宪兵，他们可用证件不合格的理由把我留置，等火车开到下一站交给当地宪兵队查处。假如这样，我的命运前途都很难推测了！而这位宪兵班长懂得大家同处于危险时刻，为了处理我这么一个未确定的"逃警"，恐怕会多赔上一个自己人！这个班长太睿智、太英明了！应该升营长，当团长，说不定现在是已退休的将领哪！

这列火车开得非常艰难，一会儿快，一会儿慢。

遇到较长桥梁，必须先停稳车再重新一步一停地开过去。车子行驶到大桥中间，车身左右摇晃得很厉害！车厢里每一位乘客都屏声静气，暂时停止呼吸，连大气都不敢喘一下，生怕火车会掉下去！火车过桥开过了一半以上，司机才加足马力急速一冲向前，赶快把后半段拖离桥身，远离险境。

在过桥之前，列车长和司机会与修桥工程人员一齐走上铁桥，检视桥梁的安全性。乘客们也跟着下车活动活动腰腿儿，顺便看看铁桥的样子。原来的桥墩都被炸毁了，修铁路工人用枕木横一根、竖一根地叠架起来，

第一章　话从当兵说起　几度死里求生

桥身都有两三丈高，顶上面接铺铁路钢梁和铁轨，工程是将就凑合事儿，火车走在上边不摇晃才怪！有人说："过铁桥真是提心吊胆，大冷天直冒冷汗还喘不过气儿来！真吓人哪！"

这样的"危桥"起码过了两三处，小桥就不用计算了。

车到山海关过夜，为了省钱、省力，我在火车车厢里将就睡了一晚，有人说火车站没有安全感，我心里话说："自己没资格，凭着感觉过生活！"睡着啦什么感觉都没啦！

第二天路很顺，日落之前直接开进了北平前门火车站。

"啊！北平！我回来啦！"北平没理我，谁会搭理一个无业游民呢？

4月过了是5月，我记得在家里曾替人家缝过席篓子，把一张芦席对面折齐，用大针细绳子缝上两边，就成为一个大口袋，席篓子用来装运大粪干。虽然挣钱不多，但总算有事儿干。

有几天，桃儿、杏儿都下来啦，隔壁小种大哥带着我去批发了一车子"刚儿桃"，绿绿的带点儿红嘴儿，吃起来酸酸、甜甜、脆脆的，小孩子们最喜欢。我们推着一辆洋车轱辘的手推车，一过宣武门大街就吆喝起来了。在街上跑了整整的一天，最后没卖完，剩下三分之一。把钱袋解开算算账，没赔没赚，"倒是赚了吆喝"！

人云："杀头的生意有人干，赔本儿生意没人做！"我自知没胆量，杀头的买卖不敢去碰，卖果子又没钱赚，只好歇工。一个大男人光坐在家里边不像话！因此我注定要再去当兵。

6月下旬，听说九十二军在南口打仗，我拿了我兄长的介绍信跑到昌平县。

在昌平火车站外，眼看通往县城的大路上到处是军人，局面慌慌乱乱的没有头绪。就先打听一四二师的所在。有位军官说："你问一四二师干吗呀？"我回答是来报到的。那军官接着说："你看，这一列火车就是一四二师的。部队马上就要调回天津，快跟我上车吧！到了天津之后就找到你要找的人啦！"

于是我糊里糊涂地上了火车，跟着部队到了天津海光寺。海光寺原名普陀寺，1900年八国联军侵华时庙宇尽毁，后为日本租借地里的一个"神社"。日本人占领华北时期，在此建立军事情报基地。抗战胜利后，九十二军军长侯镜如将军率领部队驻防天津，接收海光寺作为军本部与一四二师师部。

说到这儿，我必须介绍我的大哥常友石（锡金）。

常锡金，号友石，1949年改号为名。1917年（民国六年）生于河北省冀县。自幼聪颖，好学不倦，少小时有才名，书法清秀挺拔，八九岁曾为人写碑。19岁以第一名优异成绩，毕业于国立北平中法大学附属西山温泉中学。数年后在军需学校军官班以考试榜首肄业。

先父常公讳玉峰，字峻山，出身军旅，曾任长芦缉私营缉私队长，三十五六岁退职，携眷到北京发展。依照缉私营规定，本人退职可由亲眷补缺，遂由我的亲叔父刘玉山（家父原姓刘，过继给舅舅，改姓常）到差顶替。民国后，长芦缉私营改为长芦盐务税警部队。数年后，冀县家乡频催叔父回乡持理家业，适逢我大哥高中毕业，即赶往接替。先任盐警队中尉副队长，未久即升任长芦盐警署仝上尉书记官。后转任九十二军一四二师上尉军需、少校军需主任、西南长官公署补给区司令部一等军需正财务科长、副处长等职。1950年来台后请退，经商，出任大有电影公司董事长。

我大哥1950年到香港迎接家眷，定居九龙。次年在香港友联出版社任副总经理，时友联公司初创，人事与会计两大制度设计皆出其手笔。在友联任职三十余年，其间曾创办《银河画报》，主编《祖国》等杂志，并参与《大学生活》《儿童乐园》等期刊编务，以及海外汉语教育用教科书编修工作。他为人谦逊和蔼，平易近人，生平不求闻达，无视虚名，虽著作等身，却无一属于自己的书籍留在人间，实为一大遗憾！

大哥大我11岁，我兄弟从年龄、智慧、学识、学历、做事能力、品德、修养都有一大段距离，我远不如他，可谓难望其项背矣！他这一辈子照顾我太多了。我一向以他当榜样，能学他处多学他，当然学不像，只能算是一个影子罢了。像我到东北去当盐警，上天津当团部文书上士，都是凭恃他的介绍关系成就的。甚至后来从海南岛撤退，也是跟随着他在海口机场搭上军机先行来台。

多年后，还有很多他的老同事、老部属，仍在一四二师军需处服务。

我到达天津海光寺，即持信去见一位军需官。因为早有了安排，就带着我到补充师第三团书记室，去面见书记官方元臣，又带我去见了团长邓守仁，于是确定我担任文书上士。

天津海光寺进陆军　团部书记室当上士

海光寺占地很广阔，建筑像一座大学校，四面是二层楼房，中间是大操场，约莫可以容纳千人同时出操。九十二军从各地团管区接收来的壮丁，都是在此施以新兵训练，基地单位番号叫"补充师"。

我报到后专管"士兵开补"，这是个军中专有名词，就是"士兵开缺与补充"的简称。第三团的新兵一半来自湖南"湘北师管区"，另一半来自河北文安、霸州。新兵训练三两个月后，开始分发到本军各师、团补充兵力。

七八月份，我曾随团部长官送了一批新兵到唐山附近的胥各庄。不久就停止分配新兵，9月接奉命令改编为独立第三团，仍隶属于一四二师，并立即派驻通县城防。

在通州时，我已渐渐熟悉环境，跟我的同事少尉司书古振国、文书上士李荣相都成为不分彼此的弟兄，这段时间发生过很多有趣的事情，值得一记。

我们的"头儿"——上尉书记方元臣，四川渠县人。他说一口家乡话，还是个"碎嘴子"。你不犯错还好，假如你写错了字，盖错了印，算错了数字，让他发现，你就要挨训了。挨完训还要挨数落，一天能把你的过失数说七八遍，并且持续五六天！他活像个老太婆！

有一次师部转来一份河北丰润县政府来的公文，附件是第一营第一连出具的一张"在营证明"，是第一连文书上士吕登辉自写自发的。公文内容如下：

兹证明吕登辉现在陆军第九十二军补充师第三团第一营第一连担任文书上士。

特此证明。切切为要此令。

此致　丰润县政府。

敬礼

文后还盖上了第一连的钤记。

丰润县政府收到这张公文，上下都看不顺眼，心里很不是滋味，军队如何能够对县政府如此无礼？所以就把原件寄到了团部表达遗憾。

团长邓守仁看到这份公文不觉哈哈大笑，说："我们军队文化水平太低啦！想不到还给人家看笑话！"

方元臣听了哭笑不得，脸上挂不住。回到办公室对着我们三个大发脾气，牢骚不停！他说："你们拿去看看，写的什么话嘛！我一定请团长下命令打这文书的板子！要他记得公文是不可以随便写的。"

第二天，他把三个营的书记官和所有的文书上士全部召集起来训话："以后有人需要'在营证明'，要到团部来申请办理，连里边绝对没有对外行文资格！今天，第一连的文书上士他来不了啰！他被打了板子，还要关七天禁闭以儆效尤！"

方书记训话完毕回到书记室，还吩咐我们三个每人拟一份《函复丰润

第一章　话从当兵说起　几度死里求生

县政府稿》，像学生考作文，阅卷结果都不及格。他摇摇头说："嗳，函复丰润县政府，我能说什么吗？算了！不理睬他好啰！"

事后他想起来就会问："常上士！你有没有写'在营证明'给北平市政府哇？""李上士，你写给密云县政府的'在营证明'是怎么写的呀？"如此喋喋不休地说了一个礼拜。

驻防通州　李荣相密云县短假探亲

到了通州，离密云县近了。

有一天李荣相接到家信，说他的父亲病危，叫他赶快回去见最后一面。

方元臣书记官看到了信眉头深锁，一整天没说一句话。李荣相踌躇半天，没胆子去问。晚上书记从团长那里回来，我们想趁吃饭时间问他，但互相推托着没人先开口。

"什么事呀？还要交头接耳的。"书记官问。

"书记官，李荣相的爸爸真的病得不轻，所以想请十天短假回家看看。"我说。

"你怎么知道他的父亲生病呀？"

"我看过那封信了。"

"你相信那封信说的是真话吗？"

"报告书记官，老李接到信已经偷偷地哭了好几天了，请您一定准他的假，让他回家乡一趟看看他爸爸，以尽人子孝道。"古司书说。

李荣相端着饭碗，点点头，滴滴眼泪在脸颊上流过，呆呆的没表情。

"书记官，让他回吧！不回，恐怕没机会啦！部队不可能再往北调，如果往南调，就离家乡更远了。"我祈求他。

"你们两个说得好听噢！我看他是肉包子打狗有去无回！他若是跑了，我准的假，我要负责任的，到了那时候团长向我要人，我哪里去找他呀？除非你们哪一个愿意作保！"

"我们两个人都愿意作保，保证李上士一定在十天之内回来报到。"

"你们够义气！我方元臣再不准他的假，你们会在背后骂我不像个东西啰！不过我先告诉你们两个，作保要写保单，保单要呈给团长。到了假满他不回，倒霉的是你们两个，要各关十天禁闭，不得求饶！"

"好吧，我们两个马上写立保单。"

饭后保单写好，签名盖章交给方书记，方书记说："李上士，明天早车你可以回家啰，本来我是不能准假的，看在你的两位同事的情面，他们又替你做了保证人，我就网开一面准了你的假，到时候你要不要回来，你要先想一想这两个朋友喔！"

李荣相对我跟古振国简直太感激了！

第二天早晨，三个人出了通州南门到火车站。

"哈哈，你们请回吧，请你们别担心，我一定准日回来的。"李荣相说，"这老家伙太厉害了！他怎么知道信是我让家里寄来的？"

"我太有经验了，任何一位长官都猜得到，不过他还是没有猜透真假。"我说，"要是密云打仗，火车线儿断啦，你不回，书记官也没的怪了！"

自从李荣相请假回乡后，方元臣每天都会念叨："不知道李上士回到家了没有？这家伙大概不会回来了！你们两个做保证人的就要倒霉了！"

一个礼拜过了，他问说："有收到信吗？不是说好的吗？到了密云先写一封信来报平安吗？我早知道李上士不守信用！"

第九天，他说："明天第十天啰！李上士一点儿消息也没有。古司书，你有没有写信催他呀？我看这个人靠不住！"

第十天，他突然闭嘴，甚至跑到团长那里聊天，整天不回书记室来。

第一章　话从当兵说起　几度死里求生

第十一天一清早,他就跑到我们寝室叫起,问:"还在睡哟!李上士昨夜回来了吗?"我们摇摇头指指空着的床铺。

"完了,完了哇!没办法了,快、快、快去报逃亡,通缉呀!"方元臣像疯了一样,"我早知道这家伙不讲信用,我绝不该准他的假!"

第十二天,书记接到李上士的来信,他打开看了一遍,把信交给古司书,信里大致说家里很平安,他的父亲见到他病就好了一半!因为密云附近有战事,打了两三天,十六军去支援才解了围,写好信没办法寄出。李上士表示:只要铁路一打通,立即回团销假。

"书记官,这一半天李荣相就回来了,你不必担心!"老古说。

"我不要担心?谁担心?他已经误了两天了!他若再不回,一定要报逃亡,通缉他回来!"

他的话没说完,李荣相一步踏进了书记室,向着书记官恭敬地鞠了一个躬。

方元臣眼直直地望着李上士,几滴泪水在老脸上闪闪发光,他缓缓地走上前拥抱住李荣相好几分钟!然后他说:"李上士!好了哇!回来就好了!吃晚饭时候再听你说家里的情形,我要去报告团长了。"说完,他走了。

我跟古司书过去拉住老李一起坐到大炕上,我们三个盘着腿在炕桌上聊起来。

"妈的,你害死我们俩啦!如果你今天还没到,真不知道书记官会说出什么不中听的话来!"老古说。

"前天,我经过通州。我爸爸叫我一定去一趟北平,给姑姑捎一点儿钱去。姑姑跟我好几年没见面了,当天说什么都不让我走,非住一晚上不可,所以迟了两天。"

晚上,他向书记官报告的话和他信的内容大致类似,可见他留了一手,不敢实话实说。

鼎沸沙鸣：从北京到台北的乡愁

九十二军一四二师独立第三团团部书记室同事司书古振国，后在第三营任情报军官。这是他于1968年在台湾任"少校辅导长"时所摄

　　方元臣是个刀子嘴豆腐心，但他的计谋很深。就拿作保准假的事来说，我们明知李荣相为探父病请假还乡，于公于私都非准不可，他却说了许多尖酸刻薄的话，推托不准，好像有些孤情寡义。过了一段时间，我们三个反省起来，他无非利用我们三人的感情，牵制李荣相的心意，让他不能罔顾道义，弃保逃亡。他说请假单、保证书都交给团长了，其实都暗藏在他的口袋里，果真李荣相跑了，也只能在《开补表》上多填写一个"短假不归"的姓名而已，我们保证人不会有事的。

　　方元臣这位可敬的读书人，在军中做文官大概有十几年，团书记官只是军委一级的同上尉职级，却已升顶了天。他说得好："混日子嘛，怎么混还不是一样！"他有一个勤务兵叫刘其友，才16岁，长相傻乎乎的，跟他同乡。他们的共同点是乡音不改、爱说话。

　　有一天大家想吃麻酱面，叫刘其友拿了一个大碗去买芝麻酱。他出去了半天，却拿了空碗回来。

　　他说："通州城里几家药铺，我都跑遍了，都说没有'兹麻介'！"

　　"谁叫你到药铺买芝麻酱啦？"

第一章　话从当兵说起　几度死里求生

"哪！你们给我一只碗做什么？"

"有碗才好拿呀！芝麻酱，就是吃面的那一种酱，街上油盐店一定有。"

"唉呀，我知道了，'麻汁'嘛！什么'兹麻介'！我就去买。"

原来他听不懂芝麻酱是什么，他又装懂，竟在通州城里像没头苍蝇一样瞎撞了半天！

部队开拔　卫军需开导话　铭记在心

1948年（民国三十七年）11月中，书记官告诉我：第三营的文书上士调走了，张营长跟他要一名文书，李上士很怕张营长，不敢去，只有派我去。

我看事情已成定局，就去第三营见张营长，营长询问了几个问题后，当面决定把我留在营部。营书记官许树云少尉在座，他是安徽人。

张营长名云汉，字炜如，山东昌邑人，陆军军官学校十四期步科毕业。他的皮肤黝黑，五官奇特，黑眼眸常常藏在眼睑里，有时候让人见了怕怕的。我在军队里已经混了一段时间，知道畏惧没有用，不如逆来顺受。面临灾祸危难那一刹那，我很镇静。营长是我的直属长官，天天都要追随在侧，容或有做错事时候，但没有多大罪过，顶多挨骂，没什么好怕的。

由于营部公文很少，书记工作轻松，整天无所事事。一个月时间很快过了，突然接到移防命令，目的地是天津以东防区。我军先乘火车到达刘安庄，刘安庄离天津卫还有9公里。

在通州车站我登上一个有墙没顶的货车皮，车上装有粮米等补给品。火车通过北平东南城角，然后转向南开，眼看北平渐行渐远，伤心泪夺眶而出！我在车厢角落粮食堆拣了一个大麻袋坐了下来，把头埋在膝盖上边，用大衣袖子抱着头，很怕风吹干了泪，吹皱了脸，吹寒了心。正沮丧间，有人叫我起来。

"起来！起来！年轻轻的怎么这样无精打采的呀？"

我睁开眼一看，原来是姓卫的上尉军需官，这车皮上只有我们两个人。

"长官，有事吗？"

"起来！起来！过来看看！"他叫我一起站到车皮边面对着车外，望着野外的雪景。

"雪景不稀奇，在火车上赏雪景，你大概是第一回吧？"他跟我说。

我点头称是，不过我在东北时曾经在火车上见过漫天遍地的大雪，还坐在大车上跑过几百里雪地，那时处于生死交关时刻，谁会有心情赏雪！

"先静下心来，不要再想做不到的事啦！今天这场大雪很难得，你往远处看看，这不是银色世界吗？村子、房子、树都是粉妆银扮，这雪景多美呀！"

"雪景？真的！我瞧见了，我欣赏到啦！"顿时觉得心胸开阔多了，对家乡家人思念之情，暂时被隐没了起来。好像有一股子劲儿，驱散了身上的寒意。

"你是北平人吧！时局这个样子，越往南走越想家是吧？谁都是一样，哪有不想家的人呢！但是一个人的志向要放远点儿，男儿有志在四方嘛！"卫军需官继续对我说，"老弟我看你是个老实人，也许你有点儿害怕，同样的道理，任何人都怕……这年头当兵最好，老百姓坐火车必须花钱买票，现在你当兵坐火车免费……如果你一个人在外头逃难，谁保护你呀？现在你当兵就有一个团的人保护你！若说安全，当兵安全多了！"

卫上尉这段开导的话语我牢记在心，曾经反复回忆，受益良多。五十几年来生活虽常处在不如意中，及时行乐少，苦中作乐多，懂得常让自己心境趋于乐观平静！有时候想起来就去看一看风景，看风景不必跑到风景区，只要心中有兴致，风景就会自然出现。可以用心中彩笔，任意描绘美化那些景致！

刘安庄鱼腥虾臭　睡热炕下暖上凉

火车在杨村站停下来等车道，等了三个小时，下午再开车，很快到了刘安庄。

这里的人很喜欢吃"贴饽饽熬小鱼"，村里院外，屋里房外都是鱼腥味，闻起来很不舒服。

我睡在上房西间，本家（房东）好心替我们烧了热炕，刚刚睡上去热乎乎的觉得很不错，一觉醒来时，觉得贴炕的一边身子像烤焦了一样，另一边却又冻得慌，鼻子、眼睛都发干，火气大，浑身不自在，只好去睡大长板凳，反正一夜睡不好觉！

在刘安庄住了五六天，12月6日（前后）清晨5点开拔！行军目的地为"郭家稻地"。

这时战局渐渐逼近了平津外围，关里铁路已经不保。行军途经天津市区边缘，后再通过军粮城。徒步走了十二小时，接近晚上6点才赶到郭家稻地。

我营被分配住在一家大宅院里，听房主说：此处曾是黎元洪大总统的老宅。这时已没有电力供应，各屋里边点着小油灯。因为有人打前站，晚饭早有安排。记得我们营部的五六个人凑在小圆桌前吃饭，我把饭碗端在眼前，赫然发现，那盏小油灯的灯光，可以照透碗里的米饭，清清绿绿的，好美的颜色！这种米就是军粮城一带出产的清水稻，前清时期是进贡

左侧这位原是张营长的勤务兵王德江（河北人），
1958年金门炮战爆发，王德江时在金门当驾驶班长，
1960年10月10日来到台北接受表扬，
笔者在国际饭店餐厅亲与访问，留下此照

给皇上吃的。

　　团里的人事有了变动，古司书升中尉，李荣相调升第三连准尉特务长，第三营书记许树云请调机枪连特务长，他留下的书记职务，由别的师调任，但是因那人原任中尉兽医，军部以资历不合不准，也没有到差，这个空缺待补。

　　一天觉得很无聊，跟房东借了一辆旧自行车，骑着在田垄上闲跑，不觉跑出去十几里。认认清楚，前边一大簇房舍正是团本部。

　　绕回来时经过村子后方，一间南房的后山墙外有高高的一堆木材，木

第一章　话从当兵说起　几度死里求生

材堆上站了一位军官，距离约有一百来米，看不清楚那人面目。我正猜想谁会有雅兴在此登高观景？那军官却对我招手，表示召我过去，走近时才看清是邓守仁团长。

"喂！你叫什么名字来着？"团长问我。

"报告团长，我叫常锡桢。"

"你现在哪里？"

"在第三营当文书上士。"

"有一个叫常锡金的，你认识吗？"

"常锡金是我哥哥。"

"三营的书记官呢？"

"还没到差。"

"好吧，我知道啦，你回去吧！"

我骑上破旧的自行车，吱吱呀呀跑回营部。

我一进大门就被营长的勤务兵王德江拦住说："书记官，恭喜你啦！"

"不要瞎叫！吃饱了撑的吗？"我心中很想骂他，"别人升官我不在乎，谁让你来讽刺我！"

"好心跟你说，还骂人！营长正等着你呢，快去向营长报到吧！"

"真的？我这就去。"我还了自行车后，立即到营长那里报告。

"你跟邓团长是什么关系？"营长问。

"我在团部书记室时见过团长，没有特殊关系。"

"你怎么会去见团长？"

我就把30分钟前巧遇邓团长的情形，向营长报告一遍。

"原来你是常主任的弟弟，刚刚团长给我打电话跟我商量，想叫你升任书记，你看呢？"

"报告营长，一切都听营长命令。"

"上边调来的书记没办法到差,营部不能没有书记,就由你升任吧!"

"谢谢营长提拔!"

"好歹你都算我的人,有升级升职的机会,升自己人最好。"营长说,"去吧,好好干吧!"

"谢谢营长!"我心中充满了感激和兴奋,觉得很幸运!

昨天,方元臣遇到我还过意不去地说:"大家都升官,只有你没机会,很抱歉!"方书记官始终对我不看好。如今竟然在部队移动频繁、交通阻隔、新任营书记无法到差的情况下,我才顺利升级升职。

也许没有人会在意这个芝麻绿豆的小官,我却认为是人生中一件大事,攸关此后的一切发展!打个比方吧,在军中上校晋升准将或代将(海军特有阶称)很难;而士兵擢升少尉、准尉也不容易!来到台湾后,军中制度改变,士官与军官有了严格分际,士官原则上不能晋升军官了。

我团三天后又向东移动,行军经过市集,到处一片紧张、凋敝景象,结冰的道路上笼罩着厚厚一层踢不开、拨不散的愁云惨雾!这景象原是人们心中的彷徨和恐惧化成。踏上征程的人究竟走向何方?无人知晓!

我们在大沽河北岸一处渔村落脚,营长、副营长带着副官和我,到附近去观察地形。

我依稀记得村北有一大片军品仓库,库区已被弃置,无人看守。仓库里起码有上百样物资,包括精细的工程用仪器和工具。仓库外空地上堆置的有:搭帐篷用的厚雨布、军用手电筒、吉普车灯零件、刺刀皮套、多项通信器材,等等。很多库房遭到入侵破坏,物资也被翻腾得像旧货市场。当时大家见到这情景都觉得义愤填膺,摇头不已。有人骂道:"军队里长期缺乏物资补给,影响军心战力!仓库里却积存了这么多,不分发下去!不知道那些人是干什么吃的!"

第一章　话从当兵说起　几度死里求生

本团扩编为三一八师　溯河西上探葛沽

本团接到命令扩编为"三一八师",但兵力毫无增加,只是"番号"大了而已。我营改为第九五四团第三营。

这里河边有码头,距离塘沽码头车站约有5公里。

过没两天,我营奉命过河,先在河边等船,到了傍晚一艘老旧的货轮停靠在岸边,我们上了船,又枯等了一天才开船,此处河面不过百多米,却折腾了半天才开过对岸。

那时,我深深感觉出军队机动效率低下,直接影响到军队调度和官兵的士气,战败的结果已露出端倪!

我住的地方是外国侨民住宅区,"洋式草房"建筑外貌朴实,格局高雅,屋里还留下沙发和粗大的家具,整洁不见杂乱。有木头地板,睡觉方便,夜里隔着玻璃窗,可看见海军炮舰连续发射火炮,那声音跟山炮和榴弹炮不同,炮弹拖曳着红色的光,飞向远处新城一带……

次日早晨9点本营部队出发,溯大沽河(当时海河下游的俗称)向西行军前进,中午前到达葛沽镇,葛沽镇有一条长长的街,街上不见行人。有一个饭馆开着门,我们营部的人进去休息,店东供给了茶水,没客人没伙计,所以无法供应饭食。

营长吩咐在此暂时留住,各连赶快做饭。然后领着营部人在葛沽镇内走了一遍,镇最西头有一个"门道",穿过去就到河岸,下一个石头斜坡才到码头,我们站在高处远望上下游,两岸都种着整齐的树木,峥嵘的枯枝上还留下些许残叶,偶尔一两片被西北风摘下,飘飘曳曳地坠落在寂静的荒岸。

回到小饭馆很快用完午饭,张营长立刻叫号兵吹集合号,大约过午时分,部队离开葛沽镇,急促返回塘沽对岸。几天后再渡河,进驻塘沽码头车站里,又几天,即1949年1月15日,听广播电台新闻知道天津已经被解放了!

塘沽旧事　1948年短暂造访葛沽镇

1948年12月我在塘沽与八十七军并肩作战。

我原属九十二军一四二师独立第三团，12月初从通县移防到塘沽。该团在当地扩编为第三一八师。

那时我担任第三营准尉书记，因文职位低，只能观察眼前周遭战况，无法了解大战局；但身临枪林弹雨战地，到处兵荒马乱，一片肃穆萧条、凄凉之境，却刻骨铭心，记忆尤深。

我所在的营移动频繁，不三五日移驻在大沽河南岸边。整天观看泊于河中几艘登陆艇和其他船舰，向北方前线发炮射击。夜晚舰炮炮弹拖曳着火焰，划破严寒夜空朝远处飞去！我想，那便是海军支持作战了。

战事稍歇，营队曾奉命溯河往西侦察，中午行军抵达15公里外的葛沽镇。葛沽镇地处天津市东南，海河南岸，距北平149公里，西距天津中心市区20公里，曾是华北八大古镇之一。那时葛沽镇却几乎空城，家家都门户紧闭，整条大街不见行人！

幸有一家歇业饭馆掌柜应了门，得以借地休息，升火造饭。

营长率几位连长到村边、河岸码头等地观察，饭后立即开拔赶回大沽。

此次任务，只有一个营的兵力在激烈战火中单独行动，一路上前有斥候（即侦察兵），后有殿后和侧翼掩护，时刻提防埋伏和遭遇！行军规模虽小，却能观察细微，且极为谨慎认真！返防中途突遭对岸射来一排机枪子弹，河边杨树上的枯枝、残叶纷纷落地，我营立即停止前进准备还击，不过隔岸距离稍远，再无动静，才继续回程。

三日后，我营乘货轮回到塘沽，进驻火车站东西两侧大仓库，负责部分港区警戒，直到26日天津弃守，从塘沽撤退。

2012年春，有幸在天津《今晚报》副刊上读到大师周汝昌先生一篇关

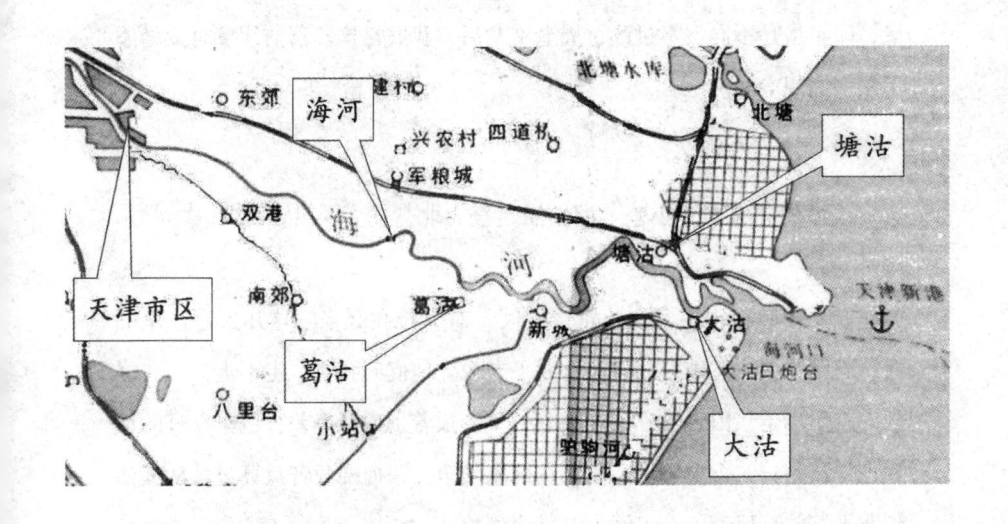

1948年自塘沽撤退时部队驻防及行军相关位置

于"葛沽镇"的短文。周老以他的超强记忆与细腻笔触，将葛沽这个小镇描写得既精致可爱又繁华热闹；而我造访葛沽镇时却是战云密布，危机四伏，印象最是不同。不过读过周老文章后，我回忆这段葛沽往事时又增添了很多遐想空间。

天津失守有人开小差　塘沽撤退登上北盐轮

有一夜睡得很不实在，正恍惚间，有人拉我起来。这几人是连里的兵，有河北文安、霸县的，还有北平老乡。他们问我："走不走？"我摇摇头表示不走！因我早已下定决心，不会跟着别人开小差！卫军需官的话我记得清楚："个人逃难，没有在部队安全。"何况我曾盘算过，从塘沽到北平好几百里，怎么走回去？畏难哪！

1948年12月20日解放军发动天津战役，塘沽的国民党军队自12月28日起已经开始撤退。我营驻扎在码头火车站俨然成为掩护部队。

一周后终于把防务交给了前方后撤的部队，约在1949年（民国三十八年）1月7日前后团部和第一营乘上金星轮驶出大沽口，我营单独上了一艘驳船。什么是"驳船"？就是没有动力的船，必须仰赖别的船拖动才能行驶。

邓守仁团长在临出海前特别对张营长说："我负责在两天内派船来接你们！"不料在码头边等了三天还不见船来，营长忍不住破口大骂！

这时塘沽码头管制逐日松散，部队纷纷在码头边集结，外围解放军继续猛攻，枪炮战斗声渐近，有些部队垮了下来，很多散兵游勇也闯进港区！

接近中午一艘拖船来了，我们被拖离码头驶往河口海面。我营官兵鱼贯跨过窄窄跳板，从驳船登上一艘小火轮北盐号，所幸此时海面风平浪静，很顺利地换了船，然后直航上海！

这时候紧跟在我拖船后面的另一艘拖船追了过来，驾船的对我船驾驶员大喊:"喂,不得了啦,码头上有人叛变了!很多军人对着开出来的船开枪,我们船长中枪了!"

"严重不严重?"

"严重!恐怕不行了。"

"赶快去找大船卸人吧,看大船上有没有医生可以先救他,卸完赶快回家吧!"

"好!大船就在前边,家里见啦!"

由此对话可知,那一刻塘沽码头上已经乱成一团,最后留在码头边没能上船撤离的军人心中都充满怨恨不平,进而愤怒冲动,于是在解放军尚未打进来时先对自己人开火,等于阵前叛变。

在外海我们看到还在等待的金星轮,邓守仁团长站在船舷边向我们挥手致意。

金星轮是2000吨的挖泥船,设有吊杆以及抽沙机械与存储泥沙槽等设备,船底中央还可以通海,所以载人的空间有限,只装了团部和第一营的人员装备就满了!

金星轮和北盐号各拉了一声长笛,先后起锚开航。因为两只船一大一小、一快一慢,马力速度相差太远,没多久就失散在茫茫大海中。

北盐号是盐务局的运盐货轮,吃水300多吨,官兵只能下到船底货舱。我受不了舱底的臭气与憋闷,上船后就选择坐在船头甲板下边,高耸的船头有一间舱房,门口有两只铁支柱,遇到风浪大的时候,我刚好抱紧铁柱,稳住身体,不被海浪冲落海里!

渤海湾风云变色　北盐号触礁惊魂

北盐号这条船曾经历多次劫难,前次葫芦岛撤退时曾载运了一船国民党军队,到达目的地后,阿兵哥下船时任意拆卸船上设施,连罗盘和航海图也给带走。因此船上缺乏航海仪器,驾船的大副不敢远离海岸线航行。

没多久渤海湾里突然风急浪涌,北盐号在大海中漂荡陷入危机。

轮船在惊涛骇浪中,我开始晕眩,接着呕吐,直到把胃里的食物和黄胆水吐光!我坐的位置正面对着驾驶楼,楼正面中央装有一个圆形照明灯,在恐怖的寒夜里称得起是一盏明灯。好久好久我没有移动过身子,有时会睁开眼睛分辨一下昼夜,有时感觉自己是在仰卧,有时好像在俯看那盏灯!昏沉中,我察觉那不是虚幻,而是船身随着巨浪前后颠簸产生的斜度。有时候风止云散,看见一轮明月当空。那几天正是一月中月亮最圆的两天!也曾看见海浪冲过船面,船身又从海水里冒起,幸亏船舱口的油布封得紧紧的,否则这条船便沉沦于海底了!

你想象过武侠小说里的侠客,却不曾亲见吧?我确实见过我们的一个传令班长,他在航行中无惧风浪,来去自如,生活如常,并且行侠仗义,不时在舱顶爬上爬下,钻进钻出的,帮助弟兄们渡过这场难关。第三天他给我端来一碗白饭,我竟然一点儿胃口都没有,我有气无力地摇摇头。他操着浓重四川口音亲切地对我说:"书记官,你一定要吃东西啰!也许吃了后会再吐,那也要吃!如果你一直不进食,就会损害健康啰!"

我听他的话,把一碗盐水饭慢慢地吞下去了,觉得精神好多了。

这样的英雄人物,也许船上不只传令班长一人,不过都没有他那种侠义心肠!

北盐号像蜗牛似的爬行,像海豚一样摇摆着游泳,如此这般的在渤海湾漂泊了四天四夜,到达了庙岛列岛。此地属于山东蓬莱县管辖。

庙岛列岛,自古就有"蓬莱三神山"之美称,即蓬莱、方丈、瀛洲三座海上神山。引得秦皇汉武都曾不辞跋涉来到渤海边,遥望神山,寻求长生不老的丹方。

清朝至今先后称其为"庙岛群岛""长山八岛""长岛"。据《蓬莱县地理志》记载，清光绪前南隍城岛尚无居民，只有八个岛上有居民，故称"长山八岛"。

我国古代历来把海市蜃楼看成是仙境，而这里是中国海市蜃楼出现最频繁的地域。这变幻莫测、超脱凡尘的幻境不但迷惑了昔时欲求长生的帝王，而且吸引了无数游人前来观光。

庙岛列岛不但有迷人的风景，还有悠久的历史文化传说，"妈祖护海""八仙过海""张羽煮海""精卫填海"，每个故事都荡气回肠、委婉曲折，深深地印在人们心中。

这里一岛有一岛之奇，一景有一景之丽。然而我们此时是败退之师，哪有心情欣赏这里的海天美景啊！

1949年年初的时候，山东全境只有青岛、长山列岛、即墨还在国民党军队的掌控中，在美军第七舰队的羽翼下，仅靠着海上交通维持生存。据当年2月底的《大公报》记载："军队从济南、烟台败退，青岛富豪纷纷携眷南迁……"

张营长与当地海军第三舰队副司令马纪壮取得联络，基地指挥官何相宸上校准许我营登岸暂时休养，也答应供给北盐号燃料油、锅炉用水和食用水，以便继续航行。

长山八岛中只有庙岛本岛有淡水井，惜本岛码头水浅，轮船不能靠岸，只能利用小舢板盛载木桶运补淡水，耗用时间，因此我们在岛上住了八天再行启航。

在长山岛发现一些身材矮小的百姓，他们自称祖居在此有几世代，多以渔工为业，最常来往的地区为对岸蓬莱。他们记忆所及族中没有高大的祖上。于此想到早先日本人也都是矮短身材，据说与岛居人种生活条件、食物营养都有关系。不知经过半个世纪后，长山八岛发展成什么样子？矮小的老岛民后裔的生活改善如何了？

北盐号所需的柴油和淡水补充完毕，一个傍晚时载着我营官兵开航。

记不清航行了多少时间，北盐号渐渐接近山东半岛崂山尖端，海面呈现出一片平静。船只离海岸非常接近，入夜后灯火管制，避免成为岸上炮火袭击目标。船在黑暗中缓慢前进，仍能看到波浪轻轻在推动，遇到凸出的礁石就会激起较高的浪花。

　　第二天下午5点多，海面仍然一片风平浪静，原来是船驶进背风海域。大家经过几天休息，心情恢复了平静。

　　正觉得苦闷无聊时，隐约听到船员几声呼叫，接着船头猛然撞上了暗礁，船身几次向前冲推，终于搁浅在礁石上！船身前高后低，微度倾斜！

　　触礁地点属于崂山外海、莫耶岛群岛海域，俗名叫"石山群岛"，实际上都是蕞尔小礁屿。但四周暗礁星罗棋布，退潮时露出海面；涨潮时便成暗礁。

　　老船长很熟悉这一带海域，曾经讲述航海史上在这一带发生过的海难。他知道正在通过肇事频繁的地方，把船的速度驶得极慢，还慎重地派了三位水手，负责在左右舷和船头甲板，用一种细绳子垂入海中测量水深。每隔一会儿工夫就高喊水深多少尺，向驾驶楼报告。

　　突然间，船头水手大叫了一声："般波洛——！"乘客们听不懂他在喊什么，却感觉出那一定是严重警告！

　　驾驶楼里边来不及做出任何反应，小船瞬间触上了暗礁！船身发出隆隆碰触声后，又一涌一涌地冲上礁石！幸亏船头是向上翘起，船底有斜度缓解了部分碰撞力，没有受到严重损坏。经过船员详细检查没有漏水情况。但是船身却搁浅在礁岩上，进退不能了！

　　这时四周一片寂静，约莫几十秒钟后，全船士兵突然发出一片惊恐哀号！很多人爬上甲板来呼天抢地、悲凄痛哭、祈求神明解救危难！

　　船上叫嚣声、脚步声乱成一片，营长见势大发雷霆，紧握着手枪，高声命令制止士兵们的荒唐行为！同时召集船员问话。大副急忙领着全体船员来到甲板上向营长求饶。

第一章　话从当兵说起　几度死里求生

在黑暗中看不清营长的愤怒表情，只听他说："老船长，你不必求我！我知道把你枪毙了，还是开不动这条船；但是你不能眼睁睁地在这里等天亮！那时候被解放军发现了，我们只有被俘虏，不然就是阵亡。这条船上300多人活命都靠你啦！你要尽快想办法退下礁石来才行！"

"谢谢营长！我们现在就去尽量想办法解决！"船长回话后，赶紧领着手下船员去设法脱困。可惜船只搁浅太深，而推进器马力不足，几次全力倒车，依然脱离不了礁石。

张营长忽然想起了爱吹牛的传令班长张云起，立刻召他过去问话："张云起！你不是说你是张天师后代吗？"

"我是张天师后代，会家传法术。"张云起立正答道。

"你有家传法术，可以马上表现出来啦！"张营长过去握起张班长的手说，"现在情况危急，你有什么法术，可以尽量施展出来吧！"

"营长命令，我就试一试吧！"一向行侠仗义的张云起爽快地回话。

平素里，营里弟兄们喜欢听张云起"摆龙门阵"，叙述小时候跟父亲学习祈神驱鬼的故事，也喜欢看他表演玄教特殊动作；但很少见他玩什么法术！不过他外号就叫"张天师"。

站在甲板上的弟兄自动腾让出一块地方，请他施法。他很从容地站在众人当中，在口袋里取出一条黄布带子，围系在额头上，然后他跪地向北方上拜，手捻七枚铜钱放在甲板上，排成北斗七星状。没有焚香烧纸，他模仿各种不同的动作，再三跪拜后，盘膝坐地，口中诵念了一套咒语。

大家都聚精会神看着他诚敬的作法！老船长更是虔诚地跪在一边祷告。

"有救、有救！"张云起开口说话，"我需要五个属龙的贵人相助。"

张营长立刻叫当场属龙的官兵自动站出来，也请几位连长快找人！很快凑足了人数。

"你们站在我后边，照我的话继续不停地做！"张班长命令道。

这五个人照指示站好了位置，双手合十，心中默念一个"水"字。

过了没多久，北极天际忽然寒光一闪，这股光束从北往东转西，然后扫过眼前落入七枚铜钱上边。

大家都感觉一阵惊奇时，船身也跟着震颤了一下。

借着星光可以清晰看见，四周小山丘溅出的浪花不见了！船尾也渐渐浮起来了！

"啊！海水升高了！"很多人高喊起来。

"涨潮啦！"船长高呼了一声，"谢谢菩萨！我们有救啦！"

"谢天谢地！老船长，你快去驶船吧！"张营长高兴地说道。

"走！大家快回到工作岗位吧！"老船长立即登上驾驶楼指挥，营长跟着上来关心，船长命令机房开足马力倒车。

这时海水升得更高，北盐号船身开始向后滑动。张天师和他的五位"海龙王"，依旧在向上天祈求救难！

此时船面上有人自动跪在地上祭拜，有些人站在船边注视着船的动静，同时倾听驾驶楼和水手们大呼小叫的对话！

"轮机房把火烧旺一点！"

"倒车——！"驾驶楼和舱底的轮机房通话前，还会敲出几响清脆的铜钟声。

"停车——！"

"船上的人尽量往船头集中——！"

"倒车——！"

"船动啦——！"

"船尾的人注意水深！"

"左——后——方——有暗礁——！"

"打右边满舵！"

第一章　话从当兵说起　几度死里求生

"右方满舵。"操舵船员执行动作，同时复述船长的口令。

这时船底发出一阵隆隆的摩擦声，船身从礁石上一点一点地往下滑！

"下来啦！船下来啦！"

北盐号船尾一寸寸地往下滑，好像即将沉入海底！不过这艘火轮船尾舱很高挑，还没有进水的顾虑。几分钟后终于完全脱困，恢复了水平状态！这时全体官兵和船员立即发出一阵欢呼！

"报告营长，船退下来了！"老船长在驾驶楼上用传声喇叭向营长报告。

"好极啦！你们千万小心离开岸边驶船，不要再出事了！"营长用双手摆在面颊嘴边，仰着头向船长嘱咐说。然后回过身来关怀张云起和五个士兵，夸赞他们祈神建功！

"张班长辛苦了！你们都有功劳！"

"报告营长"，张班长起身向着长官敬礼回话，"我们这条船上确实有命大的贵人！"

"嗯，我知道！你们大家都辛苦了。现在时刻是7点10分！明天我们下午可以赶到青岛，大家就安全了！快回去睡觉吧！"

"是，营长。"

张班长向北方天空敬了一个礼，又拜了一拜！然后俯身收拾铜钱等物，也解下头上的黄布带子，才和五位同袍弟兄握手道谢。大家都很欢喜，因为他们刚刚干了一件惊天动地的大事情！

第二天午后，阳光照耀着美丽的城市——青岛，她露出关怀的笑容，向我们招手："孩子们，为什么弄成这副脏兮兮的样子？每个人满脸都挂着疲态、倦容。来吧！我收留你们！"见到她如见佛祖神祇，认为已经脱离苦海了，心安啦！

北盐号航行到了终点，它曾经运盐、运煤、运货还运兵！它已在大江大海、大风大浪中奔波航行了近50年，再经这次触礁灾难，已到年老力衰、体无完肤的地步，该是退休的时候了。船既然迟延了航程，和团部失去联络，我营如何进退，如何取得交通工具与补给再追往上海，都成了问题。

次晨，营长派我到第六战区司令长官公署接洽，他自己去与三十二军二五五师师长李鸿慈将军见面，以确定未来如何行动。

我带着传达班长和两个弟兄来到府前街，当地人说这里是政治与商业中心，青岛市政府和第六战区司令长官公署都设立在此，是青岛最热闹的地方。

那天应该是大年初三（1949年1月31号），正在年假期间，百业休市，街上很冷清。我们找到"长官公署"，卫兵准许我和张班长进入大厅。稍候，一位"二厅"的中校值日官出面接见，因为适逢年假，他个人无法办事，但答应在前镇区找一家停工的织布厂，供我营暂时驻扎。

我回到小港码头，向营长报告接洽结果。营长说："不必了，二五五师李师长已经答应接收我营，暂编为师部警卫第二营，明天行军到即墨县报到。"这是我营在一夕之间，从九十二军变成三十二军的经过真相。

提到这一段海上历险，想起了老长官张云汉将军的回忆录，这本书在1982年出版，书名《奇趣漫谈》，没有公开发行，旨在分赠旧部与亲友留念。他在书中前三章所写，都是回忆从塘沽撤退到青岛途中的惊险艰苦历程。我特摘录两段来看看这位营指挥官的感受与说法。

*　　*　　*

渤海遇风暴　晕死两昼夜　长山岛还魂

民国三十七年十二月间，我军奉命自河北塘沽转进，由水路开往上海。我营任后卫，掩护整个军团所有部队，分别乘舰艇或货轮奔向

第一章　话从当兵说起　几度死里求生

上海而去。

我营最后撤退，乘坐的船只是一艘日制捕鱼机动船，名称曰"北盐"……

开离塘沽港口，驶进了渤海湾约有两个小时后，忽然狂风大作，浪波汹涌，怒海滔天，使此船颠簸摇摆异常，陷入万分危急！幸赖船员们的毅力和驾驶技术，小心翼翼地掌握轮舵，于惊涛骇浪中拼命地挣扎向前。此时呼天，天不应！喊地，地不灵！只有生死由命。

船上的老大副，大声喊叫着："营长啊！请大家祷告吧，祷告海神娘娘保佑我们！"

使人肝胆欲碎的海浪声，风嚎声和舱内的机械声，慢慢地就充耳不闻了。因为大多数的人员已经沉沉昏迷失去了知觉。呕吐得到处狼藉，真所谓肝脑涂地了！两昼夜的惊险过程，要感谢坚韧苦撑的舵手们，支持了这个局面。第三天风平浪静，日丽清和。北盐小船却仍然在汪洋大海中漂荡，不知身在何方？船上官兵惊魂未定，面面相觑，惆怅不安。于是请来见多识广的老大副共谋良策，决定先驶向长山八岛海军基地。

真是天无绝人之路，该岛海军舰队指挥官何向宸上校成了我们的救星，我曾亲往晋见，承蒙当面抚慰，并答应发给大米、肉罐头等食物与柴油燃料等，因此处没有码头建设，无法立即取得船用淡水，只好雇请乡民从数里之遥的庙岛，摇着小木桶船运补淡水，所以耽搁了八天的时间。

万事俱备后，只好先到青岛后，再设法赶到上海归队。

船触暗礁　逢凶化吉

我营所乘"北盐"渔船，自塘沽撤退，渤海湾遭遇风暴。至长山八岛，蒙海军支持补给后，转向山东青岛航行。原指望一路顺风，平安到达，所有人员心情愉快，绽露笑容。看阳光普照，万里晴空，一望无涯碧波中荡漾着我们的一叶扁舟，显得如此渺小，又复如此孤单！但却也觉得它很具有无比自傲与豪情，勇往直前。

一日航行，时近黄昏，忽然巨声隆隆，船身颠簸，顷刻之间竟斜卧在礁石之上，不能动弹。继之，一阵混乱，嘈杂声把我从梦中惊醒，不知何来灾难？心中忐忑异常。

天哪！真的祸不单行！

此时老大副匆匆跑来，惊慌失措地浑身发抖地向我报告触礁的情形。

"老先生，不要害怕。我们是同舟共济，祸福同当。遇上船险，大家就要齐心合力设法解决，谁都不要怨谁！"我看得出，他很恐惧我，怕我会处分他，因此我劝慰他镇静下来，设法脱困。

经过两个小时的检查、测量、倒车等工作后，终因海水涨潮，船尾浮起，才退下礁石来，一切似有神助，化险为夷，逢凶化吉，岂非天意！

老大副喜出望外地说："我已七十二岁，毕生在海上讨生活。据我见闻，凡船只触礁，不是遭到撞坏，就是搁浅，很难施救！像今日'北盐'号如此顺利安全脱困，丝毫无恙，令人难以置信，我想船上一定有大命之人！"

*　　　*　　　*

以上摘录的是老营长张云汉将军有关此段触礁遇险历史的记述，这两段文章很显然与我前述的有些不同。一是，关于北盐号，此船确实属于盐务总署所有，已有近50年的船龄，经过几次兵灾劫乱来到塘沽港，刚刚换过船底钢板，这也是在触礁时船底无损的原因。若此船已归民间所有，就不可能花费巨款大修旧船了。二是，当时张营长是船上的最高指挥官，登

第一章　话从当兵说起　几度死里求生

船后他被安排在船头舱，和大副（由大副代理船长职务）睡在一起，跟其他官兵是隔离的。所以与我所见到的、感受到的都有所不同。

譬如，在莫耶岛（当地人俗称"石山岛"）附近触礁时，北盐号沿着海岸线行驶，水手一边量水深，一边航行，速度非常慢。我们营部的一些人都在驾驶楼下边聊天，大家都听到前甲板的一名船员大叫了一声"般波罗——！"然后就是擦撞的声音，船底便冲上了暗礁。就是因为船开得慢，冲力小，所以只是船头部分滑上了礁石。张营长说"船是斜卧着的"是正确的。

他的文章中曾说"北盐号上满了一千四百人"。这是失真的记录，因为小火轮北盐号只有300吨，船身只有20多米长，甲板宽10米而已。我营300多官兵睡在船底货舱，都已睡满。我因受不了舱底的气味，所以不怕死地坐在船头甲板下一个角落里！在我的记忆中，甲板上最多只有我们4个人而已。

他写回忆录是在1982年，事情已经过了30多年，官阶晋升为上校团管区副司令，在提到战功与统率兵员数字方面，发生一些误差应属难免！

他常引以为傲的，是他成功地把我们这一营官兵，从河北经青岛和海南岛，历经大小战役艰险，最后平安带到台湾。之后的40余年间，很多老部下在此成家立业，继续发展生活，还跟他有着来往，他以此为慰为傲是应该的。我可以这样说：老营长是位福将！虽然我们只相聚了短短的17个月，但那毕竟是生死攸关的年代！我非常感念老长官！也怀念那一段不凡的经历！

安抵青岛进退失据　灵山战役伤亡惨重

营长张云汉是师长李鸿慈的老部下，他们见面谈得很愉快。那时候由

老营长张云汉（字炜如），山东昌邑人

于无法征兵，兵源根绝，军队缺兵，所以平增一个营的兵力，非同小可。李鸿慈答应张营长所提条件："保持本营完整，不会编散。"在不违背军队编制下，决定成立警卫第二营，来安置我营留在山东即墨。

即墨，是胶东半岛上的一个古老的地名，最早出现在《战国策》《国语》《史记》等历史典籍中，因古城筑城于墨水之滨（墨水穿城而过）而得名。春秋战国时属齐国。秦设即墨县，属齐郡。西汉时，即墨县城同时为胶东王国都城。

警卫第二营当时接下即墨县城防，在这里我尝到了即墨的地瓜干儿、地瓜酒和杠子头火烧的好滋味，也熟悉了胶东话。

在即墨最值得一记的是灵山战役，我们在这场战事中伤亡惨重！

1948年9月19日24时，济南战役打响，在解放军政治攻势和军事压力下，国民党守卫济南的吴化文军长9月19日晚率所部九十六军2万余人宣布起义，临阵倒戈，山东半岛战事渐渐吃紧。

吴化文（1904～1962），字绍周，山东人，原冯玉祥部任参谋，他先

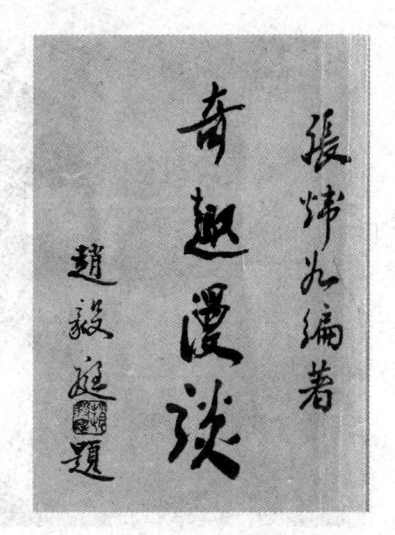

第一章　话从当兵说起　几度死里求生

张云汉先生著《奇趣漫谈》（1982年）

是追随冯玉祥，后投奔蒋介石，再投靠汪精卫，又反投蒋介石，最后加盟解放军，一生事四主。

灵山位在即墨县北约15公里，为即墨与青岛之屏障，灵山上面筑有坚固的军事防御工事，具有区域战略据点地位。

约在5月间，我营刚刚交卸城防任务，准备移防。

有一天我在西城门外看到空地上多了四五门榴弹炮，巨大的炮身漆着绿色迷彩，炮口都指向北方。据说射程可达15公里。

那时候国民党军队只剩下即墨和莱阳这两个据点，还有马山作为青岛的防御前哨，若是灵山不保，青岛就危在旦夕！显然这个炮兵营是来支持灵山前线作战的。

即墨县的老百姓久经战乱对军队调动不觉稀奇，对共产党也不生疏，但战争从来没有打到县城来，乡亲从未见过这样的大炮摆在眼前，出于好奇也围在阵地附近看试炮。同时也忧虑战争已经威胁到即墨城，难免议论纷纷。

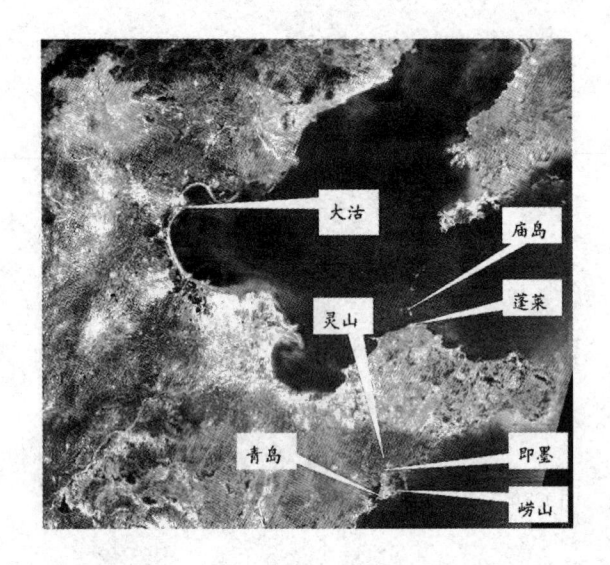

1948年12月至1949年6月，我随军由塘沽撤退到山东半岛所经过的水陆要地

"二嫂！你也领着孙子来看大炮了？"

"刚刚一炮震得家里的房子都会摇！孩子听说有大炮在西门外摆着，吵着要来看热闹。"老妇人牵着一个孙子回话。

"可不是，我也没见过这么大的炮！"

"不知道能够打多远？"

"打多远？大概三四十里，听说能够打到灵山！"

"你看共产党是不是要打到城里来了？"

"我看是早晚的事！"

"过年的时候就一直谣言不断，听说国民党军队准备放弃青岛，现在拖过四五个月，若是即墨、青岛丢了！那可怎么办？"

"还能怎么办？"

"我的两个儿子一个在青保旅、一个在五十军。要撤，他们不是都走了？"

"现在家家户户都一样，除了在县政府或乡公所做事外，哪里还有年轻人能待在家里。"

第一章　话从当兵说起　几度死里求生

"你看看我孙子才五岁。如果他爹走远了,将来我的媳妇跟孙子该怎么活呀?"

"不必担心了,日子总是要过下去的。"

"我怎么不担心?我那老头子不在了,地也荒了,如果没有儿子养活,恐怕连地瓜干儿也吃不上……"

就在这个时候轰然震耳欲聋一声巨响。一门大炮又发射了,炮弹在晴天中朝向北方飞去,飞了多远、落在哪里、有没有击中目标?没人知道。但那炮声却在耳际围绕久久不会离去!

1949年四月下旬,青岛即墨地区的国民党军队部署了三道防线,掩护主力部队撤退。解放军华东野战军、胶东军区、南海军分区等主力部队为争取主动,做出相应战略部署:东线的胶东军区警备四旅插进崂山,西线的华东野战军三十二军直捣青岛,中线的南海军分区主力部队逼进即墨。

5月3日,"青(岛)即(墨)战役"全面展开,解放军突然向灵山发动猛烈攻击,势不可当。灵山虽海拔不高,但山势险要,是即墨和青岛的咽喉之地,解放军要想南进必须先攻下灵山,因此从战术的角度上讲,灵山是国共两军必争之地。

我营刚刚交出城防任务,准备移防沙子口,就立即接到命令急往增援灵山。

在行军途中见到几组通信兵在路边收电话线,心中觉得怪怪的,但也猜不透其中玄机。

我营早晨出发,10点多到达距灵山1公里处待命。

这一带都是黄土丘陵地,可以说是非常的荒凉,远远地可以看见有个小的村庄,有些零星的田地里种了麦子,麦苗已有半尺多高,一片片绿油油的,让人见了欢喜。此时情况平静,听不见枪炮声,我们认为战事停止了,营长此时接到的命令是"掩护灵山部队撤退"。

营长立刻在一条横向壕沟边部署部队,第三连居中、第一和第二连分别布在左右两翼，机枪连在第三连之后。

安排妥当后，营长张云汉、副营长孙世德立即召集各位连长、排长简单开了一个会。营长说："现在解放军攻击主力纵队正在撤离，我方工兵连已经上了灵山，准备爆破防御工事。师部命令我们在这里掩护灵山部队撤退，各连要注意前方的一切情况。"

各位连长回到自己阵地，等待动静。营部副官、传令班长和营长同坐在草地上一起聊天。

不久听到灵山上连续爆破的声音，山上防御工事碉堡、房舍立刻玉石俱焚！这大概也是"坚壁清野"的做法吧？

军事长官们心中在想灵山碉堡是国民党军队所建，为的是驻扎部队防御解放军，作为"保卫即墨县""保卫大青岛"的屏障！我军既然撤退，岂能留给解放军接收使用？其实这种想法不是很愚蠢，他们当时应该还一心想着有朝一日会来此反攻呢！

不料这连串爆炸声，等于公开宣告灵山撤退！因此正在撤离的解放军闻声回头反击。

我营在麦子地里休息，听到灵山爆炸声后，接着灵山上一个连和工兵们撤下，从我营右翼公路退却。

几分钟后守灵山的兵也跟着撤下，好像在仓皇奔逃。

稍稍接近时才看清楚，在这些部队的后边却有穿另外一种颜色服装的军人紧追在后！

"天哪！是解放军！"

"要枪不要命！"

营长立刻下令开火拦击，果然使友军缓了一口气，按照上级命令他们是要停下来和我营交替掩护撤退的，没想到这些人居然没停下脚步就跑了。

解放军分头朝我营猛攻！

第一章　话从当兵说起　几度死里求生

子弹从头顶呼啸飞过,炮弹几乎落在眼前。不幸一枚炮弹击中第三连阵地,眼见两个弟兄被炸翻,从平地掀起!

稍后,解放军的子弹从斜沟侧方射进第一连阵地,我们没有战壕和散兵坑,毫无掩护可言,处于极端劣势。我营的马克辛(现译:马克沁)重机枪原是古董级武器,在这个紧要关头竟发生"卡壳"故障,降低了还击能力。

先是第三连稳不住往后退,冲散了机枪连的第一排。张营长命令副营长孙世德在后压阵,命令:"有人退却,枪毙!"可惜我营渐渐陷入三面受敌局势,营长见官兵纷纷倒下,他终于无奈地跟我说:"走吧!伙计!"于是全营撤了下来。

解放军主力部队当日攻克灵山,国民党三十二军七六四团一营损失殆尽,国民党军队前往灵山的增援部队只好撤退下来。

我们先往稍稍偏东方向的上夼村急撤,上夼村里的友军却对着我们发枪制止。我们只好急转向偏西的下夼村,并在村子一处废宅里稳住阵脚。在朝北的一堵矮墙后架起了重机枪,刚刚布置妥战斗位置,一枚迫击炮弹恰好落在机枪脚下,排长、正副班长与7名士兵,通通被炸翻倒。营长只好命令崔连长抢救伤员,再往后撤。

"夼"(kuǎng)字,根据山东即墨与莱阳人说,这个字是当地的"土音土字"。《现代汉语词典》释义为:〈方〉图:两山之间的谷地;洼地。

据上夼村当地家谱记载,明初,某姓从云南迁来此地定居,因村坐落在山间溪谷中,地势较邻村高,命名为"上夼"。清同治年所编《即墨县志》即标有此名。

在狼狈的溃败中,我的好朋友第三连特务长李荣相,在奔跑中突然绊倒跪地,他回头看见一枚未爆的迫击炮弹落在身旁,起初以为是被炮弹打中屁股,三连赵班长见李特务长的腿上渗出血来,大喊:"你流血啦!"老李听后说:"血!"立刻昏厥过去。赵班长赶紧背起老李沉重的身躯领先冲去。

此时夕阳西下，看到七六四团的部队正往北推进，战事终于在黄昏前结束。

我营独力在小范围内作战，对整个"保卫大青岛"战局有着重大影响。由于我营参战有些突然，从支持任务到掩护撤退，及炸毁灵山防御工事到双方激战，并造成官兵重大伤亡，恐怕都是张云汉营长始料未及的。

原来当日我营要移防沙子口，临时命令开往灵山掩护撤退作战，营里的书记、补给文官也都跟了上来。在战事停止后，只好回到即墨城休息整顿一二日。

我曾参与此次作战记录与统计作业，协助副营长制作《战斗详报》呈报师部，对战斗情况稍有一些印象。

这份《战斗详报》是作战记录，也可对本营人事、开补与武器装备等借机做一次总结。作战伤亡情形：排长冷国栋、特务长李荣相重伤，排长李富保轻伤。士兵20余人阵亡，近30人轻重伤，失踪3人，共计折损官兵61名。

我营从塘沽登船撤退时，官兵约近400人，这次作战竟然损失了六分之一。张营长在出席师部检讨会时，发言直指受掩护部队不应不做交替掩护，弃我营于不顾，因而造成重大伤亡，对七六三团颇有微词，但师长李鸿慈对此只是感到遗憾，未做处分。灵山守军团长张志远觉得过意不去，曾经向张营长表示歉意。

"赤脚"大夫土法医疮　劈石据险　山村救人

在即墨驻防期间适逢寒冬，当兵的没有机会洗澡，身上都长满虱子，很容易患皮肤病，没人例外。

有一次我抓痒不小心抓破了上腹部肚皮，伤口渐渐发炎蓄脓，卫生连

第一章　话从当兵说起　几度死里求生

里的护士们都是"军眷"，不是连长的太太，就是排长的老婆，要不然就是营长的小姨子。我到卫生连去诊治，她们就替我消消毒、抹抹药膏，根本没有效，我觉得渐渐有些发烧、伤口发烫发痛。虽然如此，因为军中医药缺乏，我又能如何？

有一天吃中饭，营长见我病恹恹的样子，就问我："常书记！哪里不舒服了，怎么满脸生病的样子？"

"报告营长！我的肚子上长了一个疙瘩，有些发热发痛。"

"拉开衣服给我看看！"

于是我把棉军装解开，双手再拉起上衣给营长察看上腹部长的疙瘩。营长看了说："你这个傻小子，怎么不早治，你这是抓痒抓破了皮，发炎成疮！老早把脓挤出来早好了！如果现在不把脓挤出来，会要了你的命！"

下午5点多，营长集合营部几位官兵，掌起了一只小油灯，医官拿来药棉、纱布、酒精跟碘酒。我把上衣都脱了，平躺在一张长桌上，畏惧加上寒冷，我浑身发抖一直打哆嗦。医官刘少英替我用酒精清洗消毒，营长用一叠纱布盖在我疮疖伤口上。

"伙计，不用怕。先闭住气，忍住痛！把脓给你挤出来，很快就好的。"

"我准备好啦，营长。"我说。

"你们四个过来按住他！"营长叫情报官、医官、司药和传令班长等人紧紧抓住我的手脚，他还安慰我说："闭住气，别怕！"

营长用两只大手，从疮的四周向中间用力一挤，脓头儿像一发炮弹，中间突破飞射出去，所幸没有伤及无辜。

营长花了好几分钟时间，才把脓水完全挤清。医官替我敷上一种叫作"易克度"的消炎药膏，再敷上厚厚的药棉药布，叫我注意每天到医务室换药，伤口不要沾到水。

医官刘少英，
1952年任团卫生连长时所赠

"好啦，快帮他把衣服穿起来，让他先睡一觉吧！"营长嘱咐完就走了。

以后每天换药一次，十天后就痊愈了。现在想想，肚子长上了一个酒杯大小的疮疖，都已化了脓，且已起发烧，若再不彻底医治可能很快变成现代所称的"蜂窝组织炎"，幸亏张营长当机立断为我亲手除病，等于救我一命，这件事使我毕生感念张营长的照顾！

翻阅老营长的回忆录，书中有一篇《仿效华佗为英雄疗痈》文章，记载他曾于1944年（民国三十三年）抗战期间，在桐柏山区当连长，因官兵久居山林，蚊蚋叮袭，抓破之后会变为疮疡，疮口大者如碗，惨不忍睹。虽有军医诊治，但始终无效。他即曾亲自下手替二十余患者治疗毒疮，颇有经验了。

三天后，我营移防沙子口，沙子口位于青岛以东，是崂山区最南方出口，海边的渔港每天都有许多渔船进出，渔获包括：鳞刀（又称白鳞或刀鱼，都是带鱼的俗称）、花盖儿和青鱼等。渔村内外铺着的、挂着的、晒着的都是鱼干。

十天左右又移防崂山北方的劈石口。劈石口位于崂山要津，海拔应有

第一章　话从当兵说起　几度死里求生

崂山劈石口的劈石

250米，路边竖立着一个卵形巨石，高有丈余，中间由上而下裂开，因而得名"劈石"。巨石的裂缝开口向天，中间还长出两株小松，苍劲奇绝，佳景如画非常难得。

我近日在网络上找到此石图片档案，石上多了题字，以我猜测必是后人所刻。人的记忆终究不如实物和文字记载，尤其是石头没有那么容易变质变样。或许是我的记忆不太清楚了，总觉得现有的不是从前的那一块。以前的那一块远望好像有一身仙风道骨的剑士在此驻守崂山隘口，高耸挺拔，气势不凡！现有的这一块却毫无那种豪迈高雅气质。

在此居高临下南望大崂，大道坡度约为15度，笔直而下至为壮观，山间条条旁支小路尽收眼底，尤见此口的险要。

大约是端午节前几天，我曾带了加菜金，领着营部十几个弟兄出劈石口，左转，到一山村买猪，预备过节打牙祭。这个村子叫作"解家河"，我们走了几家，什么东西都没有买到。

到了村长家，只见有几位妇人带着孩子一起悲泣，追问之下，才知村长的儿子与另一青年被附近军队抓去了！

我就带了营里的人，到右边山腰上的友军某连探询，他们承认在解家河抓了两个人！我向他们的一位排长提出两项理由，请他立刻放人：第一，解家河是我营防地，抓兵有损我营军誉。第二，这两个人都是人家独子，让他们抛妻离子而去，等于扼杀了两家生计！这情况出在眼前于心何忍？排长是个有血性的人，他很惭愧地表示：立刻叫排里的弟兄放人，交给我们带回解家河！

我带了两个年轻人回到村里，原来始终避不见面的村长亲自出来迎接，他的儿媳等人都跪在大门口磕头称谢。进了村长家，院子里绑了两头五六十斤半大的猪，还预备好一大坛黄酒。村长说："都是送给你营的过节礼物。"我说："不能接受！白拿老百姓的东西，要枪毙的！"村长拗不过，决定只收一头猪的钱，另一头是村长自家养的，他要陪我们送回营部，亲向营长致敬。

没过两天又接到移防紧急命令，上级发下红白两色布条，可以系在头上或绑在臂上，随时依命令变换上下颜色与配挂部位，作为行军时识别标志，避免敌我难分。

过端午节当日（6月1日），迂回行军到达李村与师部会合。

第二天有青岛市的长途公共汽车来接运，我营很快到达市区，进驻码头。

5月国民党军队在即墨战败后，尽管国民党军队在青岛驻有三十二军、五十军、警备旅和保安旅共三万名官兵。但此时青岛已失去反攻的桥头堡作用，死守青岛已没多大意义。当时，老蒋先生一直坚信凭借美军的帮助还能扭转战局，迟迟不肯放弃青岛。但是美国海军并无接管青岛之意，并在年初就逐渐撤离、转移海上。因此，老蒋先生密令当时的青岛绥靖区司令刘安祺，拖延时间、保存实力，伺机撤退。

此时驻守城里的国民党军队内部早已是疑虑重重，斗志涣散，士气消沉。他们内心清楚,青岛已是孤掌难鸣,解放军如若进攻,自己必将成为瓮中之鳖,无路可逃。

1949年6月16日,在刘安祺中将的指挥下,青岛开始向台湾大撤退!老蒋先生曾以快慰的心情说道:"此次青岛撤退,最为完整,不但军队及装备物资毫未损失,并将在青的反共人士及青年均已撤退赴台,至可嘉慰。"

刘安祺(1903~1995),1926年毕业于黄埔军校三期步兵科。1946年起任青岛绥靖区司令官兼行政长,1948年9月22日晋升国民革命军陆军中将。1949年6月16日指挥著名的青岛大撤退,撤退前他拒绝了老蒋先生破坏城市设施的命令,做了一件大善事。后任二十一兵团司令官。此后赴琼、穗作战,掩护广州撤退。

我营在青岛大撤退中随师登上大江轮,大江轮是万吨级的客货巨轮,比起北盐号不可同日而语。

我依旧没有进入舱房,在甲板上的一个高台上找到一个栖身之所,老古、张班长跟我做伴在一起。晴天,就幕天席地随坐随卧,随心所欲;遇上下大雨,就遮蔽在一个布棚里。上万人挤在一艘火轮上,大家都失去了活动空间,上一趟厕所就要排半个钟头的队!

航行中,我见到两起鲸队在船边游过,也见过飞鱼群冲出海面飞行的壮观奇景。

青岛撤退到基隆　误认琼岛是天堂

经过四天四夜航程到达基隆港,大江轮停泊在18号码头,部队下船听候命令。

八天后转登台北轮增援广州,又开始另一程遥远航行!

在基隆八天当中没有发生过什么大事情，琐碎事可不少！

第三连连长张守和在山东即墨时，曾经奉营长之命潜赴河北省玉田县接取营长家眷。在撤退前张连长安全回到即墨，却只接回了自己的老婆；没有访查到营长的妻女下落。没想到此时第三连有一个班长带着几个兵逃亡了！这一公一私两项问题在张营长心中纠葛发酵，因此在码头上全营集合时打了张连长胸部一拳！张连长自知理亏，隐忍了这一拳！

第一次在基隆码头上听到"台风"这个名词，也尝到台风风强雨骤的味道。那次台风只是从台湾岛边缘扫过，没有感受到太大威胁！

还没有下船的那一两天，基隆市许多小贩推着香蕉到港区兜售，我们手里没有台币可用，甚至身无分文！大家为了解馋，纷纷用棉衣、棉被换取香蕉，用长长的绳索在船边垂下吊上地交易。这个历史镜头早已忘怀，如今旧话重提，反而顿生唏嘘之感！

6月中旬我军登台北轮开往广州，离港后接到新命令，直航海南岛榆林。

在我们北方佬心目中，海南岛（琼岛）是一个非常神秘、非常新鲜的地方。等到进了榆林港时，所见是一片南国景象，碧海蓝天，绿荫葱翠，蜿曲椰岸，船影绰绰，叹为观止，以为到了人间仙境。其实我们闯进了满布陷阱、处处杀机的夺命险地！据说榆林港是中国少数优良军港之一。我在此下船时亲见港湾多为巨大岩石壁围绕，海水很深却清可见底，环境清幽，异常隐蔽，可容万吨以上船舰靠岸进出。

次日，全军集合，执行官副军长在训话时，警告官兵："这地方危机四伏，你们要处处小心保护自己的生命！我现在给你们大家一个忠告：不要乱吃！不要乱喝！不要乱日！一切要谨慎，不小心你会送命！"

离开榆林港，我营行军到红沙镇。红沙是海南岛上的著名铁矿区，产量与含铁纯度都属第一，因附近山体含铁成分多为红土（沙），下雨时山路流着的都是红锈水而得名。抗日战争时期三亚港被日军建为军港，疯狂

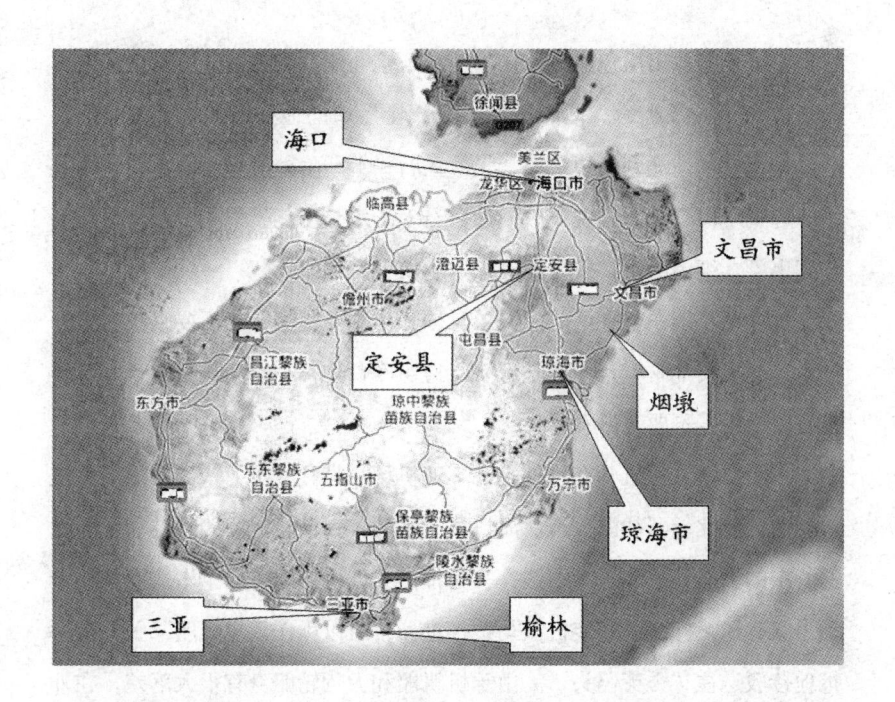

第一章　话从当兵说起　几度死里求生

在海南岛经历的地方

掠夺海南资源，榆林港到红沙镇建有一条9公里长运输铁沙的铁路，战时铁路跟矿场都已废弃。

我们顺着一条河边道路行军，到达红沙镇约需两个小时。在这短短的路上曾亲见有士兵倒毙在路边！这些人都是突然发病，血液凝固，皮肤变黑，最后全身痉挛继而僵硬。营部医官说"是一种黑死病"，无药可医！

"黑死病"，学名为"鼠疫"，鼠作为重要传染源，主要是以鼠蚤为媒介，经人的皮肤传入引起腺鼠疫，经呼吸道传入发生肺鼠疫，均可发展为败血症，传染性强，死亡率高，是危害人类最严重的烈性传染病之一，对于文明世界来说是一剂几乎使人类灭绝的毒药。

但面对这种可怕的热带病，中医的刮痧放血医法也许有效！

营部一个炊事兵到红沙后发病，营部官兵协助医官在他后背上割了两三道口子，挤放出黑色血液，还为他灌下催吐剂。没想到这个方法奏效，救了那小子一条小命。他苏醒后，营长慢慢追问他在路上吃了或喝了什么。他说曾在中途到河边乘凉，见巨大石头上凹陷处有一汪清水，就用双手捧起喝了两口。医官说："河边巨石上的水，可能累积了千万年，受到瘴气熏染，细菌滋生，极可能有毒，生饮容易致命！"

现在明了副军长训话的意义了！原来"不要乱喝"是不要喝没有煮开的水！"不要乱吃"是不要吃部队外边生冷食物，小心病从口入！"不要乱日"是警告不要乱碰女子！

三十二军二五五师在榆林港和三亚机场一带驻扎了七八天，然后再从榆林港登船北上开往海口市。海口属浅水港，大型轮船不能入港靠岸。我们所乘的大船只好在外港下锚，官兵都由大型机帆船（属于木造渔货船，动力除有风帆外，还加装机械马达推进器，所以称作"机帆船"）一批一批地接驳送往"秀英码头"。由于机帆船和大货轮船身有很大落差，在外海换船时，水手用缆绳将两只船紧紧拉拢在一起，但在两米高的海浪中，船只跟着摇摇荡荡，站在船上都感觉眼晕，唯恐官兵过船时有人意外落海，因此两侧都有水手们扶持帮忙。

二五五师在秀英码头集结完毕，部队立即行军到了定安县，再转嘉积市、龙门乡与长坡镇等地驻防。

定安县是个古城，元至元三十年，即公元1293年，建立定安县；文宗天历二年，即公元1329年，升定安县为南建州。明洪武元年，即公元1368年，明兵入琼，琼州守将陈乾富投降，未经交战，元朝在海南岛的统治宣告灭亡。洪武二年，即公元1369年，定安恢复县名，第一任知县吴至善。从那时起至清末止，整整两个朝代，历时542年，定安县名不变，治所不变，版图不变，隶属琼州府也不变。城垣还在，范围很小。

嘉积市始建于宋代，距今有七百多年的历史。"嘉积"名称由来：一是传说明嘉靖年间（1522～1566），桥头村农民陈必强和当地王、黎二姓商议在此设市，经营土特产，当时的嘉积镇属琼州会同县（今塔洋镇）积善都管辖。在为集市命名时，他们取嘉靖年号的"嘉"和积善都的"积"两个字，合为"嘉积"。二是相传宋代一位名叫"嘉积"的人在此开设店铺，后人口增多，形成小市，后人因之称为"嘉积市"。我们在这里只待了一天，没有印象。

丁佩玉荣升营长　莱阳老乡称英雄

张营长升任副团长后，他的职务遗缺由副营长丁佩玉升任。我的这位长官战功彪炳，曾是陆军少数的"少校连长"。据他的勤务兵描述：丁连长曾在即墨县北方驻防作战，曾经亲率弟兄"五进五出"，屡次攻占铁骑山山头！他的骁勇善战，闻名遐迩，莱阳乡亲莫不以他为荣！有一次对方用火攻，使他受到烟雾呛伤，而罹患了气喘病。军部除明令褒奖外，特颁升为陆军少校连长。

读者大概要问：他既然有战功，为何升级而没有升职？原因是丁少校出身行伍，识字不多，也许一时之间没有适当空缺。

丁营长调任我营副营长时，有十几个"子弟兵"跟着调来，安排在传令班。后来他担任营长时才看出他的气派。每次在防地街上走动，他的亲信弟兄都走在街道两边，监视对街情况，俨然一组卫队保护着他。

有一次，营部接到一纸紧急命令，我急忙叫勤务兵指引在一个老百姓家中找到丁营长，他正在牌桌上打麻将。我向他报告"团部有命令来，请营长处理"。他居然跟我说："你念一念给我听吧！"我听了愣住，最后只好对他傻笑说："命令在营部，请你回去再说吧！"我们离开民家后，我才告诉营长这是《紧急移防命令》。他说："好吧，快叫人通知各连长到营部集合。"

丁营长除了赌，更喜爱杯中物，不但自己喝，还强迫营部的军官陪着喝，他吩咐勤务兵每餐都要在每人饭碗里添满米酒，先喝酒再添饭。丁营长入座后说："不会喝酒算什么男子汉？不赌，不玩，不乐算什么大丈夫？跟着我同桌吃饭，一定要会喝酒，这是命令。"

我想军人应该服从，喝酒喝醉了顶多头昏脑胀，倒下睡觉而已。总比不听命令，接受军法处置要好得多！没办法，只好跟着喝吧！

天涯海角风情雨意　蛇虫果蔬不识鲜奇

我军在基隆搭船开往广东，中途却航向海南，启碇（即起锚，开船）前运补粮船先去了广州，因此初到海南岛时只能以余粮供应主食，部队每天领三分之一的米粮。士兵吃不饱怎么办？只好任由部队去摘椰子，可以喝椰子水，又可以吃椰子肉，这样的生活足足维持十天之久。

海南多水却少渔获，当年见到老百姓吃的都是扁扁的热带鱼。蔬菜更是缺乏，大宗的只有水芹菜。我很怕这种菜的浓烈药味，每餐食不下咽。后来营部的炊事兵每天去买绿木瓜来炒着吃，很不错！

有一天部队出发，在征尘滚滚的路边，看到营部一个士兵正在小摊边买水果，那东西已经切开，红红的果肉上边布满了黑黑的东西，像爬满了苍蝇一样，很可怕！那士兵正要往嘴里塞时，我本能地走过去，一巴掌打掉他手中的食物！

"你不要命了吗？什么东西你都敢吃！"我疾言厉色地说。

"是！书记官，我知道了。"士兵李长生回话的时候对我微微一笑。

下午吃饭的时候，我们凑成一堆蹲着用餐。

李长生问我："书记官，你知道你现在吃的是什么菜吗？"

"是木瓜。"

第一章　话从当兵说起　几度死里求生

"中午在路上被你打掉的是什么？你知道吗？"

"我不知道。"

"也是木瓜，那是熟透了的木瓜。你现在吃的是炒熟的青木瓜。"

"原来如此，很抱歉！我从来没见过这玩意儿。"

"没关系，我知道你是好意的。"

大家都笑我是个"土包子"！本来嘛，一个初来南方海岛的小伙子，没见过的东西太多了！

譬如在行军时路边荒地里，"四脚蛇"特别多，它学名蜥蜴，看起来很恶心！

还有大蜈蚣，每一个节像拇指盖一样大。营部一位湖南籍的炊事兵杨连喜，用刀子把一尺长的绿竹条两个头都削得尖尖的，弯成弓形插在蜈蚣的头和尾两节上，然后撑起来挂在屋檐下，在这样的酷刑下大蜈蚣依然顽强地活着。

"这种大蜈蚣很毒，被它咬到可能会要命。它的脚也有毒，如果在人的皮肤上爬过，会疼死人的。它很耐命，被插起来后，每天最多死一节，要七八天后才真正地死去。"杨连喜说。

杨桃和菠萝这两种水果，我也是生平第一次在海南岛看到。

有一晚住在一个小村庄，忘记那个村的名称了。我睡的那间小房子只有窗洞，没有窗门。我点着一支牛油制作的蜡烛，放在一只木柜子上，枕着自己的鞋子，平躺在竹床上冥想。我随身带了一条棉被套，棉花已经在基隆码头上换香蕉吃掉了。我用被套罩住全身，头也盖在里边，两只手支撑出一些空间。这样可以防蚊子，万一蜈蚣从房顶上掉下来时，也好有个遮挡。

我刚刚进入梦乡，突然有东西掉落在我的身上，我急忙翻身抓起被套正想丢出窗外时，杨连喜正站在窗口边笑嘻嘻地说："送给你的。"

"老杨，你这样子搞，会吓死人的！"

"不会的，是吃的东西，你看看呀！"

"呀！好大的橘子！"我打开被套一看，惊讶地问，"哪里来的大橘子？"

"大橘子！"杨连喜大声地笑说，"大橘子！真是笑死人啰！这是柚子！"

第二天我又变成全营部的笑柄，"真是土哟！连柚子也没见过，说什么大橘子！"杨连喜当义务播音员到处宣传。我自知懂得不多，见识浅薄，没什么好被讥讽的，也就跟着笑笑算了。

我军进驻海南岛几个月后，立即发生粮食补给艰难情形，面临断炊，官兵要饿肚子。海南政府没有力量完成征粮工作。因此上级命令军队直接向地方征粮，地方若没有存粮，就提供欠缴数据给部队，请求协助催收，部队长对这项工作出于无奈，为了官兵活命只好当税警。

北方军队因语言不通与当地民众产生隔阂，其实国民党军队只占了点与线，面的部分多在解放军手中，乡公所找村长要粮，村长相应不理。有时候老百姓会说："你们来要，他们也来要，我们哪来这么多的粮呢？"因此军队直接征粮必会更加水火不容！虽然都懂此一道理，惜因时势所迫，不得已而为之！

我营驻防在长坡市时曾经拂晓攻击一个叫作海岛村的村庄，村长一家人被拘来羁押。第二天下午乡长告知村长：立即放他回村，其他人留作人质。他何时把欠粮送来，何时全部放人！村长独自走后，翌日大清早，二十几个村人挑着一担一担的稻谷到了乡公所，就把全部欠缴税粮一次缴清。

当时我发觉这"直接征粮"方法虽然解决了军粮短缺的燃眉之急，却失去了更多的民心！因而加重了百姓对国民党军队的痛恨，天理难容！

第一章　话从当兵说起　几度死里求生

海南风风雨雨　回忆点点滴滴

因为言语障碍以及海南乡亲的"排外心理",我军与当地居民产生严重隔阂。我在海南几个月,不算很短的时间里,根本没有机会与当地人建立友情,没有可记忆的人,只能回想一些微小的特殊事物而已!

海南话有些近似闽南语,譬如:雨叫"蒿"、粥叫"没"、筷子叫"都",一到十的数字发音差异不大。海南平日食粥而不吃干饭,因此筷子还叫作"没都",是"粥筷"的语音。

有时在田边常听到海南农妇高喊:"蒿来啰!"很快就可看见田地的那一边,乌云和大雨同时移拢过来。如果在听到"示警"后,你没有赶快跑回屋里去,一定会被淋得像落汤鸡一样。

我们在行军的时候曾经遇到"晴、时而多云、阵雨"的怪天气,一阵大雨过去,浑身衣裤被淋得湿透,在烈日之下很快晒干。没多久,天上又飘过一大块云来,眼看着骤雨倾盆而下,晒得半干的衣裳又淋得精湿。十几分钟后,又是云过、雨停、晴,这样雨雨晴晴地来上两三回,好像洗三温暖!反正路上没处躲避,只好尽情享受了。

海南家庭社会都由女性操劳工作,如:下田耕种、担水、磨米,等等。男人好像整日无所事事"游手好闲",坐在门口抽烟。有人说那时候还保留着一些"母系社会"象征。偶尔也曾见过黎族妇女,她们体型高挑,皮肤黝黑,很能负重,喜着黑色衫裙。

蚂蟥——是蛭纲动物的总称,属水蛭科,是一种吸血环体动物。蚂蟥分旱蚂蟥、水蚂蟥、寄生蚂蟥三种,前两种常遇到。

"水蚂蟥",也叫水蛭,北平人称作"蚂鳖",在河里洗澡时会被它"瘪到"。这东西软软的,很恶心,附着在人的皮肤上吸食血液,如果被它"瘪到",要用手拍打上方部位皮肤,它会自然脱落,硬拉硬拽是无效的。

"旱蚂蟥"都生长在陆地的草丛里，有人经过时，它会跳到人的皮肤上吸血，所以住在山地里的黎族与汉族人家，都把房舍前后四周杂草铲除尽净，留出平整的土地，据说是预防"旱蚂蟥"等蛇虫入侵。

军人在进入荒野山区作战或行军活动，事先要在手腿部位涂上肥皂水，可以防止"旱蚂蟥"的袭击。另一做法是用衣服和布带子把全身包住，不使肌肤裸露，也就无隙可击了。

海南出产咖啡也进口咖啡，咖啡馆非常普遍，连小小市集都不例外。类似北方的茶馆，除了咖啡饮料还供应糕点小吃。我在这里曾吃过美味的广式月饼，这是非常值得怀念的。

还有一次我跟古振国、李荣相三人到野地里去闲荡，看到一棵香蕉树长了一大串青香蕉，我们摘了十几个，但彼此都不知道是否熟透可食。三个"诸葛亮"商量后一致同意"用水煮熟"！于是我们用铝盆烧水来煮，煮了十分钟后大家认为香蕉"已经熟了"，就互相推让请对方先吃，最后三人同时剥皮，同时入口，结果大家都被涩得张不开嘴！

我来到海口飞机场时，经常和几位司令部的卫士闲聊时听说：他们刚刚来到海南时，曾经结伴到海口市逛街，机场到海口中间有十几公里的路程。他们走回机场的途中觉得很口渴，就在大路边摊子上买了一串香蕉。因为他们从来没有见过香蕉，不知如何吃法，又不好意思问人家。他们离开摊子走了一段路后，三个人坐在大椰子树下，每人分了一只，各自咬了一口后，都赌气丢弃了！回到机场后，其中一个对人说："香蕉不好吃，不甜，又有水！"这三个老土和我们三个真有异曲同工之妙，都留下一些话柄供作笑谈。

第一章　话从当兵说起　几度死里求生

为助女友持枪抢劫　海南岛老广殉情毙命

驻防海南岛期间，在定安县龙门乡住得最久，日本军队在此留有完整基地和房舍，我营曾经由这里出击岭口，未曾遭遇，立即回防，征尘仆仆，来去匆匆。此时已是1950年元旦，我营奉命由二五五师编归为二五七师七六九团第一营，师长为王翰。

1949年冬，我在陆军二五五师警卫第二营任中尉书记官。我营当时驻守海南岛定安县龙门乡，有一天接到师部专差送达的公文，同时派了一个班的兵力，押解着一位待判决的军人要犯，移交给我营暂时看管。

据来文记载：这位军官属于本军另一师部的中尉情报官，名叫黄新业，广东省人，年24岁。因为涉嫌在龙门附近持枪抢劫乡民路人，被龙门当地老百姓合力擒获，绑送上告到师部。师长李鸿慈闻讯十分震怒，命令就地枪决，好给龙门乡百姓一个清楚交代！案子交到军法处这段时间，特将黄某押解到本营第一连看管，等待军法处发落。

第一连接到命令后好像接神一样，有些慌了手脚！因为从来没有遇到过这样的任务。最使连长李瑞珠上尉头痛的是：连驻地的房舍都是竹草搭盖，营房根本无法实施禁闭！为防止犯人逃亡，除了人犯上锁之外，只好指派四个弟兄同室监视。

第一连的官兵对待这件事心里很复杂！因为黄某人对军誉伤害很大，有些当兵的主张杀之而后快！也有多数官兵认为，无论如何都算是军人同袍，很同情他的不幸遭遇，其中少数几人打算私下把他放掉！

李连长听到这样传说，赶紧召集排长和班长训话，嘱咐大家不要忽略军法："无论私自纵放，或是犯人受到伤害，本连官兵都难逃重罪！所以必须冷静面对，千万不可造次！同时要全力防止犯人潜逃。"

因那时候正处于战争中，照这个老广所犯的军法，如果成立，只有死路一条！而他在被老百姓捉拿时即坦承抢劫。因为军和师的司令部所在地都有一段距离，当时战事频繁激烈，交通困难，不可能把他戒护到司令部去接受军法审判。只需民众检举证词与他承认持枪抢劫的供词，就可判他死刑！黄某寄住在龙门只是在等死而已。

第一连的弟兄们一共陪了他八天，几乎每个人都跟他打过交道。他的案情逐渐理出一个大概来。

"老广，你为什么要去抢劫人家？难道你不知道那是犯法的吗？"班长问。

"知道！只因钱不够花用，没办法呀。"

"我们军人的钱都不够花，你为何如此地缺钱呢？"

"我在定安认识了一个女朋友，她的家庭有问题，生活很艰苦。所以我需要一些钱寄去接济她。"

"你认识她多久了？"

"我们相识有两个多月，那时候师部驻守在定安，我的单位就在她家院子边的破屋里，我们就在前面的蕉园里认识的。这女孩念过中学，很想到广东去念书。她父亲当过老师，可惜因病早亡。母亲改嫁，她与入赘来的继父很合不来，她母亲又养活了一个小儿子，需要她帮忙照顾才有能力去做农事。她很不甘愿这样生活下去，想找机会远走他乡，希望多念一点书，所以我想多找一点钱帮助她。"

"你这样做值得吗？"

"无所谓了！当初我确实想了很多，我帮她只是一番心意，但我认为值得！我很明白，金钱究竟能为她做什么。真的能让她顺利地去念书吗？或许都是空想！"黄某想了一想后说，"我最大希望是找机会带着她一起离开海南！"

"你老家还有什么人吗？"

"我们家是个大家族，家里有父母，还有哥哥、姊姊等亲人。20岁那年在广州从军。曾经到过华中、华北几个省，最后从山东经台湾来到这

第一章　话从当兵说起　几度死里求生

里。当初从台湾开船前，传说部队将开赴广州支援，这消息曾经激起我浓烈乡愁！很希望到了广州后回故乡省亲，看看家里的亲人，享受一下天伦之乐！很可惜我们的船中途改变了前程，开到海南岛来。这一个转折使我希望破灭，精神受到无形的打击！"

"现在你有什么打算吗？"

"没有了。我把一切都看穿了！"老广停了一下说，"没想到给你们带来了这么多麻烦，让你们辛苦了！我已决定从容等待就死，不会逃跑的了！希望到时让我死得痛快一点就好了！"

黄某看起来是那样温文儒雅，在和众人接触时所表现出的镇静而智慧的态度，实在看不出他会是个持枪拦路抢劫的累犯！他会不会为了活命而找机会开溜呢？负责监禁他的地方根本没有丝毫预防逃亡的措施，所以没人敢对他放松一步！

这一天终于到了！师部派了两位军法官，携带着经军部下达的"判决死刑"命令来到龙门乡。他们先到第一连连部在审讯过犯人黄某后，就立即宣布"次日执行枪决"！经过营长张云汉批签公文后，命令第一连于次日正午在市郊执行！

我营是龙门乡驻军最高单位，所以由营长公告社会。我怀着紧张的情绪书写了两张大布告，准备分别贴在营门口和龙门乡最热闹的街边一处白墙上！

简单地说：军部决定"就地枪决"，就是要给当地民众一个交代，借此机会来安抚民心，平复民怨。

黄中尉被当地民众乡兵合力抓到时，他确实隐藏了犯罪证据！但他被抓后坦承不讳，自认犯行！军人拦路抢劫属于重罪，死有余辜。因此在书写这两张布告时很替这个年轻人惋惜难过。

据说：这种"枪毙人的大告示"必须于执行枪决前的那一刻张贴出去，还要在枪决犯的姓名头"圈红"！

"还要圈红？唉呀！到哪里去找红墨水？"真难为人也！幸亏灵机一动，到医务室讨了一瓶"220"红药水和一团药棉，终于解决了"圈红"问题。当我们把红药水涂在"黄新业"姓名头上时，郊外的刽子手已经在他的心脏附近射击了好几枪！

刑场离开街市约两公里，这是一处荒凉地带，布满乱石和土岗，杂草丛生，在凸起的小土岗上有几只"四脚蛇"，在炙热的阳光下呆呆地站立着，仰着头，圆睁着大眼睛，好像满不在乎地旁观着！除此之外没有一丝生机！往西看山岭陡然高起，山壁土石裸露，显得更加严峻肃穆！

这里有一块稍微平整的空地，居然成了枪毙人的刑场！靠空地里边一点儿，由乡公所派工人去掘好了一个坑穴，准备埋葬受刑人尸首。靠近路边设了几个座位，给两位军法官、张营长与龙门乡长等长官、监刑官坐。

将近中午时刻，一辆军车把黄新业押到现场，由两个士兵搀扶着他步行到几位长官面前，完成"验明正身"这道必要程序。

军法官起立宣读一份由军部下发的判决主文摘要。他读完后又木然地落座。

张营长问黄新业："有没有话要说？还有需要帮忙的地方吗？"

"一切都将成空，没有话好说了。"黄中尉摇摇头说。

张营长请他享用给他预备的鱼肉菜肴和一瓶米酒。他举起一个斟满米酒的大粗碗，一饮而尽，又讨饮了一大碗，然后说："诸位长官时辰已到！来生再见了！"

经过这十来天的痛苦煎熬，铁打的汉子也将难以承受！他的体力和精神显然都不济了，他人生最后这几步，走得有些踉跄不稳。那两个士兵还是在两边架着他，往里边走了二十几步，立定后，转身向着几位长官望了一眼，然后再转过身去。

三个刽子手从旁边的队伍中出列，走向刑场的正中央，立定站好位置。

第一章　话从当兵说起　几度死里求生

"行刑！"张营长高声命令。

接着第一连李连长分段连续地发出"举枪、上子弹、瞄准"的口令！三个枪手随着口令做出整齐划一的动作。稍迟了一下，又发出尖锐的口令"射击"！三支枪枪口同时冒出火花，喷出滚烫的子弹！从背后射穿了他的胸膛！他应声向前扑倒，俯卧在血泊里！

稍迟，军法官过去检验，他的脉搏、心跳已经停止，也没有了呼吸，证实执行死刑任务完毕，便请张营长、李连长签署了执行报告，携带公文登上吉普车回师部去了。

老广的遗体就地草草地掩埋了！那些夺命者也都是给他送终的人，此时听不见圣歌，也听不见有人念诵佛陀的名号，当然也没有人悲伤哭泣，但是负责戒护他的大兵们却是松了一口气！

龙门乡民众也来围观，那些痛恨"老广"的人亲眼看见他伏法，以生命来补偿了过错与罪愆，应该心满意足了！

长坡——烟墩之行

1950年2月我升任中尉代团书记官，自认尺牍读得不够难以胜任，向团长请辞，团长成建原调我去第一营第三连当政治指导员，于是我从长坡独自一人到15公里外的烟墩去到差。

临行之前团部还交给我两封"机密公文"，一封捎给驻防在中途的第三营第八连，另一封给第三连连部。我预先知晓公文是部队调防命令，但不知调防日期与防地内容。

那天我整理了行囊，除了军装、随身日用品之外，还有军需托带给三连的伙食费20块银元，用一件我在营口地摊上买的灰色法兰绒毛衣包裹着，都装进开合方便的背包里。背包是用几根细藤条做架，再用细绳编织

第二连文书上士杨长生（湖南湘潭人）[上]
第一连准尉特务长陈廉举（四川人）[中]
第三连文书上士罗崇信（湖南长沙人）[下]

第一章　话从当兵说起　几度死里求生

扎网在藤架上制成的，非常轻巧好用。我们团里的官兵几乎每人都自制一个，我的这一个是炊事兵杨连喜编织制成送给我的。

我先在团部签收了公文，约在十点半吃完上午饭，正准备启程，有位同事听说我要去烟墩，跑来跟我说："军部康乐队要回文昌市路经烟墩，他们车队在中学大操场前集合就要开车了，你赶快去搭便车！省得你独自跑路了！"

我听了后连忙说声谢谢！急忙赶过去，可惜晚了一步，车队在五分钟前已经开走。真是叫我怨叹不已，无奈只好孤独地走上这一遭了！

凭良心说我是有些"怕"！可别说我胆小鬼，因为这条公路上解放军游击队经常出没，出过太多情况。

就拿10天前的事情来说吧。第五连刘副连长到文昌出差，回程时他搭乘长途汽车在一处小山丘弯道遇袭。汽车司机听到枪声很想快逃，但这里弯路很难加速，接着前车玻璃被打破，司机赶紧停车。而车厢里乘客中几个带有武器的军官，立即掏枪还击，一时枪声大作！不过这场战斗在寡不敌众下很快结束。车里的刘副连长左胸部中弹，两手捂着胸口倒在座位上，乘车民众也有人受伤。十几位解放军游击队员上车盘问、检查，最后把武器带走人车放行。

十分钟后长途车驶入长坡镇，刘副连长已经奄奄一息，部队医官急忙派担架兵来接，长坡镇的一位外科医师也来协助尽力救治，初步检查子弹卡在两条肋骨中间，无法手术取出子弹头，因失血不多人还十分清醒，经止血、消炎与消毒包扎后在卫生连被照顾一晚。第二天团部派车送到海口军医院开刀治疗，总算捡回一命。

我想着这段故事不觉地走了一小时的路。

"哟！前边不就是那段弯道了吗？"我发现前面从左边山脉向东延伸到海边矗立着一座小石山，沿海公路到此非要打一个结、绕个小圈子不可。我心中紧张发怵、踌躇不前，但脚步并没放慢，而是勇往直前！不是我突然英勇起来，而是认为命中注定非要走上这一遭，那么"缩头一刀，伸头一刀"又有什么区别呢？

弯路过后，我走入海南最美丽的沿海公路胜景。这段公路沿海岸线筑成，右边紧临蓝蓝的"沙老港"湾，湾内层层不断的白浪温柔拍打着曲曲折折的岩岸，延绵十里的一排椰子树微微弯着腰，好像向行人路客招着手"欢迎到此一游"！左边一条山脉与海岸线遥遥相对，距离约有一两里，站在公路上可清楚望见山脚的农家。山与海之间的窄长地带有很多良田，可惜不见农夫耕作！这个地方确实充满诡谲的气氛和不协调感觉。不过我还是想起京戏《桃花山》中的李逵曾说："真一派好风景也！"

生平第一次欣赏到如画的美景，眼睛为之一亮，竟把孤独中的恐惧忘得一干二净。我安慰自己说："冒险犯难的报酬是身历其境，应该幸运而值得。"

突然间往前看，啊！前面路边站了一个人！读者一定会问：路上见到一个人怎会如此惊讶？请听我仔细道来。

刚刚我走过一小时的路，途中没有遇上一个人！整条路没有另外一个行人，您不觉得奇怪吗？因为当时内战关系，国民党军队占的是点与线；解放军占的是面。在那个当口，解放军战术是骚扰国民党军队的点、切断国民党军队的联络线！点与点之间的这条线如果没有人来往，那岂不就是面。所以我恐惧的就是不知遇到的是敌人还是友人。万一遇上了解放军、游击队怎么办？"投降"还是"被俘"？携带的移防命令和20块银元丢了如何交差？再往坏里想，非要和对手抵抗到底，被打死了岂不冤枉？意义又在哪里？"留取丹心照汗青"吗？

靠近公路田边却突兀地站立了一位持锄的老阿婆，她究竟是农妇，还是"放哨的"？等接近那人时，看清是一位双手握着锄头的老妇人，独自面无表情地站在田边，由远而近一直注视着我。因为言语不通还是不打招呼的好，我有些不自在地紧迈几步走了过去。

第一章 话从当兵说起 几度死里求生

前行不久就看见一座小山上有房屋，认出是第八连的营房，于是上前递交了公文、喝了几口水后继续前行。一小时后终于到了这个海南最著名的疟疾区——烟墩！先向连长张守和报到递交团长手令、公文和军需托带的20块银元。张守和见到团部欠的副食费全部到齐，脸上立刻露出几分感激的笑容。

当天晚点名，连长宣读团长亲笔写给我的派令："着调派常锡桢为本团第一营第三连指导员，即日前往该连报到就任。此令 团长成建原"。然后连值星官请我讲话，我还能记得那次讲话内容：

> 大家都是生死与共的弟兄，乘同一条船、走同一条路，千辛万苦从天津、塘沽、台湾一路来到这个鬼地方，大家都几乎丢掉半条命！剩下的这半条千万维护好不要把它再弄丢啦！保命要靠大家团结一致、互相帮助、互相扶持，但最重要的是要靠自己。我见到连里边有人赌钱，赌钱应该有限度，不能因为赌钱误了自己的警戒任务！夜以继日地赌，把精神耗尽，站卫兵时抱着枪睡觉，万一被人家乘机摸了进来，大家这半条命就都不保了！不过我知道刚到差就干涉大家赌钱，弟兄们一定讨厌我，我不会去做恶人；但请给我一个小小情面，以后当我遇到你们在赌的时候，请你们暂时收起来。切记，担任警戒任务攸关全连性命安全！绝对不能疏忽职守！

这段话是有感而发，因我到达三连时，发现几乎每个排都在赌钱，见了长官也不避讳！如此这般，军队伦理何在？军纪何在？

烟墩不愧是疟疾区，五六天后我即感到有些发烧发冷，陈排长跟我说："你打摆子了！"第八天移防要调回长坡，全营集合再重回龙门乡。因为我突然病倒，体力不支，无法行军。张连长让我上了运装备军粮的人力车，两三个士兵连推带拉，咿咿呀呀地跟着队伍后面行军，摇摇摆摆地通过几个据点,恰好在"点"中间画出一道"线"来!

路上人多势众,我不再有孤独、寂寞和恐惧感觉了。走过那段椰林沿海公路时,我仰卧在一个大麻袋上空望着天挣扎,疟疾正在发作,几乎烧到不省人事,对那人间仙境般的美景,也弃之不顾了!不过它的美姿已烙印在我的脑海,毕生难忘。

2012年8月搜索"谷歌",查阅海南文昌电子地图,长坡为镇,令人欣喜的是那条美丽的港湾海岸线和公路还画在地图上!这条公路现称作"第201省道",另一条公路称作"烟长公路",这证明烟墩、长坡的存在和地理关系。

水土不服英雄无力　兄弟相会宛如隔世

烟墩是疟疫区绝非浪得虚名,我在这里住了一周就开始打摆子。我营又经长坡镇回防到龙门乡,这时我察觉营里的官兵病号多到百分之三十左右,在山东时每连约有八十多人,此时出发打仗,只有四五十人可用而已!

驻防龙门时一次部队出击,我留守营部,夜间还要值班巡防查哨,精神压力很大,心情过分紧张,使消化系统和睡眠都出了问题。还被传染到香港脚,医官刘少英上尉曾为我注射盘尼西林,居然没有发生严重不良反应。后来为了控制疟疾,服用了不少奎宁,更进一步伤害到肠胃,身体坏到极点!

虽在海南只待了短短十个月,幸亏有长官与同袍照顾,否则剩下来的半条命早已回老家报到了!

就在我患病他乡,幸留一命的时候,我竟然在海南岛幸遇家兄,真是恍如隔世。

第一章　话从当兵说起　几度死里求生

我大哥常友石于1946年至1949年曾在西南长官公署第七补给区司令部任二等军需（中校）正财务科长等职，辗转于陕西、四川一线。成都失守前，大约是1949年12月中旬家兄把家眷遣回家乡，和长官公署人员一起陪同胡宗南将军从成都飞往西昌，到达西昌机场上空时，因西昌气候不好飞机不能落地，改飞海口机场，为此撤退到海南岛。为了便于支持西昌被围军队，西南军政长官公署随即在海南设立了"海口办事处"，我大哥担任该处上校副处长兼财务科长。

1950年3月中，解放军完全包围西昌，国民党军队在那里只剩下一万多人。此时我接到大哥的信，叫我请短假到海口一会。

我接信后，向张云汉副团长请求准假，他说："我的老人儿越来越少了，我不会放你走的！"我听后很沮丧，但是我不能轻易放弃这机会。

当时我担任第三连指导员职务，灵机一动，跑去请教本团政治室李主任。我拿着家兄的信给主任看，也把来意陈明。他看过信，盛赞家兄书法潇洒、秀丽。他问我会不会去台湾，我表示肯定。他说：我预备一份入台申请资料，请你到了台湾后，替我到相关部门办理入台证件，办下来就寄给我，有机会在台湾见。言下之意，我的"短假"已获批准。隔两天，政治室发给我一张《差假证》，我就携了简单行囊在团部对街车站，搭上一辆长途汽车北上到了海口。

这一趟汽车之旅，我有所见闻，也有所遭遇。

中午到了一个休息站，乘客都到路边一家小餐馆用餐。因为语言不通，又不熟悉当地生活文化，我走进餐馆只能东张西望，眼看别人坐在一个桌上吃起来了，也不见店里的人来招呼，心里很气！与我同车的一位士兵见到我不知所措的样子，过来告诉我："你可以跟任何人拼坐一桌，八个人各出一份餐费，凑足人数立刻上菜开饭。"我这才明白有这样的规矩，生平第一次跟着完全陌生的人坐在一起吃饭。后来1954年在台北与友人同登内湖山，中午在金龙寺"吃素斋"，食客也是这个方法。不过庙里供用斋饭，香客只要随喜即可，给与不给或多或少各凭心意，跟餐馆同样价格收钱是不一样的。

几个军人乘客没付车票钱，只好坐在车顶上，车顶上装有行李架，不至于摔下来。但在路过几处交叉路口时，一定要注意军队架设的通信电线。因战时电话线补给困难，又时常遭到剪线破坏，通信兵只好利用筷子般粗的铁条代用。电杆很短矮，架设电线高度不够。我们坐在车顶上，每次遇到跨路电线在前时，预先尽量放低身段才能通过，低着头以防被电线挂住。

有一次我错估了时间，心中推测车子已经通过了，我才一抬头，不得了！横着的铁条正在眼前，赶紧再把头低下，唰啦一声，电线就在我脸颊上划过！头上的帽子也被刮落到车下，好险！耳朵差一点儿被割掉！

车上有位伤兵把他的军帽送给了我，他关切地对我说："到了海口街上，如果没戴军帽，宪兵一定会抓你！我是伤兵，他们终归要送我去军医院，我没有好怕的啦，帽子给你戴去吧！"

我到了海口机场空军基地，大门警卫摇电话通报。我大哥驾了一辆吉普车来迎接，兄弟因为战争关系阔别了11年，今日在海口机场异地重逢，手足见面似曾相识，心中十分激动！但我总有一些羞涩、胆怯，我们没有相拥痛哭的场面，莫非是传统家风？心里百感交集，却没有适当表现出来！

"你真的是老三？"哥哥简直不敢相信自己的眼睛，疑惑地问道。

"哥，是我！我是锡桢！"

"唉呀！你怎么会搞成这个样子？"他看见我满脸病容，左半脸红肿着，有好几道子的伤痕，脸色也很难看，所以很惊讶也很怜惜地问。

"唉！真的是一言难尽哪！"我"哇"的一声哭了出来。自己心中惭愧，无法面对兄长的关怀，他的问话正面击中我的要害！心里的酸痛顿时化作哀伤的泪水，终于从眼中涌出。企图表述在撤退途中所遭遇的一切艰险苦难，同时表达我对家人深深的歉意！

我在机场待了大约十天，这期间解放军从雷州半岛频频发动攻势，直接威胁到海口机场安全。从海口去龙门乡的道路断绝，我已无法回行销假。

西昌的战事也渐渐落幕，西南军政长官公署援助西昌的行动宣告停止，海口办事处裁撤，所有的军费与物资奉命移交给海南特区政府。

银元太重带不走　海口机场办移交

我与胞兄历经多年战乱，分别11年后终于在海南岛相逢，那情景岂止是"他乡遇故知"能够形容？心中激动，不能再次分离！

这回我到了海口机场就下定决心来个"短假不归"，不再像1947年好不容易从危险战地东北回到北平后，只为了对长官的承诺，竟千里迢迢赶回锦州队部报到复命。由于哥哥的关系，我立即成为西南军政长官公署补给区司令部海口办事处的中尉司书。

大约过了七八日，听说胡宗南的西南部队已全军覆没，最后据点西昌也被解放军攻陷。海口办事处支持西昌前防军需任务结束，单位遭到撤销，人员即将调往台湾，所有尚未开支的军费奉命移交给陈济棠主持的海南特别行政区政府。

这一天空军基地借来两辆六轮大卡车，命令卫士班派人去搬运一大笔银元，押送到海口市海南区政府。我大哥率队前往办理移交，看见我闲着没事干，就叫我去帮忙搬运，所以亲眼见到装车和运送的过程。

装现洋的小木箱长约50厘米，宽约20厘米，用约2厘米厚的木板制成，木盒子的两端系有粗绳套，方便搬运。据说每只箱子恰好装500个银元。

七八个人装了一个小时，两辆卡车各装了四分之一车斗，约略算来应有几十万元，海南行政长官兼警备司令陈济棠可是赚足了！

　　读者读到这里一定会问："银元虽多意义不大，你提起这个小节必有所为？"不错，我必须要对此加以说明。

　　现代读者会觉得好奇，军队为何要拥有这么大批"银元"？这是因为那个时期内战连年，全国经济金融陷入混乱，纸钞每日每时贬值，早已失去人民信赖，有很多地区民众为了保值都使用硬币交易，包括银元、铜板和清朝制钱全都出笼，在市场上流通，因此军队都以银元发放军饷，宜维护军人的权益。

琼岛撤离不知归期　故乡亲人思念无尽

　　1950年3月，海南岛战事吃紧。解放军分批派遣偷渡部队从雷州半岛向南渡海抢滩与潜伏在海南岛的解放军琼崖纵队会合。战斗异常惨烈，解放军多股部队突破国民党海防线登陆成功并站稳脚跟。

　　这时从海口去龙门乡的道路已经断绝，我已无法回行销假。海口机场安全受到直接威胁。

　　3月23日，我随办事处官兵与其他单位人员一起登上空军八大队的C-46运输机，先由海口南飞三亚机场，住了一天。24日由三亚转飞台湾，傍晚在嘉义机场降落，再搭北上火车来到台北。

　　接着不断听到国民党溃败的消息。四川、贵州失陷，海南岛失守……

　　台湾一下子涌入了数百万人。当时的我就像秋风中的一片残叶，无端被卷出大陆，竟然随风飘落到这孤岛上来，举目无亲、身无长物，彷徨终日不知如何活得下去，更不知何时能回北平与我的家人团聚。

第二章

家世出身成长
故都旧事乡情

我出生成长的地方——闷葫芦罐（胡同）

我从大陆漂泊到台湾，和父母家人骨肉分离，南北一方。未曾想一道海峡竟然将我们隔离了几十年，使我不能与家人团聚。我在高山翘首远眺，我在月下洒泪痴想。多少次梦回故里，醒来只见月冷窗寒。这种思念之情越是阻隔，越发浓烈；越是更深人静，越发牵挂。北平南城旧事、里间乡情便会涌上心头，故都乡音便会萦绕耳际。我在出生地闷葫芦罐（胡同）里经历的故事，街坊邻居、幼时玩伴，一幕幕、一桩桩常常活跃在眼前，甚至跟他们神往对谈。

或许是责任吧！或许是情感吧！我总是有心把这些"老北京味儿的家常话"说给大家听，奋力用我的秃笔将其记录下来，能让大家分享。我这一写竟写了几十年！我在常年写作中，不断回忆那难忘的时光，北平南城旧事特别思之不尽、想之不竭……

离家43年后，几次返乡探亲，北京的家人朋友读了我的一些旧作文章，都问说：你这个人常年在外怎么比守在北京的人更了解老北京？我想这大概是拥有了才会不觉稀罕，才会不太在意；而失去了的才会感觉珍贵，才会朝思暮想吧！

"闷葫芦罐儿"是扑满的别名，这玩意儿也叫作"攒钱罐儿"。（注：北京方言中"罐"念儿话音。）它妙在硬币可以放入却无法取出，

笔者常锡桢画"闷葫芦罐"（扑满）于台湾新北市永和，时年85岁。

因此可以寓教于乐，启发儿童储蓄观念。老式扑满都是灰土烧制的，囫囫囵囵的，靠近顶端肩颈部位横开一个小缺口，可以把铜板零钱投入，只进不出，以达存钱目的。钱装满后，需用钱时则将其敲碎取出。"满则扑之"，故名"扑满"。

它的外貌实在土气不雅，有点像葫芦脑袋，于是北方人给它起了"闷葫芦罐"这种怪名，南方人常称它"哑巴罐"。

如果告诉您"闷葫芦罐"是个地名，乍听之下，您一定以为是句笑话，透着点儿奇怪、滑稽。曾经有不少人问我："真的有这样的地名吗？"

不错，我就是生长在闷葫芦罐（胡同）里边，在生命的前20个年头中，曾在这里享受过欢乐和悲伤，经历过生离和死别，尝尽了穷苦、凄楚和惨淡的生活滋味。

闷葫芦罐的地理位置

在明清两代的旧京都地图上，从宣武门外下斜街迤西，可以找到长椿寺的位置。由此往北紧邻着一泓积水，此处就是窦家坑。由这里往西北走半里多地就是闷葫芦罐了。

2005年版《北京旧城胡同现状与历史变迁——调查研究》的插图"一九四九北平旧城街巷胡同"中载有闷葫芦罐地名。

如果从宣武门到广安门两点之间，在地图上画条直线，中间正好跨过闷葫芦罐。北京市最新地图上宣武艺园和旧市府大楼附近，稍靠东的地方就是闷葫芦罐的遗址。

抗战前，这一地带非常偏僻，闷葫芦罐的东、南、西方附近都是坟地。闽浙、两广、滇黔以及两湖诸省旅居京城同乡都在这边设置了义地墓园。只有往北的一片空地作为"晾粪场"。

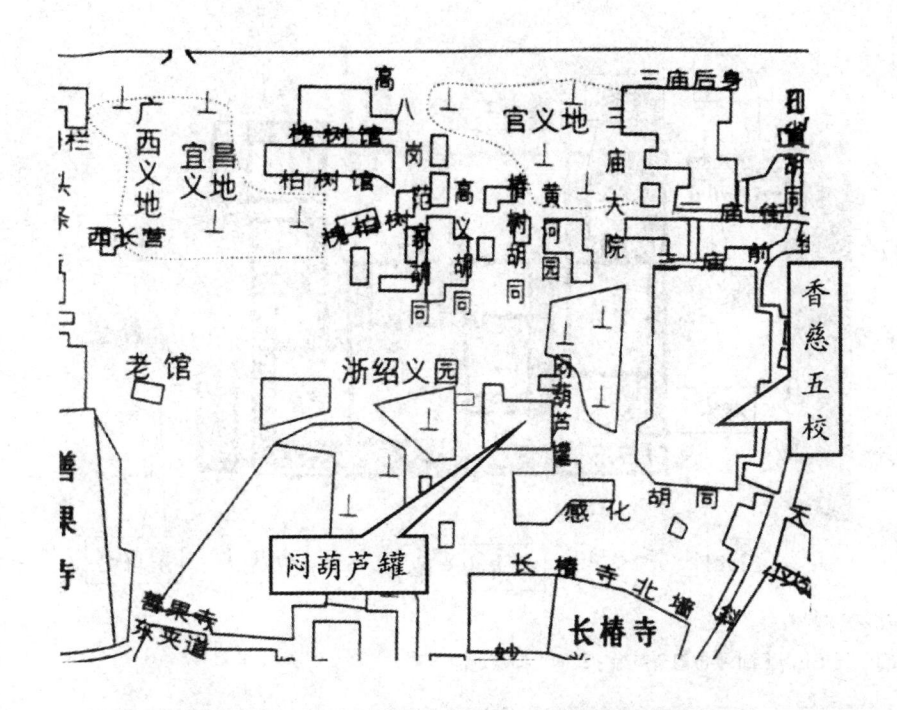

第二章　家世出身成长　故都旧事乡情

长椿寺的北边是感化胡同，感化胡同北侧就是闷葫芦罐胡同和香山慈幼院的五校旧址。本图由"一九四九年北平旧城街巷胡同"图节选并编辑。

　　闷葫芦罐是一个城里村落，住家建筑不很规则，门牌由1号到6号，其中只有一家院落坐北朝南，因此没有胡同特征。3号、4号门前北侧留有一个大空场，整个村落成为凹字形，加上1号和2号之间的一条窄巷，很像个闷葫芦罐的小开口。

　　1号莫家、2号曹家、4号曲家与5号孙家为有钱富户，6号刘家已渐式微。2号甲、4号甲与5号甲都是大杂院，住了一二十户的升斗小民，多是粪场子里的伙计和家眷，以及做小生意的。别人以为北平掏大粪的都是山东人，其实不然，特别是粪场子的主人，十之七八都是京郊人氏，不过雇用的鲁籍伙计确实较多。

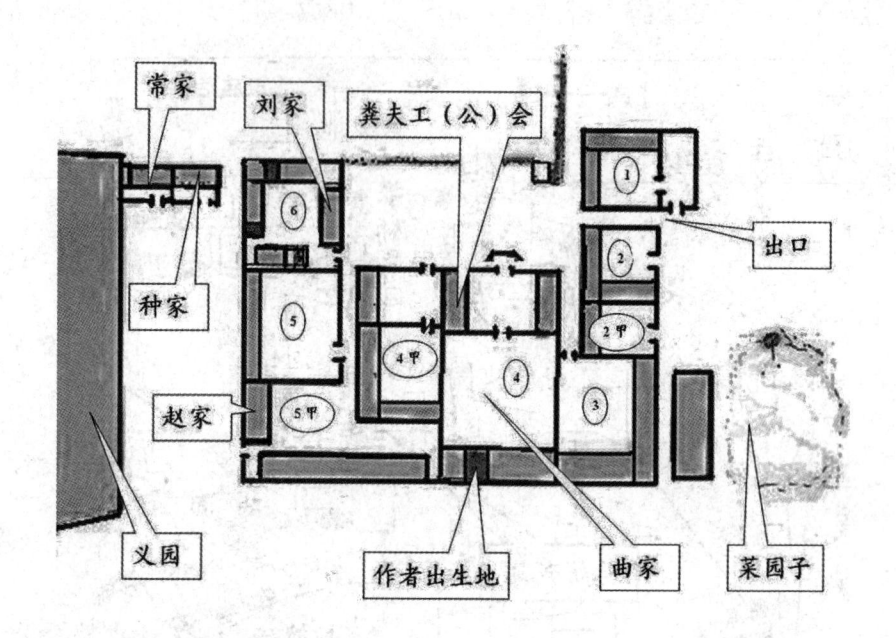

凭记忆所画北平市闷葫芦罐（胡同）印象地图

    我们家先住4号，后来迁到6号，1948年，我父亲与邻居合买下6号西面的一块七分空地，盖了一排土坯房子，我家分到西边的一半，算是有了自己的产业，闷葫芦罐的范围也有了发展。

    此时我已经流浪在外，没机会在这里住上一晚。2001年5月回京探亲，留在北京的大儿子乃麟告诉我，约在1951年，这几间土房被一场大雨泡塌了后山墙！所幸柱梁未垮没有压伤人。不久闷葫芦罐重新规划，改建为宣武艺园和北京市政大楼，附近住户居民集体迁移到菜市口南边的平渊里小区居住。闷葫芦罐这个地名就此消失。

闷葫芦罐人文凋敝

    闷葫芦罐的曲、莫、曹、孙是四家大粪厂厂主，都是名副其实的

第二章　家世出身成长　故都旧事乡情

"臭"财主，他们和大杂院里的住户，贫富差距很大，互相间来往不多。

倒是一般穷苦人家平素里都互相串门子，寻个盐，借个醋什么的，彼此交往照应，老街坊情谊深厚，很有人情味。

如果提到文化这一层，却是闷葫芦罐的最大缺憾，这地方太偏远孤立，文化风气始终吹不进灰瓦罐子里边来。

曲家是首富，曲大妈年轻守寡，她有位女儿名岫云，成年后嫁给一位上海籍的大学生，原想把曲家的家业托付给女婿，但这位大学生很有骨气，根本不把曲家的财产看在眼里，他婉拒迁到闷葫芦罐来生活！这结果使曲家大失所望，也使闷葫芦罐失去及早提高文气的机会！

住在6号南屋的陈大妈也是位寡妇，她的儿子是北京大学的学生。那时正逢革命时代，有为青年多献身给主义信仰！在"九一八"事变前后，这位陈大哥居然莫名其妙地失踪了！有人说他去了陕北，有人说他去了重庆，总而言之，从此以后没有人再见到他的踪影。

陈大妈到处求神拜佛保佑儿子平安，也曾见过她请人到家里来"看香"。顶香的仙姑烧香拜神，请求大仙降坛指引前途，最后仙姑摇摇头说："你的少爷还活着，不过在香里边看不出他的下落。如果三年内还没回来，那就很难说了。"

陈大妈又苦苦地等了两个三年，陈大哥依然行踪杳然。陈大妈说："唉！活着，应该回来了！死了，也应该托个梦给我！为什么半点消息都没有？这都是命吗？"

这不也是闷葫芦罐的命吗！否则闷葫芦罐里边不是早就有一位"现代进士"了吗！

莫家昆仲：老大春藩，在30岁左右接手管理家业；老二春藻，毕业于中国大学政经系，他算是学历最高的一位；老三春浦和老四春萍都念到中学而已，春萍和我年纪相仿；最小的春华是女儿，小我两岁，我离开家乡时，她正在宣武门外大街的私立春明女中念高中，之后有没有升大专就不清楚了！

  我的长兄友石（锡金）在少年时即小有才名，聪颖而好学不倦，自幼学习书法，写得一手漂亮的字，功课一直名列前茅，18岁就以第一名成绩毕业于北京西山温泉高级中学。按说他有实力升上大学，替常家跟闷葫芦罐都添一层文气光彩。但因为家境清寒，不得不离乡背井，去了邯郸的长芦盐警队报到，开始了半生军旅生涯。

军阀、财阀之外　北京还有粪阀

  读老北京作家白铁铮先生《老北京故古典儿》、沙铮先生《古城夜话》这两本书（均为20世纪60年代出版），分别提到北京的"粪阀"这个名词。大家都知道手握重兵、雄霸一方者叫军阀；财可敌国，能够左右政情者为财阀。您却很难了解"粪阀"究竟为何。如果要深入了解这一问题，必须从"马桶、粪缸"谈起。

  早年住家厕所都用马桶或粪缸，必须请人定期前来倒马桶、掏粪、清理茅厕。而粪便又是早年间农田的主要肥料，因为有此需求，于是北京早就有人经营"粪厂"行业，雇工按日到固定人家掏粪，用粪车运到僻静地方或郊区晾晒，制成粪干，便于向外省外地运销。

  掏大粪不是随便乱掏的，粪厂或私人都拥有"掏粪坑与倒马桶"的权状。这种由政府发给所有人的经营权状俗称"道字儿"，上载明某街某道路段，门牌几号到几号作为归属凭证，是可以作价转让的。

  粪厂工人俗称"掏大粪的"，官称"粪夫"。民初即有"粪夫工会"组织，会址设立在闷葫芦罐4号外院，其实只具虚名罢了。粪厂业者同时也成立了"同业公会"，与工会在同一地址办公，劳资不分，情形自然了解。

  粪厂行业原属于北平市卫生局管理，于民国二十七、二十八年（1938

年、1939年）前后，北平市伪政府成立"粪便处理事务所"，专门负责管理粪便业者与相关事务。

据我所知，除了闷葫芦罐外，北平阜成门外近郊与永定门内城根一带都有粪厂。南城东边有个地名叫作"抽粉厂儿"，据说是从"臭粪厂儿"改名来的。

1933年（民国二十二年）6月袁良就任北平市长后，曾倡议将市区内的粪厂迁出城外，事先找来业者代表开会协调。因迁移粪场工程艰巨，运粪车进出城门路途遥远很不方便，经营成本提高，所以业者坚决反对。袁良市长在会中施压，不料业者与工会表示要发起"全面罢工"！袁良知道北平市如果三天没人倒马桶、掏粪，一定会弄得臭气熏天，老百姓受不了就会天下大乱！因此只好不了了之。

又经过了十好几年后，约在民国三十四、三十五年（1945年、1946年）时，北平市政府在彰仪门（广安门的别称）外关厢以北拨出空地，规划为粪厂区，分配给业者。这才把粪厂从闷葫芦罐迁出城外。

由此可以看出，掏大粪的齐心一致，劳资团结，展现抗拒迁厂的实力！而他们凭恃的却是臭粪！这是"粪阀"之名的由来。

从一段往事怀念父亲常玉峰公

1937年"七七"事变后，整个华北沦于日本军阀之手，从此中华大地和中国民众陷入了被任意宰割的深渊。7月底，在北平成立了以北洋军阀余孽、汉奸江朝宗为主席的"北平地方治安维持会"。12月14日，华北伪组织和伪"冀东防共自治政府"合并，在北平成立伪"中华民国临时政府"，管辖山西、河北、河南、山东四省及北平、天津两市。北平市成为敌伪华北临时首府所在，百姓陷于恐怖高压统治之中，生活渐趋艰难。

此时有部分朝鲜人充当日本人的爪牙为非作歹，拿日本人当靠山，狐假虎威，趁机入侵，到处伤天害理，公然贩毒，因此老百姓蔑称其为"高丽棒子"。

为何把朝鲜人叫"高丽棒子"？要从日本侵略中国的历史说起：日本人早有吞并中国的野心，用战争手段进行殖民统治，先征调日本"浪人"来华作乱，控制社会，还从朝鲜半岛征调大量的"朝奸"莠民为虎作伥，荼毒百姓，北平人无不恨之入骨。有些"二鬼子"警察根本不受日本人信任，连一根警棍都不发给，只得用朝鲜妇女洗衣棒槌当打人武器。由于这些"二鬼子"行径比日本人还凶恶，所以北平老百姓背地叫他们"高丽棒子"。

有些"高丽棒子"一边开小押儿（即小型典当铺），一边卖白面儿（即海洛因），诱人吸毒成瘾，因而倾家荡产，死无葬身之地！由于言语不通，北平老百姓也搞不清楚鬼子们的关系，所以没人敢惹他们。

有一回"二鬼子"们却在闷葫芦罐里边吃了闷亏！让粪厂的伙计们给揍了一顿，差一点就被扔到粪坑里淹死。消息传出后，掏大粪的哥们儿可露了一次脸，替敢怒而不敢言的北平人出了一口怨气。

事情是这样的：闷葫芦罐6号刘家原是大户，惜年轻一代经营不善，家道中落。大房不务正业，一向游荡在外，老二夭折，剩下刘三儿是个瘸子，人很老实，夫妻与幼子一家三口住在三间东房。其余的房子产权都已让渡给曲家。北屋租给工会作为"粪夫工会子弟初级小学"，让这里穷苦人家小孩子们有个读书识字的地方。

一个炎热夏季的下午，闷葫芦罐忽然来了五个服装怪异的"高丽棒子"，其中有人扛着长长的包袱，还有人夹着凉席，浩浩荡荡地进了6号大门。

"高丽棒子"见了刘三儿就拿出了一张字据，说这房子已经抵押给他们，他们要立刻住进来，要刘三儿赶紧搬家。

第二章　家世出身成长　故都旧事乡情

　　刘三儿接过字据一看，原来是他的堂兄吸毒拖欠了债务，无力偿还，才写下的这张"让字儿"。刘三儿正告他们："别人无权处理我的产业，这张字据没有意义！"

　　"高丽棒子"心存强占，不肯讲理，立刻出手殴打刘三，还有人抱起刘家小儿子，刘嫂惊呼救命！刘三儿见状抄起家伙硬拼，没想到来者不善，"高丽棒子"有备而来，包裹里带着武器，立刻抽出钉棍殴打，刘三儿当场头破血流。刘嫂拼命夺回儿子，连喊带叫地逃出大门，这才惊动了闷葫芦罐众邻居。

　　我父亲听说这群"高丽棒子"打算在此长居久住，心想日后那要祸害死多少闷葫芦罐里的人？真是了不得呀！不要说这张字据无效，就算是刘家后代把房子卖给"二鬼子"，也不能让他们搬进来住。他们若敢来，管教他们站着进来，横着出去！

　　胡同空场上一时聚起十几个粪厂伙计，我父亲先派了三路人手去求援，召回在外的伙计们助阵！同时吩咐紧闭各家大门，避免歹人乱窜，伤及妇幼。然后站到4号小北屋平台上发号施令，叫伙计们每人都拿起粪勺、粪铲做武器，以防坏人近身。

　　然后众人一齐进入6号院，先是劝他们自行离开，僵持了一阵子之后开始撑人！五个"高丽棒子"没料到闷葫芦罐的居民不好惹，敬酒不吃，这回吃到山东大汉的苦酒，陆续被打出6号院。他们居然卧地装死，我父亲高喊："真的死了，就扔到粪坑里去！"不料这些"二鬼子"懂得中国话，全都急忙站起来，有的拿出明晃晃的小刀子来抵抗。伙计们有人高喊："小心！他们有电刀子，见血封喉！"父亲虽说要打，但不能打出人命，闹到不可收拾。所以命令伙计们闪避，这才给朝鲜人腾出一条出路，他们见势头不对，赶紧夹着尾巴逃了。

　　隔了一会儿，一群推粪车的伙计们得到通知，立刻赶回家来！因此南城的几条街道上都停了几辆粪车，臭气熏天，令人难耐！后来知道在闷葫芦罐把"二鬼子"揍了一顿，大家反而出了一口气，对"掏粪的大哥们"更加另眼相看了。"粪阀"的字眼又喧腾一时。

事后，我父亲立刻带刘三儿到警察派出所报案，说明了一切经过，让警察知道事实原委，免得"高丽棒子"们来此诬告。第二天果然有两个"高丽棒子"去告状，他们说被打丢了一块手表和两包行李，有意索赔。闷葫芦罐居民为了息事宁人，就把包裹还给了他们，还赔了一只破表。

事情就此打住，"二鬼子"再也不敢来了。

祖传中医　重良心　轻财富　家境清贫

2001年7月收到北京寄来一份家族历史资料，是我的堂兄弟常金玉口述，外甥齐佩恽记录的我家《族谱》简要：

我的曾祖父常连祥学医，号老槐。之子常立存，号桐轩，妻北门里班氏。众称老桐，学医、行医。桐轩无子，继外甥常玉峰（原刘姓），学医。

东三省省长张西峦之子张石，坐枣强县。某年张石之母病重，久治不愈，后经老桐医好。张石母很是感激，重礼相送，老桐不要。张石母认老桐为义子，因此与张石兄弟相论，加之医术高，为人好，在枣强县名声大震。张石离任，老桐在枣强北萧张镇开一药铺，至今旧址能辨。后在曲阜募监生。

常玉峰自幼学医，20岁卖过布，精于买卖。20岁结婚，妻曹氏（曹桂新）。23岁参军，曹锟正定部队，在李团长手下当差，李时称李大舌头，有点来头。李升军务处长，玉峰随李到保定，外人称副官。常去汉口运军械，带些商品，不少赢利。35岁到北京，仍在军务处当差。这期间，几次与曹锟见面，但未得到提拔。后离军界，在北

第二章　家世出身成长　故都旧事乡情

京大粪厂、工会干事。（齐佩悱记录1982.10）

我祖籍河北冀县，我的祖父桐轩公原在冀县家乡开设药铺。因乡下穷僻，经营不易，遂于1931年（民国二十年）前后迁居北京，在西河沿街设馆继续行医。

我的父亲讳玉峰，字俊山，生于1889（己丑）年8月12日。父亲也会医术，却于婚后选择了军职。适满35岁，约于1923年请退，携眷迁居北京，在市政府的附属卫生机关服务。虽然取得中医师开业执照，但毕生不愿挂牌，只替亲友邻居以及慕名求医者义诊。

祖父过世那年我才5岁，后来曾听父亲说："当医生不坑、不骗不发家！"我的先祖父心中有佛，悲天悯人，面对病家犹如恫瘝（tōng guān）在抱，行医志在治人病痛，不在求财，有时还会济助穷苦人药钱。有一次来了一位病人求诊，问起来原是冀县同乡，潦倒在北京。祖父知他没有药钱，就叫他稍等，自己跑到当铺把身上的袍子当了，把钱借给人家买药。晚上回到家里，祖母问他袍子哪里去了？他说当了！祖母为此很不谅解，却也无可奈何。

父亲继承了家传医学，也有同样的善良人格，但他以此为戒，在青壮之年就舍弃了大夫生涯。但无论身在军中或在社会，凡是遇到相知病者，都必为人诊治。我在北平时，晚上常有病人到家里来求诊，父亲也常在半夜里被人请去救人，他从不为此埋怨！要知道，那个时代穷人是不能生病的，一则看不起大夫，二则吃不起药！所以父亲虽不开业，但不能罔顾病人疾苦。

我们兄弟俩都在国民党军队当兵，1949年后曾为家人带来灾祸，我家被归列为"管制对象"，父亲因之被关进了京南某监狱。因为他是中医，在狱中发挥了他的长才，医治了很多干部和被关同胞，因此受到尊敬和一些礼遇。

父亲常说的一段军中故事

"常玉峰二十三岁从军,先在长芦缉私营当盐警副队长,后在曹锟部队当差,追随团长、军务处长李大舌头当副官,曾经几次到汉口运军械回保定……"这是冀州亲属为父亲所写的县志与家史内容,足资参考,证明我所写此段故事并非杜撰虚构。

曹锟是个有争议的人物,被世人贬称为"贿选总统",1916年(民国五年)初曾奉袁世凯之命赴川参与镇压蔡锷将军指挥的护国军。曹锟曾被北洋政府任命为直隶督军,驻防保定。曹锟晚年却保持了民族气节,重庆国民政府有感于曹锟生前多次拒绝与日本人合作,于是在1938年6月14日发布特别训令,予以表彰,并追授曹锟为陆军一级上将。

而我说的这段故事,却不知是发生在哪次军阀混战之中。

我父亲在曹锟部队当差期间,有一次带了一大笔现洋,究竟是几万元已记不清楚,都用麻袋装着,从保定到汉口去取运枪械。上边派了一个连的兵力协助保护押运,士兵们把一袋袋的银元搬上铁闷子火车厢,早上开车启程,我父亲在火车上几乎守着现洋寸步不离。没想到下午开到豫南地界遇到了两方军阀开战,打得非常激烈火热,子弹满天飞。火车司机怕遭到波及,赶紧往后退,但是后边铁路落了炮弹,火车退后不得,急忙再加速往前驶,冲过了一阵枪林弹雨后却又情势大变,火车司机发现铁轨上有障碍,被逼停在半路上,眼看作战双方兵马节节靠近,车上的官兵大起恐慌!有些人鼓噪,要舍弃所带购买军火的现大洋!队伍紧急撤离是非之地,保全性命为要。父亲身受威胁,情势非常紧张。

那位上尉连长命令大兵下车分两边警戒,然后过来跟我父亲私底下说话:"常副官,现下情况对你不利!咱们是朋友,我要实话跟你说。火车停在荒郊野外,不管他们哪边知道我带着这么多的钱,都会对我们下手,等一等会出什么事,谁都不知道。尤其是连里的兵更不保险,他们为了钱

第二章 家世出身成长 故都旧事乡情

说不定会先要你的命,然后分钱叛逃。"

"这个?"我父亲在沉思。

"老常别想啦!想要活命先走为上,时间紧急别耽误。"

"你呢?"

"别管我。我的兵不会对付我的;但你是管钱的,如果你主张分钱还行;如果你怕担责任,紧看着这堆钱不放,他们非对付你不可!再说这些现洋重得不得了,离开火车谁都搬不动扛不走,部队要是撤离火车谁会卖命替你护钱?钱还不是扔了!如果要连里的兵每个人都装一点儿带走,你看他们离开火车后,还会再吐出来吗?那等于是把钱分给他们了!"连长说着用刺刀在一个麻袋上割了一道口子,抓了一把银元,塞到我父亲的军装口袋里。然后拍拍我父亲肩膀说:"带着行李趁早快走吧!"

"那好,我听你的!若是有命回到保定旅部,希望你要据实报告,说实话就行。"

"放心!生死有命,富贵在天!这个战争遭遇事实瞒不过谁的。若能再见面我一定实话实说。现在火车不能动了,我看非放弃火车不可!你快走吧!如果有敌人攻击,我还能掩护你!"

我父亲只好背起行李跳下火车,弯着身子专往深沟、草丛里跑去,先离开铁路线为妙。他在拼命地往山边奔跑时,心中细想连长说的话没有半点虚假!在阿兵哥性命攸关、又有机会发个小财的时候,自己却待在火车上守着,碍着他们分钱,恐怕非要丢掉性命不可!即便当兵的不是要分钱,但是逃命时谁会保护你的钱?

想到如此这般,不如三十六计走为上策,等将来回去"据实回禀,任凭处置",听天由命再说。

约莫走到日落时,来到山边一个小村落,他敲开了一家大门,里面只住了一位老太太,出来迎门时哭得满脸都是泪。

我父亲急忙问情由,老太太说刚刚来了两个当兵的,说是有钱买她的鸡蛋吃，老太太把藏起来的鸡蛋煮给他们吃，他们临走给她一块现大洋，之后才知道是铅铸的假钱，她懊恨不已因此大哭。

我父亲要看看那块假钱，接过来后吹吹摔摔果然是铅铸的。他就对老太太说："别着急，我换给你一块真的。"于是在口袋里拿出一块现大洋，交给了老太太。

"没看见过你这样的好人。"老太太才收起愁容说。

"大娘，我实在饿了，有解饥的东西没有？给我一点吃的。"

"有。你要等等，我洗把米给你煮一锅饭就咸菜，夜里就这里睡一觉，明天早起还可以吃一顿再进山。如果我儿子在家就好啦，天亮他会替你指指路。"

"还有。请给我一件旧衣裳穿穿行吗？我要换下这军装，走路方便。"

"行。"

于是我父亲的衣食住行都解决了，他安稳地睡了一觉，第二天辞别了老妇人朝西而行走进了山区。在沿途小路上先看到一些蒲公英、车前草一类的植物，到了山里边竟看到满山遍野开的都是金银花！这些都是中药材，在药铺里要论两、论钱卖，这山上居然满地都是！

翻过山坡往西南有一条小河谷，幸好都有行路，出谷后到了一处市镇地界，找了一家小店住下，专听消息也为稍稍避下风头。三五日后听说战事消停了，于是往回行来。

他回程时曾经乘船渡过汉江，因为半路船靠岸卸货，父亲下船买食物，回来稍迟，船居然先开走了。因为行李都在船上，所以他连夜趁着月光、沿着江边走过伏牛山路，当清晨赶到下一站码头时，竟看着那艘船姗姗来迟，他与船家相会，双方哈哈一笑。

故事真是惊奇不已！

当年父亲说故事，我会把耳朵都竖起来听；但是他遭遇战争的年代地点、谁跟谁打，以及他去过的地名走过的路名都说不上来，又都不能胡扯乱写，实在遗憾！后来查阅历史得知1920年7月发生直皖战争，直系军阀战胜。1923年又发生直奉战争，还是直系军阀获胜。但至今为止仍弄不清此次战斗是哪两方军阀之争。总之是老百姓遭殃，当兵的受罪卖命！

您一定关心他回到保定如何交差，跟您说"没事儿"！因为如连长所说，事实俱在，欺骗不了谁！银子丢了责任全在战争事发突然，是谁都抵挡不了的。

我降生一年两个多月时曾遭劫难

从小就常听母亲说这段故事：

1929年（民国十八年）农历八月，我家曾遭过一次明火打劫！虽说遭劫的是我家，但抢匪的目标却是富有的房东曲家。

房东曲大妈是个寡妇，曲家除了自己住的4号大院外，还有4号甲和5号甲两个大杂院。后来又买下了6号的西北房和南房，这些房子都出租给别人居住。曲家在京南家乡还有百亩水旱田，都由世代的佃农亲戚们耕种，分春秋两季收租。在北平当地还开了一家大粪厂。

曲大妈的身边有位霍先生，替她掌理内外，管理着10个挑粪工人。霍先生名建平，是安徽人。二十七八岁时来到北京，投奔曲家当账房。曲家雇用的伙计，多半都是来自山东和皖北。

曲大妈不过30来岁，掌管家业实属不易。在那个年间女人不管有什么三头六臂，总是不方便抛头露面。做生意难免交际应酬，这些事更是需要霍掌柜的出面不可。霍建平虽然是账房掌柜身份，却不能如此称呼"掌柜的"，因为曲大妈守寡，生怕外人听了误会他们的关系。所以曲家里里外外的都称呼他"霍先生"。

霍先生原来住外院小东屋，自从曲掌柜过世后，曲大妈就想请霍先生搬到里院去住。曲大妈家只有一个11岁的女儿岫云，另外还有一位帮佣的表舅妈，三个女人，住在这么一座大院里，心里觉着不太安稳。但是若叫霍先生住进里院来，又怕不方便，更怕别人说闲话！不久曲大妈把两间南房出租给我们一家人住，霍先生也就顺理成章地搬进里院来了。

里院比外院的地势高一米，进里院的二门儿要先登五级台阶。二门道平常都卧着两三只狗，院子里边天棚架柱子上，也拴着两只凶猛大狗，到了晚上长工伙计吃完晚饭，留下两个年轻的伙计帮表舅妈整理洗刷，工人干完活儿都走了，二门就上栓了。院子里的狗全都放开自由活动，也担负起看家护院的责任。在夜阑人静的时候，屋顶上、墙外边万一有点儿风吹草动，这些狗都会吠得声嘶力竭的。霍先生必定起身，掀起窗帘先往院子里边注目瞄瞄一遍，看看动静。如果没有发现什么，就会推开房门喝止狗吠。万一狗儿们都朝着东或南两个方向紧吠，必是有人上了房！在这种情况下，霍先生就在屋里面朝外大叫大喊，明里骂狗，其实是在警告盗贼不要轻举妄动。

曲家外院大门道有一丈六尺宽，大车可以赶进赶出。因为门外对面是一大片空地，曲家听风水先生的指点，在大门前砌了一个三丈来宽的大影壁，避免犯冲。

外院分开东西两院，东院原来霍先生住着，霍先生搬进里院后，东房就空起来了。西房三间，十几年来都是借给粪夫工会当办公室，有位办事写文牍的韩老夫子住在里面。

那天晚上，正是该着出事！大约6点多，曲家上下都刚吃完晚饭，工人们先后回家休息。这时候大门门坎已经抬上去了，两扇大门也关上了一扇，不知道是谁疏忽了，最后进出的人忘记上门闩。也许那一帮盗匪们观察计划了很久，趁着一个空档机会，七八个人一下子就闪进了曲家大院！

外院的韩夫子和长工夫妻一共三个，被土匪用刀械凶器逼到里院来，里院的全部男女老幼，也都被推拉到院子的中央，男女分在两边站着。

第二章　家世出身成长　故都旧事乡情

七八个土匪中有两个守大门和二门，另一个上了东房脊把风，有两个在院子里监视着那些饱受惊吓的人们。其他的在上房翻箱倒柜。

曲大妈跌坐在砖地上，表舅妈在后边抱着她的腰，怕她万一吓昏过去摔着。她们俩坐在一块儿，一个是主子，一个是下人；主子怕失财，帮佣的穷人不怕抢，但是两个人无论穷富同样怕丢命，所以吓得哆里哆嗦地抖作一团！

事情一发生的时候，表舅妈拼命护着曲大妈。她虽然怕，但是依然扯着嗓门儿叫唤："你们不能这样拉扯我们大奶奶！"她的叫声激怒了一个土匪，那人不分青红皂白横里一刀，朝表舅妈削了过去，擦着头皮斩落下一撮黑发，散了一地！曲大妈眼见脑后寒光一闪，吓得向前一探身，两眼一黑软卧在地！表舅妈的声音立时止住。

"妈的！谁敢再吭一声，就要谁的命！"这群土匪自从进了二门之后，很少有人开口说话，这家伙先动手后出声来恫吓表舅妈，也许是被她吵闹得起了肝火！

我那时只有几个月大，突然哭闹起来。父亲抱着我，拼命地摇哄也没用，小婴儿就是要找娘；但是男女分开站在院子左右两边，小孩和娘像隔了一条天河，我母亲心焦如焚，眼泪都流了下来。她只向前移了半步，冲着另外一个土匪，指了指自己的嘴，连"我"字都不敢说，然后再指指我，表示婴儿饿了要喂奶。那个土匪也不搭腔，走到父亲跟前，用大手抓起我的一条大腿，倒提着送给了我的母亲。母亲接过后，立刻转过身子去喂奶！我投入母亲的怀抱，含着母亲的乳头，马上安静下来，大家好像都松了口气。

三个土匪在上房花了半个钟头的时间，把所有值钱的细软装了两只大布袋，然后走到院子来。一个好像首领的人，走到霍建平面前，用很平静的口气问道："你是掌柜的？"

老霍摇头否认，不料一个土匪上前一步，把老霍衣领紧紧抓住，右手单刀高举过头，我父亲心生冲动叫了一声："朋友别这样！大家都是在外边跑的！"

"妈的！多话！"这匪徒最讨厌有人出声，突然松开老霍，右手一翻单刀嗖地劈向父亲的门面！父亲出身军旅当过队长，所以反应动作还算敏捷灵活，见势不妙，急忙仰身往旁往后闪躲，因那匪出手太快，刀尖划破了父亲的右肩，把母亲吓得尖叫了一声！但是父亲扬手制止，用左手按住伤口，鲜血还是很快地染红了手臂和衣袖。

"不管怎么说，"那首领举了举手，叫大家都静下来，再向老霍说，"钱藏在什么地方？你如果敢说不知道，我就先砍了那个丫头！然后再砍这娘们儿！叫你们留着钱没命花！"

这句话很管用，一直昏迷不醒的曲大妈，忽然坐起身来。因为她知道那个土匪头儿要杀的就是她们母女俩，于是说："好吧，我告诉你们藏钱的地方，但是你们可不能再伤人啦！"

"这好说！"首领应道。

"我带你们去吧，你们找不着的！"

曲大妈由表舅妈搀扶起身来，三五个土匪跟随着进了曲寡妇的卧室，屋里的箱柜已被翻腾得满炕满地。

曲大妈冲着那个头儿又重复了一遍："我明白你们是为了钱来的，你只要保证拿了钱就走，不再伤人，我现在就告诉你们！"

"嗯……好！"土匪头儿点头同意。

"你们把这个炕沿儿掀起来！"土匪们听曲大妈说完这句后，三四个人同时向前，一下子就把木头炕沿儿，连同好几块砖头揭了下来！就在整排炕沿的砖缝里，赫然看到的是一沓沓的钞票，一封封的现大洋和一袋袋的金银元宝。土匪们手脚麻利，把曲大妈暗藏的所有财物全部装进了袋子。

那首领打了一个口哨，守在房上的人，立刻纵身跃下。

第二章　家世出身成长　故都旧事乡情

那首领盼咐院子里的人，男女还是分在两边，面向着墙壁蹲下。

"不许回头！不许起来！不许说话！你们不听话小心脑袋！"那首领警告说。

院子里一阵噪杂的脚步声后，立时没有了动静。这时被关在院子东南角小屋子里的四五条大狗，汪汪汪地叫了起来。

"这些狗杂种一点儿用都没有！"老霍判断强盗已经走了，心中确实恼恨这一群狗儿，平时它们凶得很，像街坊邻居小孩儿、送货的伙计和跑街收账的人全被这几条狗咬伤过。没想到见了手拿了家伙的恶人后，居然变成了没嘴没牙的东西。这就难怪霍建平要宰了这些畜生，炖狗肉吃了！

蹲在西房檐下边的女人们哭作了一团！

院里的人都过来安慰曲大妈，说明要先去报警。

时间虽已入夜，派出所的巡佐立刻摇电话报告北平市公安局四分局（1928年6月，国民政府统一战地委员会训令，改北平特别市警察厅为公安局），分局听说辖区里发生了大刑事案，马上派了四五个警察来到曲家，跟着梁家园儿的侦缉队便衣人马也赶过来调查问案。

在警察还没来到之前，曲大妈先清点了一下财物，所幸大钱柜里的房契、道字儿、地字儿、买卖合同和一些有用文书，都原封没动。

警察在北房大客厅里调查抢案发生的详细经过，所有在场的都问完了话，警察告诉曲大妈："两天之内把被抢失物清单，送到四分局来！"

警察收队时已经快2点啦，等局子里的人走了后，曲大妈叹一口气说："真是倒了八辈子血霉啦！让人家抢了也就算啦！还要过堂问案！你们看看那群巡警的德行，简直拿我这被抢的当了犯人啦！"

其实最倒霉的是我父亲，不但让土匪砍了一刀，还因为当时和抢匪对过话，所以和霍先生都成了重要证人，办案的人心里也许把他们列为涉嫌者，只是没有从嘴里边说出来而已。

从第二天开始，他们两位都时常进出警察局，可以说是协助查案，也可以说是接受调查。在两三个月之中他们陪着侦缉队的便衣，跑遍了北平城里的戏园子、窑子、旅店和当铺等歹人可能出入的地方，到处去查案认人。

可惜没有半点儿线索，慢慢的警方对这件案子也没劲儿啦，办案的人就松懈下来了。但是日后的一两年中，我父亲和霍大叔每隔一段时间，遇到侦缉队抓到强盗犯时就会被传去认人，认来认去都是些无关的。

幼年就读香山慈幼院二校

我于1928年（民国十七年）7月31日（农历六月十五日）正午时降生在北平市。

为什么说"正午"？据长辈说：早时北平城里每天中午12点整，都会在北海公园放一响午炮报时，声震四九城，我恰好生于午炮声响的时候。

到1948年冬离开家乡，我在这个文化古都恰恰生活了20年。

父亲从军中退伍后赤手空拳上京，那时的无产阶级，谋生自属不易，虽无冻馁，但生活总是捉襟见肘，勉强维持。我的长兄锡金以甲等第一成绩毕业于西山高级中学，为了减轻家庭负担，不得不放弃深造机会，毅然束装离家从军。

我和长兄大不相同，我在童年时不是很笨，但到了适学年龄却很不喜欢念书，在11岁那年才被送到香山慈幼院住校念书。我从小学三年级开始，在香山慈幼院一共读了四年，毕业后勉强考上北平市私立嵩云中学就读。北平市私立嵩云中学的前身是"河南公立旅京豫学堂"，后更名为"京兆私立河南中学"。再往前追溯到前清时期这里是嵩云草堂，20世纪初河南旅京人士为解决子女上学问题将嵩云草堂辟为"河南公立旅京豫学堂"。

第二章 家世出身成长 故都旧事乡情

抗战时期北平的经济极度萧条，物资缺乏，百姓生活于饥饿边缘，很多人必须以花生饼和豆饼掺入米谷充饥！我因家境艰难，无法继续升学，在16岁那年就进了白纸坊财政部印刷局做工，直到抗战胜利次年才被迫从军。

我常说："我没念过什么书，却在军中当书记官，在报馆当编校、记者，在电影界做广告、宣传。这些工作都离不开笔墨文字，因此一直都是很辛苦的。"

慈幼院五校设在我家附近——窦家坑

香山慈幼院第五分校设立在北平市宣武门外下斜街迤西的感化胡同，校区占地非常广阔，北门近火道口儿，南门开在窦家坑。这里俗名叫作"杀人场"，清末是对死刑犯行刑的地方。

五分校里边设有土木工程专科和印刷、制革职业教学实习工厂。日本军队进驻北平前后，这些职业教学单位都完全停办。教室空着很可惜，随即开办两班初级小学，供附近学童求学。我家离此只有一华里左右，所以我8岁就成了五分校的小学生。1938年（民国二十七年）我转到香山本院二校就读小学三年级。

父亲送我到香山念书的那一天

1938年8月底开学前，父亲亲自送我去香山慈幼院入学，我当时的心情既彷徨又害怕。我很想跟父亲说："不要送我去香山念书了！"但我知道这是奢求，事实已无法改变了。

头一天晚上，母亲还赶着替我缝了一套夹裤袄，补了几双旧袜子，

"临行密密缝，意恐迟迟归"，塞满了一只小皮箱，另外还打了一个铺盖卷儿。

早上7点钟，张德安张大哥就来催，父亲牵着我坐上张大哥的洋车，送我们到西直门门脸儿，再搭乘"启发顺"长途公共汽车去香山。张大哥把行李放在车簸箕里，然后抄起了车把，这时候母亲从门里边跑出来，眼里含着热泪，不停地叮咛着、嘱咐着，我只是频频地跟着点头。

"孩子，不是妈狠心不要你了，把你送到香山去念书，是因为慈幼院的环境好，在那里有人管你，有人教你，你才能心无旁骛地念到书，你懂吗？"

"我懂，我会好好念书的。"

"如果我们真的不要你了，妈早就把你卖给马戏团，何必花钱让你去念书！"

"妈，我知道。崔表哥上次来家，是我自己答应上香山念书的。"

"住在学校不比在家里，你要懂得自己用功读书，还要照顾自己生活。听话守规矩，要合群儿，可别跟人家打架！"

这几句话一直记在我脑子里！

曾在香山地区见过的文物和特产

香山位于北京西郊，距老市区20公里，熊希龄先生于1920年（民国九年）间创建香山慈幼院于皇家园林静宜园，校园范围近千顷。我在这里住校念书四年，留下深刻的印象。我夫妇曾携子敬凡与小孙女雅婷到母校旧址一游，走马看花，还可以看到一些坚存的房舍外貌，因而勾起诸般的回忆。

静宜园行宫（静宜小学旧址）、双清别墅、昭庙与见心斋等古迹，文

第二章　家世出身成长　故都旧事乡情

史书籍应多有记载，故不赘言。只记述一些旧时特有的名词如后，借以增添怀念之情。

蝎子草——小红门内的露天教室与理化院附近就有这种有毒的植物，株高约一米，丛生，掌状叶，叶缘及叶面有突起的针刺，有毒，皮肤接触被扫到会红肿痒痛，现在仍有少量生长。

石蒜——花的学名，别名老鸦蒜、蒜头草、蟑螂花。校内外草地上偶有发现，极为稀少。石蒜在地面上只长出约30厘米直茎，无叶状，似韭菜花，地下球根茎直径约2厘米多，无分瓣。辛辣如蒜味，有大毒，吃多了会流鼻血。

蹬倒山——学名叫棉蝗，别名也叫中华巨蝗等。是一种特大号的蚂蚱（蝗虫类），它成虫时大腿粗壮有力，有人形容说能把山蹬倒，所以被俗称为"蹬倒山"。小孩子抓这种虫子时，不小心会被它蹬破手皮。在北京市区是不得见闻的东西。

前几日我偶与山东莱阳老乡闲谈，他说他的家乡乡下，野地里也生长石蒜，数量不多。山上也有"蹬倒山"，也叫作"长腿蚂蚱"。因此得知，很多相同的动植物是分布在世界各环境类似的地区。"少见多怪"也不足为奇！

黄蔷薇——在本院北边的花篱笆，是整排整排种植的蔷薇，开黄色花朵，有浓烈的香气，这种花不多见。

土杏儿——大操场边种了一行杏树，春天开土黄橙色的花朵，果实熟透后也是深橙黄色，味道酸多甜少，或许是未经嫁接的原生杏树。

奇果——忘记我们小时候管它叫什么了！在四校木工厂边一处斜坡上，有这么两棵树，树多分枝，叶光滑鲜绿，很像枣树，但无刺。果实长在叶柄上，每个果实的里边都会长有一条长长的小虫子，类似树瘤，可食，很脆，稍有甜味。据昆虫专家说，这种虫子其实是果蝇中的一种。在果实还没成熟时，母虫就在果表上产卵，当卵孵化后，幼虫就会钻到果肉里。不过，这些虫子和菜叶中的小青虫类似，吃了对人体也不会有什么害处。有虫反而可以说明果实里的农药非常少，甚至没有农药，更加自然、生态。

荆条——西山的土产之一，这种荆棘的茎干长达一米半左右，可以编制箩筐、篮子等山货。每年夏秋之际都有人砍收，作为编织材料。荆棘经年被砍伐，会使地面上的茎渐渐变成一个粗粗的球状，有人把它连主根挖出来，雕刻制成样子新奇而别致的烟斗。

红叶——香山红叶主要是指黄栌树的树叶。其叶是卵形的，有厚度，含油脂与特殊香气。原名"栌树"，属乔木，丛生，株高约两三米。到了秋风瑟瑟时节，树叶渐渐变成深红或红褐色。在香山半山苍松翠柏之中，迤逦横作一条红带，堪称香山八景之外的一景，骚人墨客多有诵咏。其实，除黄栌叶子具有很高的观赏价值外，黄栌开花后淡紫色羽毛状的花梗也非常漂亮，并且能在树梢宿存很久，成片栽植时远望宛如万缕罗纱缭绕林间，故有"烟树"的美誉。另外，黄栌药用价值也很大。其木材可提取黄色染料，据说，皇宫里的黄色织物可用此树汁染。树干可制作家具或用于雕刻。

千禧年底接到赵继善老学长从北京寄来的一张近照，是他于2001年10月31日登香炉峰时在山头所摄，照片背后题咏诗句："年已七十六，再登香炉峰，已感力为难，满山黄栌红。"始知红叶树学名为"黄栌"。记得好几年前华霞菱学长曾嘱我查此树名，我特地买了一本台湾正中书局版《植物学辞典》，但始终找不到头绪。后查大陆出版《古今汉语词典》找到"栌"字解释，是为"落叶乔木，叶卵形或倒卵形，秋季变红，木材黄色，可制器具，可提取黄色原料。例……黄栌。"

白果树——学名"银杏"。生长较慢，寿命极长，自然条件下从栽种到结果要20多年，40年后才能大量结果，因此别名"公孙树"，有"公种而孙得食"的含义，是树中的老寿星。银杏是现存种子植物中最古老的孑遗植物。和它同纲的所有其他植物都已灭绝，因而它被称为植物界的"活化石"。

香山双清别墅与教保院游泳池边各有两棵大白果树（因一雄一雌方能授粉），高如松柏，果实类似浆果，有臭味和侵蚀性，用手剥皮沾到果浆会脱皮。果实熟透后自然落地，小时候曾经捡拾，都是拿到小水沟边，剥取果核时要随时冲水，来稀释果浆。1991年回家乡探亲，见到北京城郊多处都种了白果树，以前的榆树反而不多见了。

石胆——中药属性。名医曰："一名黑石，一名碁石，一名铜勒，生羌道山谷羌里勾青山，二月庚子辛丑日采。"在红山头可见，很像火山石。小拇指般大的石头，轻轻的没有重量，可以浮在水面。外形为不规则方形，黑褐色，坚硬，成分不明。

蒙养园——幼儿园，在二校大饭厅后身。"七七"事变后就和其他各校一起停办了。蒙养园大门的一副对联写的是"幼幼及人之幼　生生如己所生"。2001年到香山游历，这里已改为蒙养园宾馆。

醒村——尿床小朋友集中的宿舍。以前校园里有句笑话："你是醒村的孩子吗？怪不得身上臊味儿！"

养蜂场——农学科实验场。这里既养蜜蜂也是实验果园，种了一大片的水果树。地点在二校北端，接连碧云寺地界，中间只隔了一处浅浅的谷沟。因此这里是通往校外的快捷通道。养蜂场种有桃、杏和"虎拉车"（即扁形的青苹果）等水果，院方怕孩子们偷摘，在大门口挂着"闲人免进"的木牌子，每次都是老师带领着来参观。

打棒儿——香山慈幼院里的特有游戏，与"打嘎儿"不同。嘎儿约20厘米长的木棒，两头尖尖橄榄型。玩法类似打棒球，一人打击，一人至三人接棒，没有投手和捕手，把嘎儿平放在地面，打的人手持40厘米长的硬木棍，先敲击嘎儿的尖部，使木嘎跳起再挥棒击出。在远处接棒者（类似野手）接住（接杀），就互换打接位置。"打棒儿"也是同样玩法，但棒儿的两头平齐没有尖，游戏时先要在地上挖一个浅浅小的坑（类似本垒），才方便敲弹、打击。因为打接之间易生伤害，故校方禁止学生做此游戏。

水晶洞——在北辛村的东北方有两三处水晶矿洞，稍早曾经有人在半山腰里挖洞开采，矿洞口很宽敞，深不过三数丈。我们去游玩时，矿洞已废弃，在洞里还可以挖到一些不成材的水晶和石英。因为缺乏文献，当时年纪小也找不到询问的对象，因此当时开采的情形以及水晶产量都无从得知。

火烧水龙头——这是寒冷冬季的一个现象，在那个时期香山慈幼院已经有了自来水设备。每年到了冬季气温降到冰点时，户外水龙头就会结冰，需要用水时只好用木柴点火烧烤水龙头，使水管里的冰遇热融化才能放出水来。

沦陷期间的香山慈幼院二校

1938年到1942年，我在香山慈幼院（简称"香慈"）读完三到六年级小学毕业，此时恰在日本人侵占华北的"沦陷期间"。我入学时祖国陷于全面战乱，初中时职校与幼师等都已停办，毕业学生出路狭窄，升学与发展都有困难，使得这时期的校友缺乏联系，情感薄弱，与战前老校友更有所隔绝。北京校友会于1988年奉准成立后，沦陷时期校友很少登记入会或互相联系。

二校在敌伪时期的教学体制并无太大变革，1938年当时虽仍有初小与高小之说，但已无实质意义。全校一到六年级，共收容300多位小学生，除香山当地学童外全部住校，校舍只剩下"勤、俭、恕、醒"四个村，醒村曾一度设在教保院。

日本人为了在华北地区遂行其永久殖民计划，不久即开始实施"奴化教育"，展开文化思想入侵，强使占领区人民屈从效忠。此一时期，香山慈幼院二校中、高年级增加日语教学，小学生确实受到不良教育影响！

现在回忆起来，在日本鬼子铁蹄践踏下的北平，沦陷区的中国老百姓都在白色恐怖笼罩下屈辱求生。而我竟然能够安然地在香山生活、接受小学教育。那四年住校期间，避免了日本鬼子与外界的干扰和饥荒，幸运地脱离了黑暗复杂的社会环境，使我茁壮成长，真是我一生的福缘。

来台湾参加香慈校友会后才知道熊希龄先生和夫人的生平事迹，毛彦文院长继承熊先院长遗志，抗战时期在大后方建立香慈分院。毛彦文院长当时号召香慈师生校友，诸如张雪门、张子招、雷动、周仰岐等人前往西南大后方开办了四所香慈分校，在桂林、芷江、重庆等地培育了大批有用人才，把香慈的教育思想推广到中国的西南地区。

毛彦文院长又亲赴敌后，恳托胡恩光先生出任沦陷时期北平香山慈幼院院长。胡恩光先生慨然应允，接下教保院中这些孤贫儿童重担，为了维持生存、继续办学，奋力与日伪政府周旋，因而保留了香慈的根基。

我曾参加熊希龄院长逝世追悼会

1937年卢沟桥事变之后，我进入香山慈幼院第五校初级小学部就读，年底听到熊先院长病逝香港的消息，我们这些学童当时还不太懂事，但觉得老师们都很哀伤。次年4月，北平各界在石驸马大街熊公馆举办"熊希龄先生逝世追悼会"，五校师生和家长约有二十余人代表出席公祭典礼，父亲曾陪着我同往祭拜。

记得那天气候非常湿冷，空中飘着小雪，父亲陪着我到学校集合，大家都穿着黑衣裳，排成两列，由杨主任领着从学校北门出发步行前往会场。途中经过宣武门，宣武门城门洞长约120米，路面都是由巨大石块砌成，大车小车在此通行，车轮碾过石块路面都会发出很大的声响。父亲紧紧握着我的手，不让我太靠近路中央，避免在车来车往的途中发生危险。回想这段情景，已是七八十年前的旧事，如今坐在计算机桌前回忆起慈爱的父亲呵护着我，同去参加熊院长追悼会的细节，不禁激起对先人无尽怀思慕念，不觉潸然泪下。

过了宣武门门脸儿不远就到石驸马大街，公祭会场好像设在公馆靠西一个院落。记得当年出席这场追悼会的约有上千人，几经研究判断公馆里如何会有偌大的厅堂，想必是在一宽敞院落里临时搭起暖棚举行的。

因为当年年纪太小，只记得会场四周墙壁上挂满了白色挽幛挽联，对典礼程序也不清楚，只知道有人讲述熊公学养才华、德行逸事，有人宣读先生功名事业、香慈办学，有人朗诵悼念祭文、在哀乐声中有人唱出挽歌、有人轻轻挥泪哭泣……但根本听不懂内容，只是感受到会场内充满一片"痛失栋梁""天妒英才"的悲伤气氛。

毛彦文院长在1980年提议重写香山慈幼院院史，我被指派写沦陷时期的二校历史。因为所知浅薄有限，只能抱着惶恐心情，把自己在香山二校四年中受教与生活的实际情形做一概述。这本1983年版院史出版后，我担任旅台校友会工作干部，开始阅读熊希龄先生公与香慈史料，经再三研究得知，沦陷时期二校的所谓机会教育、劳动教育和爱国教育都是与香慈精神一脉相承的。二校为了苦难中的院童而生存，为了生存就须与伪政府打交道，并接受伪政府植入"奴化"元素的教科书，除此之外并无太大改变。

当时校内任教的老师百分之九十是原任，其中有好几位是香慈校友，这是继承校风的主要原因之一。机会教育和劳动教育是香慈的教育重点宗旨，而爱国教育在那个时代确实是潜在性的，老师们掌握契机施教于学生，譬如说《国歌》，那时候我们要唱"青云烂兮，纠缦缦兮……"（《卿云歌》），但大家还会偷偷唱"三民主义，吾党所宗……"（《中华民国国歌》）并且都学会了《义勇军进行曲》，"起来，不愿做奴隶的人们，把我们的血肉筑成我们新的长城……"唱起来又带精神、又带劲！谁教的？不知道。流行歌禁不了，反正大家都会唱。

在二校期间我就吃过自己种的蔬菜，也曾搬运过小包的白米，以及修缮过操场中的木质运动设施"吊梯"，把两条粗绳中间的十来根横木杠修缮好，等等。我想这些应该是劳动教育了。

每个星期六上午都有一堂类似精神讲话的课，由教务课、家务课两位主任和级任老师轮流教学。当年在日本人的铁蹄下，老师们在课堂上还敢"谈时事"。犹记当年日寇军队正向河南一带进攻，每隔一段时间伪政府就宣布"开封陷落""南阳陷落"这样的消息！老师向学生讲述这些侵略战争是日本人对中华民族的无耻行为，教学生要谨记亡国之痛！教学生国仇家恨不可忘，长大之后要对国家民族尽一份心力！

邻居种大哥是个好警察

说起邻居种（发音与崇字相同）大哥，就不能不提起20世纪30年代前的"北平警察"，几乎没有不竖大拇指的！

抗战前的北平警察究竟为什么会如此令人称颂呢？没有别的！只为他们素质高，多半儿还胸怀一份乡土情，在地方上除辛勤巡逻执法外，经常充当和事佬替人家排解纠纷、息事宁讼、消弭地方纷争，从而维护小区祥和平静！

民初北京市警察局成立时，曾经招募到不少旗人子弟当警察。这些人当时遇上改朝换代，世袭俸禄突被取消，生活顿失依据，因此八旗青年多趁此机会投效警界。因为旗人子弟都曾念过一点书，教育学识水平比起一

鼎沸沙鸣：从北京到台北的乡愁

般百姓要高出很多，也都见过一些世面，受训之后担任警察职务，就成了上好人才。

警察的旧名叫"巡捕"和"巡警"。北京西城北沟沿附近有个地名叫"巡捕厅"，想必这里是民初警察厅旧址，后来沿袭成为地名了。

到目前台北还有人把警官、警佐称为"巡官""巡佐"，从此称谓的字面来看，"巡"应该是警察最重要勤务之一了！

在30年代，老警察多半都升级当了巡佐，早年巡佐是要代收房捐的，因为房捐属于地方税捐，也是警察局经费来源之一。房捐并非家家户户都收得到，如一时缴不起，总不能叫人家卖房子！但老巡佐对地方上的情况摸得一清二楚，并不是房东哭哭穷就可以把房捐给免啦。

老巡佐按月串胡同，手里提着一只白帆布口袋，一边巡逻，一边收房捐。到了哪一家就撕一张收据，很客气地打一声招呼："掌柜的，我来收这一个月份儿的房捐啰！"

"我们这会儿正忙着哪，下回您过来再给您！"房东手头不便，说了一句瞎话。

老巡佐反正见多啦，他绝不动气，顺口说一声："行！"临走还交代说，"银钱要小心点，上板儿之后，别忘了门户上锁呀！"

"谢谢您关照，您再坐一会儿，喝碗茶歇歇腿儿再走吧！"成衣铺的掌柜听老巡佐没催缴，说话更客气了。

您看这就是当时的警民关系，真是一团和气啊！

万一有人打架，把警察叫来啦。俗话说得好："一个巴掌拍不响！"如果两边之间有一边少说两句，就吵不起来。任何一边忍一口气，架就打不起来！所以派出所的老巡佐来了，把两边都凶一顿："吃饱了撑的是不是？街坊邻居的嘛，有什么话说不过去呀？打什么架呢？万一谁被打折了胳臂断了腿的，一辈子的事呀！听我劝，打这儿算了！以后还要相处哪！要不然把你们俩一块儿往局子里一送，先让你们蹲三天，看你们家小吃什

第二章　家世出身成长　故都旧事乡情

么！"

巡佐老爷这一番话特有效，两个打架的都鞠躬哈腰儿地赔不是，谁也甭说理啦！一起儿互殴的案子当街和解。您说这样的警察上哪儿去找呀？

前文提到闷葫芦罐粪夫打群架，殴伤了当时有日本军阀撑腰、在北平公开贩毒的"高丽棒子"！大家以为捅了大娄子，事情非常棘手，难以善了，而陷于恐慌！警察局四分局第十九段派出所的赵巡佐负责调查处理此案，他安安稳稳地善加调停和解结案。这不是别的，他是在诚心照顾相处了一二十年的老邻居们！凭的是他那一份真金不怕火炼的民族情感！

说到这，不能不补充一句，在"一九四九年北平旧城街巷胡同图"中闷葫芦罐北边的槐树馆、柏树馆正是警察局外四分局第十九段派出所，俗称巡警阁子的所在地，北平从前派出所都是独立的黑漆木质建筑。

但是到了日军进北平后，警察形象就差远了。尤其抗战后期新进警察都有了特务成分，成为日本人操控指挥下的狗腿子，专门对付中国同胞。那时老百姓出进城都要盘查，看你不对路，答话带结巴就要留置。平日里也要查户口，开门慢了就申斥！警察，不像以前那样令人钦敬与亲近了！

不过另有个例外：除了段上的赵巡佐外，还有一位姓种的警察。他是我们同院邻居，年轻时他学皮作，练出好腕力。因为皮子生意不好做，加上年头不济，托人介绍到华北银行当驻警，后来倚这层关系进了警察学校接受短期训练，结业后就当了正式警察。

我们胡同里边曾经发生过一件麻烦事，幸亏仰赖他的机智和胆识，解了地方上一次危难！

有一天，派出所来了四五个警察，还领着三个日本宪兵前来搜查。大家都被告知在家里等候，先从一号院搜起，有些老实人把魂儿都吓掉了！也不知道出了什么事情。

小种正好休假在家，他突然想起住在大杂院儿北屋里得了重病的老贾，赶紧跑过去瞧，不料老贾恰恰刚死啦，大概咽气没多久。如果不是他警觉性高立刻加以处理掩饰，被日本宪兵发现了，一定会被疑为霍乱病患。按照曾经发生过的前例，日本人会立刻当街焚烧丧家的一切衣物与日常用品！宣布附近一带为疫区，胡同两头围上草绳，禁止居民出入，断绝对外交通！家家户户进行消毒，扑灭病菌，遏止疫情扩大！如此一来，同院邻居、胡同里的街坊也跟着倒霉，家当也会被烧光，人也全要憋在家里不许进出活动，不闷死才怪！

小种脑筋一转当机立断，赶紧找邻居两个小伙子帮忙，用一张芦席把尸首卷在里边，抬到二门道里和其他的棍子板子的一起伫立放在墙角边上。

日本宪兵挨户挨门搜到了5号甲院，小种换上了一套警察制服站在二门道迎接。他向日本宪兵敬礼后表明他的职业身份，虽然在二门道多耽搁了一会儿工夫，却分散了日本宪兵的注意力，然后小种还陪着到各屋去查看。日本宪兵见到有警察住在这里，没再多问话，就走到6号7号去了。

8月天已是秋风送爽，不过小种全身大汗湿透！

等警察领着日本宪兵走远了，小种请了几位附近的士绅来商量，决定**把老贾的尸体送回京西衙门口老家去**。

事不宜迟，立刻把老贾的儿子贾祥找了回来，贾祥才15岁，在顺治门（即宣武门）外大街宏胜印刷厂学徒，个把月才回家一趟，把挣的小钱全交给他爸爸，自己只留下几个剃头的钱，算是很孝顺的儿子了。孤苦的老贾不久前闹肚子，上吐下泻地病倒了。虽然止住了吐泻，可还是病着。吃喝都是好心邻居照应着，临断气的时候身上只剩下一把骨头。

小种告诉那孩子：若是他父亲死在北平城里，办丧事可不比喂碗饭食儿那么容易，大家都穷没有力量帮忙，不如把他父亲当病人送回老家，家里的叔伯、姑姑亲戚总会替他料理后事的。

贾祥明白了利害关系后，只好点头答应照办。

第二章　家世出身成长　故都旧事乡情

小种马上叫隔壁张德安把洋车拉来，几个人把老贾的遗体摆在洋车上，然后在头上戴了棉帽子，身上盖了厚毯子，把车帘子围起来。由老张拉着，贾祥推着，小种陪着，赶紧上了路，怕晚了也许出不了彰仪门（即广安门）！

小种这样做心里有数：在出彰仪门的时候，一定要经过军警检查这一关，照手续先要核对身份证，他事先假设了一番对话：

"车上躺的人叫贾仲和，病得很厉害，恐怕快不行啦！现在他儿子要赶着把病人送回衙门口去……

"他是贾仲和的儿子，叫贾祥……

"我在北海派出所上班，这是我的证件。我跟贾家住在一个院子里，10年的老邻居了，这孩子还小，不能不帮忙。寻个方便，快点儿叫他们走吧！别让他死在车上……"

小种过去凑到那位警佐的旁边，咬耳朵又嘀咕了两句。

"人都快死了！还不快点儿出城赶路！"守城的警察头儿把手一挥，老张赶紧拉起洋车出城去了。

在到城门以前小种心里也有准备，万一有个警察较真儿，过去摸摸老贾的脉搏，试试老贾的鼻息，不难发现：" 这人已经死啦！"

"唉呀！真的？上车的时候人就已经不行啦，结果还是死在半路了！"小种这样回说也就没什么责任了。倒是城门脸儿上的警察可就麻烦大啦，有的忙活啦！

"本来嘛，按照法理，死人是不能随便运出城门的。但人死在车上显然是件命案，警察发现了就不能不办！要办起来可就麻烦多多，办到最后结果又没什么大不了的！"所以小种耳语把实情告诉了警佐，多一事不如少一事，只要出了广安门就没他的事，打个马虎眼儿吧！

小种的名字叫奉胤，京西人士，"种"这个字曾出现在《水浒传》里，花和尚鲁智深在出家之前，曾在陕西小种经略府当过提辖。有人以为种是種字的简体。其实他的姓读"chóng",不姓"zhòng"!

小种!我家的邻居,也是北平警察。

闷葫芦罐里的赵柱子

"闷葫芦罐"是宣外南城偏僻地带的中心。这地方的四周围都是义地坟场和"臭粪厂子"。

夏天,有赶不完的苍蝇,因为这里是苍蝇的大本营!如果有洁癖、见了苍蝇吃不下饭的人,趁早找房搬家,否则准会饿死在罐儿里!

闷葫芦罐虽然地处偏僻,却又四通八达;但是不管东南西北走哪一条道路,都要经过义地的围墙边缘。到了1941年(民国三十年),北平城里的路灯还没装到这边来,入夜后到处都是乌漆麻黑的,冬季天西北风一刮,树梢、电线杆被吹得呼呼地嚎叫,真的有点瘆人!

胆子小的夜里怕黑最好待在家里别出门。如果深夜迟归害怕,那也没法子啦!在路上巴望着遇见个邻居做个伴好壮个胆子。不过独自一人走到半路上还真怕遇上人,遇上了非要等对面的人错身而过才会放心。万一碰上坏人可怎么办?

住在闷葫芦罐5号的赵柱子,可是个薦大胆。闷葫芦罐的生活环境对他来说"没什么"。走夜路更是家常便饭。以往宣武门城门外大马路东西两边都有个旧货市场——小市儿,自1931年(民国二十年)间就已存在。市场范围从顺城街向南直到火车道和护城河边临街都有稍整齐的店铺房屋。东边市场卖吃食的多,西边"玩"的多,如电影棚、小戏棚和相声场子等。这间小戏棚经常演唱评剧(评剧早期叫"蹦蹦儿戏",也叫"落子",是流行于华北、东北等地的地方戏曲剧种,产生于河北东部滦县一带,吸收了河北梆子、京剧等艺术成就),赵柱子唯一的嗜好是听评剧,

第二章　家世出身成长　故都旧事乡情

每隔个十天八天的就去戏棚听一晚上，散戏的时间总在10点半以后，戏幅长的就过了11点啦！

有个夜晚散戏回家，走到最僻静的那段路上，赵柱子一边哼着戏，一边撩开大步往家奔。他走夜路唱戏可不是为了壮胆子，是无聊。也免得对面走过来的路人撞上他。

前边快拐弯了，对面真的来了一个人，天太黑认不清模样，等到快要面对面时才看出是他二叔。二叔冲他瞪了一眼，大柱子心里感觉很惭愧，很不自在地低下头叫了一声："二叔儿！"

二叔没理睬也没停下脚步，拐了个弯往西边的路上去了。

"二叔儿，这么晚您上哪儿呀？"

柱子又叫了一声，二叔的身影已经隐没在黑幕里了。柱子心里念叨着：二叔这几个月来闹病，先前还好一阵子、坏一阵子的，最近突然更沉重了。所以二叔很不喜欢柱子晚上出去听戏，没想到半路上碰上了。二叔没好气地板着脸一声不吭地走啦！

柱子愣住了，心里犯嘀咕，怕二叔怪罪。同时也猜不着二叔这么深更半夜的会上哪儿去，既然叫不住二叔，只好加紧脚步赶回家。天气骤然冷了起来，他小跑着想回去问问二婶儿，不就全明白了。

大约三分钟就进了闷葫芦罐，柱子隐隐约约听到了哭声，像"四郎探母"那样哭得特别凄哀！一阵不祥的感觉罩住了柱子。柱子奔到小胡同口，确定是自己家里的人在痛哭，甭说，一定是家里出了大事！

进门后看见二婶一边烧冥纸，一边哭！隔壁陈大妈跟韩大妈都过来搀劝，看见两个堂弟大栓子和二栓子跪在地上磕头，嘴里喊着爸爸！柱子才知道原来他二叔在一刻钟前突然咽了气。

柱子的腿软了，"扑通"一声跪在当地，两只眼睛一转不转地望着二叔，大冷天他的头上脸上直冒大汗！隔了两三分钟没动静，韩大妈瞧见柱子不对劲，赶紧在他的肩膀上拍了一下，问说："你是怎么个碴儿呀？"

柱子这才惊醒过来，接着两行热泪淌了下来，"哇"的俯地嚎啕大哭！

凭良心说，柱子的二叔待他不错，只是二婶为了照顾自己的两个儿子，对大伯托孤的侄子就偏心亏欠。比方说大栓子和二栓子都念完初小高小，而柱子只上了一年半的学，从爹妈相继去世后，那年他才9岁就开始帮忙在晒粪场干活儿了。先学捡粪、晾粪；再学掏粪、背粪、推粪和剁粪。十四五岁就样样都学会了。17岁那年老驴死了，家里买了一头新叫驴，二叔就把自己赶车的事和牲口都交给了柱子。

从新驴进门那天起，他就搬到驴棚里，不再跟栓子他们一屋里睡，二叔买了一车砖，跟柱子爷儿俩自己动手砌，把驴棚隔成两间，中间留了一个小窗户，夜里驴有点儿动静，柱子可以随时听得见，方便照应。

柱子人厚道，待那头驴就像兄弟一样。有时牲口不安静，柱子隔着窗子叫一声"吁……！"驴就安稳了。

提起柱子伤心事，发生在他9岁那年。他父亲就是因为吃了苍蝇餐过的小米饭，才上吐下泻病倒的。那时他刚死了娘，没人照顾，被安置在南苑老家二叔家。他父亲病急赶紧叫人通知二叔，带柱子到京里来。赵大临终前把柱子托孤给二弟夫妇，并且嘱咐把他留下的产业，包括粪厂、三间半房子和道字儿全部过给二弟名下，唯一的条件是照顾柱子长大成人。

那时候柱子年纪小不懂事，他长大一点了有人跟他说："房子产业本来都是你爸爸留下来的，现在你二婶叫你睡驴棚、掏粪带赶车，你二叔当掌柜的。妈的！你真是个傻小子！"但是柱子左耳朵听，右耳朵冒，根本不放在心上。他爸死的时候他已经9岁，对事情经过知道得很清楚，父亲在世时粪厂的事一个人扛不下来，还请了长工伙计。母亲死后开销花费更大，时常闹穷，积下一些债务。所以在他病危时曾盘算过，如果把产业变卖了，会剩不下几个子儿了，留下孤零零的一个柱子怎么活呢？不如把产业买卖过给弟弟，一边经营一边慢慢还债。二弟媳很能干，将来这一家子

第二章　家世出身成长　故都旧事乡情

或许还有个好日子过，对柱子的事也就放下心了。何况所托付的又是自己的亲兄弟！

再说，睡驴棚是柱子自己心甘情愿的，又不是别人的主意。柱子对自己说："这样睡对我对驴都好。"

话虽然如此，柱子心里难免有点儿别扭，夜阑人静感觉孤单寂寞的时候，他会闷头哭上一阵子。不管哭爹哭娘，他都强忍着不哭出声音来，怕人听见笑话。偶尔伤心极了，也会呜呜地哭。这时大叫驴会隔着小窗户龇牙咧嘴地冲他喷口水，柱子很听驴劝，只要大叫驴一噗啰，柱子就不哭了。每回都会自言自语地说："没事啦！没事啦！"

二叔死了两天啦，柱子戴着孝办丧事，忙里忙外地着实很辛苦，有时忙到半夜两三点才回到小屋去睡。那晚他偷哭了一会儿，大叫驴没劝，他自己开始思前想后了，最要紧的是想：二婶在丧事办完后，会不会把粪厂让卖出去？如果二婶真的卖掉粪厂有心给他一份，这笔钱还可以当本儿去做个小生意，改行碰碰运气，粪厂这碗臭饭已经吃腻了；但若二婶镚子儿不给呢？唉！反正饿不死人的，算啦！凭柱子的人缘和干劲，别家粪厂掌柜会张着双手欢迎他的。

他盘算了半天没结果，自个儿反而睡着了。

第二天清早5点听见驴在槽上叫唤，二婶在正屋里哭丧，柱子急忙爬起来跑到前屋门口，冲里边磕了四个头。然后回来喂驴，喂完驴，套上车工作去了。因为旧时代茅厕简陋，倒马子（倒马桶）、掏大粪的不能歇工！所以柱子忙归忙，还要正常工作。

驴车赶到那夜遇上二叔的地方，大叫驴突然停步不前，柱子下车猛拉，大叫驴反往后捎！柱子想起一个法子，把系在腰里的白布孝带子解下来，蒙住驴的双眼，它就立刻往前走了。

柱子心想这驴真有点儿邪！更想不透前儿夜里到底遇见的是谁？偏偏刚好是二叔咽气的节骨眼儿上，说不定真的碰到了二叔的鬼魂儿了。

柱子不停地想，这个问题给他增添了不少的烦恼，但在他心中依旧没有怕字，却感觉着愧对二叔。

丧事办完，二婶最后拿了主意，决定继续经营粪厂。她仔细想过：如果把粪厂盘给别人，她自己等于把担子放下了，今后用不着操心劳力了。但是她一个妇道人家还能去做哪一行呢？总不能坐吃山空吧？万一钱花完了，她和栓子母子怎么办呢？何况柱子是个本分的孩子，家里若有个大变动，不知道邻居或南苑老家的亲戚会说出什么难听的话来。

柱子知道二婶做了决定，心里踏实了。不过另一件事还是让他惦念着，二叔的阴影一直存在心里，使他没头没脑地反复寻思。因为没有具体的问题，也就想不出答案来，为了这事柱子都显得有点呆了。隔壁好朋友张顺子问他，他才把前前后后说了一遍，顺子一听吓了一跳！"我倒是听说过，遇上这种事情会影响运气！不过既是你叔叔就不同了。你们是一家人，日有所思，夜有所梦，不稀奇。往后别挂在心上就行了！"

经过张顺子的这一番开导，柱子心情好多了。其实是柱子把事隐秘在内心，再加上钻牛角尖，影响了情绪，把话说清楚后就化解开了。

没多久内战日趋激烈！政府开始征兵，赵成柱21岁，赵成全19岁。堂兄弟俩都要去当兵。二婶花了法币7000多元买了一个壮丁，顶了她大儿子赵成全的名字，而柱子只有自己去军队报到了。经过一个多月的新兵入伍训练，就随着大部队开到南口前线。大概只有个把月的光景，柱子在作战时受了重伤，被运送回昌平县陆军野战医院。

赵二婶接到了军队通知，托街坊张顺子带着二栓子到医院去探望。

一位热心的军医领着他们来到一个大帐篷里边，在一张病床前边，查看一张纸牌子，"他是赵成柱，右大腿贯通。"医官指着病床上的伤兵说。

"大夫，什么叫贯通啊？"顺子问。

"贯通就是子弹打穿了右大腿，算重伤。大概一个月就能出院了。"

第二章　家世出身成长　故都旧事乡情

"我哥哥为什么还不能说话？"二栓子追问道。

"因为失血太多！如果伤口没发炎，下礼拜你们再来，他就会跟你们说笑了。"

"那，他的腿呢？"二栓子又问。

"还很难说，因为没伤到骨头，应该没什么。"

"噢！"二栓子不敢再多问了。

一个星期后张顺子跟二栓子再来野战医院探望，柱子果然恢复了知觉。他见到二栓子差一点儿没蹦起来！他张着双臂，二栓子扑了过去，两人抱在一起、哭成一团。柱子诉说挨枪经过，刚挂彩时还能跑，等到发现自己腿上殷红的血迹时，两眼一黑，全身立刻软了。刹那间，好像有很多事都要他去想。这时他生平头一回想到怕了。接着二叔的影子又袭上了心头，二叔还是那副不高兴的样子，在瞪他；不过却又怜悯他受了重伤，赶紧过来用他的两只食指，顶按住他大腿上被贯穿的窟窿眼儿。

"幸亏是二叔救了我！是他紧紧按住我的伤口，不然我早就流血流死啦！"

"别大声！让医官听到会不高兴的。"顺子悄声提醒道。

"不会，刘医官跟我说：我是在开战第二天早晨，卫生连在清理战场时，把我当阵亡的拉回师部的。搬尸的人发现我还活着，才急忙把我送到这儿来的！医官说是个奇迹！说我命大！其实是我二叔救我的！我亲眼见到他。"

"大哥！"二栓子说，"也许是吧！"

正如医官的推测，一个多月后柱子架着拐杖回到北平的家。他一进门却傻了眼，一屁股跌坐在地上，幸亏有二栓子扶着，否则会摔破了伤口。

柱子看见八仙桌后边的条案上，竟然多了一个新牌位，上边写的竟是赵成全的名字。柱子哭着吼着折腾了半天，二栓子拉着劝着，并且把他哥哥受伤过世的经过说了一遍。

柱子受伤的同天晚上，大栓子去喂驴的时候，这头大叫驴一直在闹槽，大栓子安抚不住，就用鞭子抽它，想镇唬它！可惜大栓子犯了大忌，竟然转到牲口屁股后边去，不留神挨了一蹶子。这一蹶子正踢中大栓子的小肚子，他当时大叫一声就晕了过去。二婶跟二栓子过来救，大栓子已经不行了，请医生来瞧没用了。大栓子竟如此冤枉地送了命。

"柱子！"二婶过来搀扶柱子。

"二婶！"

"孩子，这都是命啊！这一个多月来我想透了，是我不该偏心的。"

"二婶，我……"

"我知道，你用不着说什么啦。你活着回来是咱们祖上的阴德，是老天有眼！"二婶稍一停顿转了话锋，"这份家业是你爸爸当年留下来的，你二叔过世前，本来就要还给你，我想现在传给你也不迟。我已经找公会的先生帮忙办手续，一切字据都立好了，都记在你的名下。以后生意买卖全靠你自己啦！"

"您别这样儿！"

"我明白你的心意，我一时还走不了，以后你带二栓子好好地干就行了！"二婶站起身来，向赵二和大栓子的牌位双手合十，拜了几拜，叹了口气说："唉！你要是早就把遇到你二叔的事情告诉我，也许就好了！"

"二婶……"

"是呀，你二叔临死那晚想找你，他死了之后还和你见上一面，一了心愿。那时候他不是瞪你呀，想必有话要跟你说！"

"是呀！"柱子点点头。

"我接到军队的通知，说你打仗受了重伤。偏偏大栓子同一天出了事，只有托顺子陪着二栓子去看你，怕你伤得重，搁不住打击，特别嘱咐他们把这事先瞒着你。"

"二叔！"柱子趴在八仙桌上放声大哭起来。

"让他哭吧,长这么大还没听他痛痛快快地哭过呢!"二婶冲二栓子摆了摆手又摇了摇头,自言自语地说,"要是柱子喂那个畜生就不会出事的!"

"驴呢?"柱子满脸泪水、满嘴鼻涕地急着问道。

"它是畜生,宰了它也不济事!换驴还要花钱,哪来的钱呢?"

"等我的伤好了就可以退下来了,听说上边还会发给一笔钱。我以后会跟二弟一起好好干,会好好孝顺您的。"

闷葫芦罐里的苍蝇还是那么嗡嗡地乱飞,住家户渐渐地都装了电灯;但是路灯隔着老远的才有一盏。遇上风雨夜,那微弱而跳跃的灯光,活像个鬼火!住在这附近的人夜晚回家,深一脚浅一脚地怕摔跤!还要留神不要遇上……

闷葫芦罐里焊洋铁壶的老崔

"焊洋铁壶的"也是挑挑子,一头带的是烧热烙铁用的矮炉子。他们使用的"烙铁"现代话叫作"焊接器",用电力加热的叫"焊枪"。还要带有剪铁片的剪子,大小各式的锤子、钳子、方形的木锤、钢刷、锉刀以及一个笨重的铁砧等工具。焊壶的材料有:铁片、焊锡和硫酸。

因为工作时必须把修焊的铁器放在膝上,为了避免被火烫的焊器伤到肌肤,与腐蚀性强烈的硫酸损坏了衣裤,所以在膝上铺一张厚厚的帆布垫子。

洋铁壶的壶嘴最容易开焊,使用久了壶底会腐蚀漏水。有时候"铫(diào)子坐上火"忘了时间,水烧干了还没拿下炉子来,铫子底部会烧出一个大窟窿,都需要找焊铁壶的焊修或是换底了。

焊壶的修焊程序:就拿换壶底来说吧,先要把锈蚀或烧坏的部分剪掉一截,再照壶底合适的尺寸剪一片新铁,再把铁片与壶底四周折卷连接,然后在接缝上焊结实。焊接之处不论新旧铁,都必须用锉刮得露出"新铁"来,然后在刮痕上涂上硝镪水焊接才能牢固。

　　北平人管烧开水的壶叫"铫子",所以有用"半吊子"形容人才学、能力不够扎实。除了洋铁壶还有铜壶和锡壶。铜制的和锡制的价钱贵,一般家庭不多见。后来铝和不锈钢先后问世,取代了洋铁的地位,所以焊铁壶的就成了历史人物了。

　　老崔忙活了一辈子,勉强维持一家糊口,好赖把孩子养大,自己得了"咽厄"病死了。他的儿子克绍箕裘,接手家业担起了"焊洋铁壶的"挑子。

忘不了北平那些拉洋车的爷们儿

(一)

　　洋车的学名叫"人力车",天津话叫"胶皮",上海话叫"黄包车"。这种车是日本人发明的,传到中国之初原叫"东洋车",后来省略了一个"东"字,才叫"洋车"了。

　　拉洋车的大致可分为四类,"骆驼祥子"那样的车夫,都是向车厂赁车拉的,分早晚两班,按时领车交车交租。北平当年拉洋车的绝大部分都是这种租车的。

　　另外一种是自己花钱买一辆车,拉早拉晚自己个儿瞧着办;要不然白天自己拉,晚上租给别人拉。

　　还有一种拉包月的,连车带人包租给一个人或一个宅门儿,专门服务,照月支饷。换句话说:就用不着在胡同口等座儿了。

　　再一种是受雇长工,车子属于主人的,不拉车的时候要帮忙当门房,

第二章　家世出身成长　故都旧事乡情

打个杂儿什么的。

拉洋车是卖力气的苦差事，拖家带眷混生活，有时运道不好或遇上刮风下雨拉不上生意，连嚼裹儿都混不上！

记得十来岁时，日本军占领了华北，在北平城里见过不少凄惨情景。住在同一座大杂院里，大部分是穷苦人家，面对着无情困窘煎熬，表现出听天由命的服顺态度，想起来就心痛！

说到这里就要提一提张瞎子这个人，张的名字叫德安，视力极差，算是北平少有的一位"第五类拉洋车的"。

那时粪厂的粪夫已经成立了工会，这个民间组织没有什么作用。经费全靠资方公会的会费和乐捐，勉强维持工友张德安和一位老夫子的生活。到了日本军队进了北平之后，工会经费更形短绌，张德安只好借了一笔钱，买了一辆旧洋车，抽空就去拉车多挣点儿钱，日子才能稍微好过一点儿。自从老张买了洋车后，附近邻居出门，都会来问问张瞎子有没有空儿？没公事办就麻烦他送一程，车钱好算。老张是个矮胖子跑不快，不过熟人在路上聊聊说说也就不觉得慢了。

对张德安来说那一辆洋车太要紧了，因为这辆车子多少改善了他们母子的生活。张德安很乐天，反正是客串，够吃够喝就行啦！三天打鱼，两天晒网是常事。

不久北平城里出现了三轮车，他知道蹬三轮比拉洋车要轻省多了。虽然没钱换车，他也另有打算，再等两三年吧。反正三轮车总有旧了的时候，便宜点儿再换不迟。俗话说得好，有志者事竟成！大概是抗战胜利第二年吧，老张终于拥有自己的一辆三轮车了。

有这么一天，晚上了，大家伙都没看见张瞎子回来。张奶奶是由隔壁俞大嫂照应着，晚饭过后还不见张瞎子的踪影，邻居们有点儿沉不住气啦，七八个街坊分头去找，跑到半夜也找不着！

还是俞家二哥想起来，忘了到小车棚里边去瞧一瞧！大家拿着手电筒，掀起小车棚的席帘子一看，原来人车都在。近前看仔细，可怜老张已经僵在三轮车后座上了！什么时辰过去的？没人知道。

张德安是位可敬的朋友，他苦奔了一辈子，平常勤奋的工作好像只是为了吃，而吃的却是苦，从来没有听他说过苦字！他生性纯孝，为了照顾老母亲连老婆也不敢娶。他时常说："吃饱了一家子不饿！"这话只是表示自己孤家寡人，老了还在打光棍儿，其实他对母亲的生活尽了全力。前几天他知道老母只剩下最后一口气，心里非常地难过、哀伤！

张德安当过厨子，常为老母做饭食，只要有点儿活钱，母亲想吃什么，他就做什么。最近半年多来老太太一直病倒在炕上，他的手艺就用不上了。没想到他还没满60岁就先把灯油耗尽，居然在梦里不小心跌落到另外一个世界去了！

当时有人说：张奶奶是穷死的；老张瞎子呢？累死了！

（二）

旧时北平城里掏大粪的、粮店扛米的和饭馆里的厨子等多用山东人。开当铺的、放印子的、银号掌柜的、放账管钱的、商号账房先生等多为山西人。剃头理发的、修脚的、澡堂伙计和摇煤球的多为京东老塔儿（方言，指唐山、乐亭一带人氏）。而拉洋车的多半是北平本地人。主要还是因为本地人地理熟悉，街道位置清楚，言语通。万一遇到地方难找，拉车的话音亲近，问起路来顺当。

"借光啊，您！井家胡同怎么走哇？"

"您顺着我的手儿瞧！"那位过路的人回答说，"前边那一棵大白杨树，瞅见了没有？"

"瞅见了，瞅见了！"

"那儿就是井家胡同口儿了。"

第二章　家世出身成长　故都旧事乡情

"谢谢您啦!"

"甭谢,甭谢!"

言语投合问路就是方便;若是外地人初到北平,连东南西北地名都弄不清楚,听话说话都不大明白,就去拉车确实多有不便之处!

遇到有客人叫车,要先问:"去哪儿?"然后讨价还价。要的多,客人可以不坐。给的少,拉车的可以不伺候。通常客人要去的地方道远,所在偏僻,拉车的都会要高价。

如果遇上抱孩子的或拿重东西的,更会坚持价码儿。

"太太,您知不知道井儿胡同在哪儿呀?齐化门(即朝阳门)都过啦!起码俩钟头才能拉到哇!我跟您要五毛钱还嫌多,叫别的车吧!"

"谁说井儿胡同啦?是井家胡同!拐俩弯儿就到;要不是我抱着孩子,我才懒得坐车呢!两毛,去不去?"

"井家胡同,两毛?行!您请上车!"

像这样的对话极为普遍,尤其家门口的车,大家都熟了,车夫见了常客都会说:"您瞧着给吧!"

除非客人出手大方,否则您还是先说个价儿比较两不吃亏。否则拉到了地界儿,闹个给多嫌少,临完了抬杠拌嘴怄一肚子气,不上算!

虽然在上车之前说定了车资,可是拉到地方之后,拉车的有时也会多讨几文。

"先生您多赏点儿吧!井儿胡同我头回来,都到东城根儿啦,这一趟起码跑掉半双鞋!"

"上车之前说好的五毛钱啊!"

"先生,您瞧我这一身汗,道儿实在太远啦,您再多给二十个子儿好啦!"

遇见善心的被说动了,会多赏点儿烟酒钱。

若是抠门儿的半个子儿也不多给。等客人一转身,拉车的嘴里边就不干不净地念叨啦:"真孙子!说什么一过东四牌楼就到,妈的,蒙人!要知道这么老远的,给七毛也不来!"

(三)

北平城热闹一点儿的地段,大街边就会排放着三五辆洋车,客人来了难免大家争生意,相声演员常连安曾经碰到这么一档子事。

常连安住家在丰盛胡同,每天午后按时要在启明茶社说开场单口相声,所以准12点由家里赶到西单商场上班。

有一天,他刚走到胡同口,就有四五个车夫迎了过来。

"先生您上哪儿呀?"其中第一个问。

"西单商场后门儿。"常连安说。

"您给五毛吧!"

"就这么两步路儿,四毛,拉不拉?"常连安问。

"先生!"另外一位车夫为了抢座儿插嘴说,"三毛,我拉!"

常连安心想能省就省点儿,刚想上车。先前那车夫说啦:"一毛,我拉!"常连安才要转身上车。

"不要钱,我拉了!"第三位车夫搭腔说。

"你拉,你拉什么呀?拉你妈的哈咻!"

没想到车夫抢生意抢出了火气!结果两个车夫吵起来了!他们嘴里骂的都是客人!常连安心里说:我怎么变成"哈咻"啦?反正犯不上跟拉车的生气,安步当车走着上了启明茶社,上班迟到了十五分钟。

那天中午吉评三先到场,就由他上了开场,说了一段小笑话。他说:"一位外地来的人,刚到北平就租了一辆洋车去拉生意,在路上碰到行人,还当街跟人家争论吵架。挨撞的人见他不通情理,伸手打他嘴巴!他双手握着车把,就用车把去搪挡。路人知他鲁莽,不再与他计较,笑着走了！拉洋车的回头一看，发现车座上的客人不见了！兀自呆想着：'怪了！客人跑哪里去啦？''我在这儿呢！'客人在车子后边爬起来说。'你不是坐在车子上边吗？怎么跑到车子后边去了？''是你！'客人指着车夫的鼻子怒说：'是你一扬车把，把我给掀到后边去的！''"原来有客人坐车时，最忌掀车把！车子会因此而失去平衡，车座里的客人很容易被掀翻到车外的。车夫没有经验才会犯这项"翘把"的毛病！

（四）

洋车的构造可分三个部分，这三个部分是车座、车轮和车把。另外还有车簸箕下边的两只车脚，是在停放时保持车身平衡的，也能支撑着使车把不会着地。

车座宽约一米多，设有活动坐垫，坐垫下边是个储物箱。座位可坐两人，由踏板向前渐窄，成簸箕状。所以踏脚的这个部位叫作"车簸箕"。而车把就是沿着车簸箕安装在车体下边的。车把类似大车的车辕，把长大约两米，粗如鸡蛋，恰合双手握实。洋车因须使用人力拉车，所以两条把棍的距离约为60多厘米。

大宅门的自用洋车，有的打造得非常豪华讲究。车身较一般营业用的要宽，车体油漆闪光发亮，扶手两边装上一对铜制的大煤油灯，车簸箕下边装一只大踩铃，车把上头和车棚架子接榫处所镶装的铜器，都打磨得锃光瓦亮。那个时代能拥有这么一辆洋车，不但时髦，也够摆阔的了！

说实在的，坐洋车最能显显神气的，大概就是那只装在脚下的大踩铃了。坐车走在街窄人稠的地方，车主人脚下一踩，"当"的一声，准能吓人一跳！您瞧吧，车上的人可臭美啦！

说起来，真正有钱人不会这么烧包的。在前门外大栅栏儿和廊房胡同一带经常看见这种情形，八成都是窑姐儿们招摇过市。

替八大胡同红姑娘拉车的，都是年轻力壮的俊小伙子。细高挑儿、腿长脚快。这些人"冬青夏白"都是穿成套的衣裤，两条裤腿儿常扎上一双飘带（窄的绸腿带子）。拉车时两只胳臂耷翅着，跑起来像飞一样。打扮得妖妖艳艳的妓女，偶尔故意"当"的踩响铜铃，车子奔驰而过！似乎拉车和坐车的都觉着非常威风得意！

（五）

北平城的旧时小区到处布满曲里拐弯儿的大小胡同，有的只能容下一辆洋车通行，宽一点儿的会车时要慢慢地才能勉强通过，跑得快了难免"对"到一块。如果遇到老实的说一声："没留神，没碰着您吧？"双方一客气就没事儿啦；但是这两造若都是愣头愣脑的，碰到了一块儿，恐怕非要觊一架不可啦！

"嗨！没带眼睛出来是不是呀？"

"你这孙子说话怎么这么难听啊？又没碰着你！"

"妈的！你要是碰着我倒没什么，如果你碰坏了这辆车子，你可赔不起！还他妈没碰着！"

"车子我是碰不起，你这孙子我是非要碰碰不可！你也不打听打听我于化龙！像你这样的，我一根手指头就让你回老家！"这时于化龙把车子放下，脸色沉了下来！

"你想打架？怕你！"

"二胜！"坐包月车的掌柜的叫住了车夫，起身下了洋车说道，"常言道：北京城乃是藏龙卧虎之地！果不其然在这儿遇上于大爷，还请于大爷息怒，不要跟这小子一般见识！"

"好说，好说！"

"二胜，快跟大爷赔不是！"

第二章　家世出身成长　故都旧事乡情

"掌柜，他差点儿……"

"别不懂事！"掌柜拉了二胜一把，叫他往后站。再冲于化龙一抱拳说："我这拉车的新上工，没见过世面，请别见怪。生意要紧，您先请！"

"大爷别客气，开罪您啦！您先，您先！"

二胜愣啦，等于化龙抄起车把走了之后，掌柜才上车。

"大爷刚才？"

"北京城到处是人物哇！十多年前我曾见过这位姓于的一面，那时还时兴保镖，如果记得不错一定是他！"

"谁呀？大爷。"

"就是连升镖局的镖师于潜，幸亏他道出了字号，让我叫住了你，否则你挨揍挨定了。"

"就凭他这糟老头子？"

"人家出手之前先道了字号，早先是他们的规矩，怕万一出手重，免得你死得不明不白！"

"好家伙！"二胜心里还是半信半疑的不太服气。

民国以后保镖这一行渐被时代淘汰，于潜就是走过镖的武师，镖局收拾了他也就跟着没落儿了，拖家带眷的总要找个营生。其实于某人日子并非全过不去，江湖走惯了，就怕给人使唤来使唤去的，所以不愿意出来找事伺候人；不如买辆洋车，隐名埋姓拉车挣钱贴补过日子，反而自由自在。

于化龙就是于潜的化名，住家在宣武门外火道口，他的车子就摆在上斜街。他曾经收过徒弟，日本人统治华北后，在家里收留一群年轻人练武会有麻烦，所以他的那些徒弟都另谋出路，有几个跑到天桥摔跤场子混饭吃去了。他自己也由虎坊桥搬家到火道口，因有一身江湖气息，街坊都知道他是个练家子，不过没人知道他曾当过镖师的底细。

以前走镖的武师除了武功好之外，还要会使镖或其他暗器。因为万一中途遇上劫镖等事情，身上有镖才能多对付几个。

另外一般保镖的还会"喊镖趟子"。"喊镖趟子"有好几种作用，通常喊出镖局名号，知会前途上的绿林朋友，也能够保持车队、人马互相联络。如果要通过狭窄弯路之前也要"喊路"，试探去路有无对面过来的车马，互相打招呼让路，避免双方挤堆在一起进退两难。

北平拉洋车的走到窄小胡同里要拐弯之前，也要"喊路"。

"往东去！"或"我往南去！"

这表示他就要在前边往东拐或往南拐，如此时东边或南边胡同里有来车，听见了也会喊："往西去！大哥让一让啊！"

北平洋车的把上也有装手按喇叭的，不过为数不多。

北平的电车

北平的客运交通，除了人力车和为数不多的小汽车外，最著名的公共交通工具就是电车了。那时穷人出门都是走着，而乘"铛铛（diāng diāng）车"是快捷的享受。不过北平电车线路有限，在电车上混碗饭吃也是十分不易的差事。

北平电车总站设在天桥对街，电车线到了前门站便分东西两路。东线北到新街口，往南到哈德门（即崇文门）。西线北至北新桥，往南拐弯到顺承门（即宣武门）。东西向有两条，一为长安街，另一为骡马市大街。各路都衔接，亦各有路线，交叉行驶。

在旧时代，电车对北平市区的交通有不可磨灭的贡献。以前的老式电车需要铁轨，因在市区行驶，车站又多，因此情况变化多端。驾驶员都站立着开车，全神贯注调整车速，不时发出"铛！铛！"的铜铃声。我亲眼见过电车司机修理这种大铃铛。大铃铛装在驾驶台车底下,形状像个大铜盘,直径应有40厘米,厚度应有2厘米,由司机脚踩机制铁锤敲打发声,踩一下响一声。开车前、转弯处、前面有人过马路……司机都会踩车铃。有时候司机在站距较长的路段上驾车时也会"表演"踩铃,曲谱为:"铛得了零丁,铛得了零丁,铛……铛得了零丁,铛得了零丁,铛……铛得了零丁,铛得了零丁,铛铛铛……"可以重复发声。到了站远路静的地方,车速也开得很快。

老北京采用的是有轨电车,天上有电线,地上有轨道,不得任意改道行驶。因此北平有"电车上马路——没辙"这句俏皮话。还有电车上不断发出的"铛铛"的铜铃声,所以北平话管它叫"铛铛车",也有把口音的外乡人士叫作"怯铛铛"。

电车上卖票的、收票的都是一个人干,他们不一定穿制服,但总戴一顶制式的帽子,肩上挎着一个书包样子的"钱袋子",脖子上挂了一个铜哨子和一块木板。各路段不同颜色的车票,都用大橡皮筋固定在木板子上,帽子下边或耳朵上边,塞着一只红蓝铅笔。乘客上车打票,卖一张用红蓝铅笔画一张。

他们成年在车上工作,已经练就一身稳定功夫。他们卖票、收钱、找零儿、画票、撕票,两只手一直不闲着。所以在车子行进时,抽不出手来扶,只要把两脚一叉,就能站得稳如泰山,紧急刹车都摔不倒。

在那个年代,社会上有很多特权人物,坐车用不着花钱。尤其是便衣警察、便衣宪兵,这些人对电车售票员有很不同的响应方式:卖票的查票或收票时,有些人物会"亮一亮派司(证件)";有人会说"我是局里的"或"我是队上的";可是有人连话都懒得说,只是点点头或使个眼色来表示身份。

听说沦陷时期,有个卖票的仰仗有点儿后台,不长眼,遇到官面上的人也不知道客气,对方跟他点头,他还是伸手"要收票"。那人又跟他使了一个眼色,他依旧不买账说:"我跟你收票,你跟我飞什么眼儿啊?"那名公差火啦,伸手给了他一个大嘴巴!并且骂道:"他妈的,我是日本宪兵队的,正在盯着一个重庆特务!你他妈的不长眼睛!让你这么一耽误,那个人可能让你放跑了!那我只有把你带回去了。"

卖票的一听立刻两脚一软,扑腾跪在地上了!好话说尽,请求原谅……

您想想,在那人鬼颠倒的年月,还有国人的尊严吗!有些民族败类沦为汉奸,认贼做父,不以为耻,反以为荣,依仗外鬼,欺压本族良善。而另一些人,欺软怕硬,自甘为奴,甚是悲哀。而藏在大多数北平人心中的是满腔的怒火和难解的仇恨……

天桥八大怪中的"大兵黄"

天桥曾是南城最热闹的地方,多少艺人寄生于此,充满了"江湖气息"。大戏棚里边有唱京戏的、有唱落子的、有唱大鼓的,小场子里边有唱河南坠子的、变戏法的、摔跤的、练把式的、表演杂耍的,路边还有拉大片的、卖日常用品的……

大戏棚像戏园子一样,早时坐下喝茶听唱,要付茶资。后来改成一排一排的座位,按段按场向客人"打钱"。40年代后期听众进场就要收门票钱了。但小场子则不然,客人站着围观,艺人要收钱时,后边的人先散啦。如果囊空如洗,只好摇摇头,要不然,说一声"下回给"也行。这是大、小场子不同的地方。换句话说,逛天桥只要不进大棚、不买东西,是可以不用花钱的。

"天桥八大怪"是个统称,不一定只有"八怪",历年历代人物各有不同。而"大兵黄"是特别一怪,他本名叫黄才贵,后改名黄德胜,字

第二章　家世出身成长　故都旧事乡情

治安。因其身体高大，当过兵，故得"大兵黄"绰号。"大兵黄"少年时曾拜董海川（清中叶人，八卦掌名家）第一代传人学习八卦掌和八卦门器械。20岁以后，先后在张曜、马玉昆、蒋桂题、张勋等军阀部下当兵，并于1894年参加过甲午战役。1917年（民国六年）7月张勋复辟失败后，"大兵黄"从张勋的"辫子军"中退役，因生活没有着落，遂落魄天桥卖艺。初期，尚练些武艺，后来转变成专门针对军阀权贵人物进行嬉笑怒骂。

我从十来岁跟着父亲到天桥闲逛，见到他，就觉着这人本事不小，他一不会练，二不会唱，光凭着"泼妇骂街"混生活，就足以称怪。他不骂穷的，不骂没钱没势的，专骂时人时事，当政缺失！满嘴粗话，诅天咒地，祖宗八代都骂！特别是日伪时期他敢骂日本鬼子，出了老百姓心中的恶气！有时候骂得发了火气，就把手中的木杖跌摔在地！他骂完了一场后，并不伸手求讨赏钱，而是兜售他自制的药糖。这个人岂不是特别的怪吗？

说到此处，突然想起了当今最会骂人的李敖，由此可知李敖虽是大师级的骂人专家！但并非"前无古人"。我必须在此说明，李敖先生毕竟是著名学者，与"大兵黄"这类江湖艺人，并不适合相提并论；但两位都因公开骂人而赢得"怪名"却是事实。

"大兵黄"体格魁梧健壮，他的穿戴打扮很像清朝的皇帝、王爷，头上常戴一顶黄缎子帽头儿（即所谓的"瓜皮帽"），帽子上边还镶缀着一块"翠玉"。身穿一袭黄色长袍子，那外表、面貌、架势都有几分气派！不过他的肩上还挎着一只装药糖的大布袋，手持一条粗木棍。

记得他的场子在天桥最西边的空地上，除了天桥外，"大兵黄"也跑土地庙等庙会市集。他找一块空地，往那里一站，只要有人围起来，他就开始发表言论，带有冀南、鲁西口音，声音洪亮。针对时弊与贪官污吏，说长道短。因为当时年代，中国国境内相当闭塞，民风保守，有些事情老百姓敢怒而不敢言。在茶饭馆里边，普遍张贴着"太公在此""莫谈国事"的字条，与"静坐常思己过；闲谈莫论人非"的对联，劝人不要随便说话，小心祸从口出！于此可知"大兵黄"的特立独行，确实给小老百姓们一种"解气"快感。

当初听"大兵黄"骂人，正逢中国抗战时期，华北沦陷在日本人手中，很多人听"大兵黄"开骂，却替他捏一把冷汗！也有人往反面思索，猜想日本鬼子们为何纵容他公然指桑骂槐？

"啊！大兵黄让日本宪兵队给抓起来了！"果然社会传出这样的谣言，掀起小小的波澜。连我都想过："这一下子完了，大兵黄进了日本宪兵队，不死也要脱层皮！"

"大兵黄"的确曾被外五区警署多次拘禁，但是过了一段时间后，"大兵黄"又出现在土地庙后身儿，依旧骂声铿锵！确实表现出一股无所畏惧的英雄气概，客观上对激发大众的抗日情绪起了一定的积极作用。

文人金寄水（1915～1987），作过一首咏《大兵黄》的竹枝词，略谓："骂不绝声立广场，群皆瞩目大兵黄。官僚军阀从头数，博得游人笑断肠。"

旧时北平老百姓生活不易，日伪时期更遭罪，吃混合面个个营养不良，春夏一到开始闹"霍利拉"！所谓"霍利拉"就是霍乱。这种病症属于传染病，因此在春夏季开始强制注射预防针。北平人非常畏惧"扎针"，更怕这些新药物的严重反应，所以都想尽办法逃避，有时候甘愿出钱买"扎针票"（即《注射证明书》）。华北政府为了防疫就在各城门关卡设置"扎针站"，检查行人有否注射预防针，如果没有就立即当场扎针。有些"见针就晕的人"只好待在家里甘受罪，不出敢门。

读《日寇"以人换煤"罪行》文中记载：

> 日本人侵华时期曾在北方各省诱骗大批劳工到煤矿挖煤，掠夺中国的煤炭资源。这些劳工都遭到非人看待，住进阴暗潮湿的房子，吃

第二章　家世出身成长　故都旧事乡情

的是没有营养的糠麸食物，喝的是井下的污水，再加上水土不服，很容易消化不良拉肚子。医生常常立断病人是患了"霍利拉"，为防传染便将病人隔离起来。由于不能工作生产，食物减量减半，这样一来病情只有加重，很难恢复健康。几天后，日本鬼子便把病人抬出去活活扔进"万人坑"，或者活活拉到"烧人场"烧死。

北平白纸坊崇效寺后身儿也有一处这种"苦工集中营"，里边关了几十个从外地抓来的劳工，因此此处"闲人免进"，四周院墙都装设铁丝电网与外隔绝。所以日本人当时驱使这些人究竟干了什么工作？连住在附近的人都不清楚。只是传说右安门以西一带挖城墙角和地洞，准备储存战略物资，可惜始终不得证实。

记得1945年8月日本军队投降后的那几天，有百十来个日本兵都集中在那个地方，有些曾经受过日本人欺负迫害的人，纷纷前往辱骂殴打！那时他们已经缴械做了降兵，情势扭转，以往那种盛气凌人、欺压中国老百姓的样子都没了，态度变得温顺多了。

抗战胜利前两三年，那时我在财政部印刷局做工，每天经过这里，大门口都有日本兵站岗把守。时常会看见两个人用担架抬着一个只剩下骨头架子的尸体，装车运去埋。

中国人能忘了这民族仇恨吗？！"大兵黄"骂出了北平人心中的恶气！

而北平老百姓在这艰难岁月里是怎么过来的，真是一言难尽。"大兵黄"靠骂人卖药糖为生，有手艺的靠技术吃饭，没手艺的做小买卖为生，一点本钱都没有的人只好卖苦力，这些人生活最为凄惨，就是吃了上顿没下顿，有了早上没夜晚地苦熬着……

当年闷葫芦罐4号甲和5号甲两个大杂院里，就住着不少耍手艺的或经营小生意的人家。其中有个老张是专门用红模子印信纸信封，然后再背着货箱子沿街叫卖。还有个老崔以焊洋铁壶为生……都算是有手艺的生意人。

补漏如新手艺高——锢炉锅的

锢字音固，锢炉是用熔化碎生铁修补破锅的意思。有人写作"箍鲁锅的"。

"锢炉锅的"串胡同做生意都挑着一副担子，口中吆喝的就是"锢炉锅"。通常有两个人同行，分工合作。

担子的一头是个大风箱和一个能够熔化生铁的火炉。熔铁容器是耐火的小陶杯，陶杯极似大酒盅。担子的另一头是一个大箩筐，携带着工具、废生铁片、煤炭和一只很像椅子腿的粗木架子。

早年家户炊煮都使用生铁锅，又笨又沉，不小心掉到地上或使用久了，不是摔裂就是使出一洞来。那时代一只铁锅价值不贵，如能修补就凑合着用，谁都不会当作烂铁卖！

锢炉锅的被顾客叫住，先看锅，后讲价。价钱说好才摆摊生火干活，一个人拉风箱，另一个坐在小板凳上处理破锅。

首先把一条厚厚的帆布垫铺在膝腿上，同时把双脚也盖住，是为避免被滚烫的熔铁或火花烫伤。

修补小锅时，铁匠就把锅搁在膝腿间工作。若补大号的锅，就要放在粗木架上支着处理了。

锅若摔裂一条长缝，锢炉锅的会在缝隙上每隔三寸左右，用小铁锤敲出指头般大的圆洞来。等火炉里烧炼的生铁熔化变成红红的铁浆后，锢炉锅的用一块厚厚的帆布片，上面铺半寸厚的土灰，用左手托在掌中。右手用铁钳夹起烧红的小陶杯，把熔浆适量注倒在土灰中央。然后伸手由锅底托在敲出的小洞口，使部分熔浆挤进锅里。右手再持一只棉布缠成的棒子，立即挤压突出的熔浆。左右手同时压合，稍后熔铁即已凝固，补锅的重要工作即告完成。如果裂缝长就要多锢上几个洞才行。这就是锢炉锅的技术和工作程序。

锔炉锅的生火用的是焦煤。小陶杯是炼钢炉心材料制成，烧不化。炼铁片时要把小陶杯放在炉火中心，再用红煤掩盖住，上面还加上一个生铁盖，这样才能使炉火温度升高到足以熔化碎铁。

生铁锅是翻砂铸成，有时新锅也会漏水或泅水，家庭主妇会自行处理，方法是用食油和一些面粉，在锅内的缝隙与砂孔上用手指涂抹，然后在火上烘烤即可塞住漏水的洞隙，这一招很有效！旧锅有小漏水也用此法解决；但若处理后仍照漏不误，那只好找锔炉锅的了。

当年儿童们没有什么好玩的，胡同里无论来了什么做小生意的，只要他一驻足，小孩子们都围上来看热闹，锔炉锅的尤其少见！他的生火、炼铁、锤锅、锔锅等工作都很新鲜，为了好奇更是吸引儿童围观；但锔炉锅的火炉会迸出火花，滚烫的熔铁也充满了危险！所以锔炉锅的会把小孩赶得远远的，以免万一烧着烫着别人家的孩子，那可不是闹着玩儿的！

三丈高棚平地起——棚匠

棚匠是旧时"搭席棚"的专业工匠，台湾至今仍有同样的工作者。每逢在户外举办活动聚会就请人临时搭起棚子来遮风避晒。不过两地搭棚的方法、技术与使用的材料完全不同。

以前读过几篇关于"棚匠"的文章，都夸赞北京的师父功夫第一，尤其夸说：北京棚匠搭棚架不挖坑，不用铁丝，不用铁钉，只用麻绳绑却稳固耐用。

有钱人在住家院子里都搭上一座"天棚架"，夏天来时缝上苇席遮蔽酷日灼晒，秋深后把席子拆掉充分接受日晒。

天棚架的主要梁柱材料用"杉篙"（俗音：沙高），棚顶与细密的地方用中号的长竹竿，扎绑连接一概用麻绳，绳结永远不会松扣，这是一门技术。架子扎好后再铺苇席，用较细麻绳缝在棚架的竹竿上。靠天井中间部分与东西向两边的席子是可以卷动的,每天上午日光太强才放下来乘凉,到了太阳下山前拉卷起来通风,遇到阴雨天卷起来避免接存雨水。

苇子制作的席叫芦席,北京人都在炕上铺一张芦席,所以在家里边都叫"炕席"。炕席大概可以用个四五年;但是天棚上用的席子,每天都要接受风吹、雨打、日晒,很容易破损,最多能用两年。

老北京人家办红白喜事也会搭棚,这是临时性质的棚子,搭法也是一样。以前在战乱时期,北京住了不少的赤贫人家,到了冬天无处栖身实在可怜,很多善心人士在各处找大片空地搭建"粥棚",每天舍粥供应穷人饭食,大席棚供给无家可归者住宿。幸亏冬天有雪无雨,不担心席棚漏雨;但是芦席有空隙,西北风刮起来,虽在棚里边还是会冻死人的。

因为这种粥棚都搭建在空旷的地方,立柱需要埋在半尺深的地里边作为基础,才比较稳靠。

台湾不出产芦席,搭棚都用厚布做围,大竹竿搭架,用铁皮盖顶,全部使用铁丝绑扎。这跟北京的搭棚文化完全不同。

横竹竖线遮窗门——织竹帘子的

大约在40年间,曾经见过一次"织竹帘子的"在当院工作,另外还看过带着工具与材料到家,替人现场织打的情形。

当年北京旧式房屋门窗多挂帘,冬天为挡风挂棉门帘,夏天为透气、挡蚊蝇挂竹子门帘,里屋的门上挂单布帘。

住家在东屋的到了夏天怕日头西晒,只好挂帘子遮挡阳光,下午日头偏西就把帘子放下,到了太阳下山再把它拉起来。

有时候买现成的竹帘子尺寸不合,多一段不好剪,短一截不能接。尤其是窗子大小不一,不容易买到满意合适的。所以就请做帘子的工匠来家量做,说好价钱后,第二天把工具和材料带来,在院子里边当场编织。

主人有兴趣和空闲可以监工，有意见当场沟通，希望做到尽善尽美合用为上。

工匠先把粗竹竿或木条固定在工作架上，然后照着量好的尺寸距离，在竹竿绑上纵线（绳），线绳的间隔距离，要看材料粗细与帘子尺寸大小做决定。当然越密越结实，但也越费工料。

纵的绳线绑拉妥当后，即开始一条一条地把竹篾编织上去，每一条都用细棉线绳编扎紧，编扎尺寸足了自然成帘。

这个手艺看起来简单容易，却也很讲求编织功夫。每根竹篾都要扎得平整，否则一根歪了斜了都交不了货的。

竹帘编好后要在两侧缝上布边，挂窗用的顶边还要加挂小滑车，穿上拉绳才方便使用。

做席子的带用的材料是整棵的苇子，做席时现劈、现整、现织。工匠的手好像已经练出不怕刺割的功夫，手法熟练，编织的速度很快。他们同样按照顾客所需的尺寸编制，当场交货。

串街敲鼓收旧货——打鼓儿的

"打鼓的"跟"打鼓儿的"可是两回事！打鼓的，可能是在戏台上打、练武把式时打或者是打西洋乐鼓。但加了儿韵变成"打鼓儿的"，就是老北京一种特殊行业"收买旧物品"者的生意人了。

金受申先生在《老北京的生活》一书中《小市》一节亦提到"打鼓儿的"。他说，打鼓儿的分"打硬鼓"和"打软鼓"两种，实则所打的鼓相同，"硬""软"系以营业高下来分。这与我在北平看到的和记忆中的情况有所不同，所打之鼓确有不同。

打鼓儿的串胡同做生意，挑着轻轻的担子，手持一只小皮鼓，敲出尖锐有致的声音作为招徕顾客用。专门向住家户收买洋瓶子、旧报纸、旧衣、旧家具等物品，再到旧货市集摆摊贩售或卖给废弃物回收商。这种买卖人叫作"打软鼓儿的"。

另一派"打硬鼓儿的"，出来时都穿袍子，不挑担子，肩上挂着一个蓝包袱，带着算盘、放大镜、试金石和戥子等工具。打的小鼓更细小，声音更尖锐，嘴里吆喝："收买金银首饰、名人字画、古玩玉器。"

如果他们遇到大笔值钱的东西，个人本钱不足，就会邀集同行合资，共辨货色、分担风险。若仍不足就转介古玩店老板出面，交易成功时他们照收佣金，只是少赚一点儿了。

持鼓的方式，是以拇指食指捏住上下边缘，中指支撑鼓背，鼓面向外。另一只手持"鼓键"反手击鼓的中心。由于鼓面只有弹丸般大，需要练习一段时间，才能准确打出声音来。鼓键子是用藤批作的，约尺余长，尖部缠上约寸许的薄皮子条，以便打响小鼓。

打鼓儿的收来的旧货，要到"小市儿"（现在称为"跳蚤市场"）上去卖。这里同行交易，要用"行话"或"掐手"交谈。一到十的数字为："土、月、牙、黄、蹳、拐、摽、线、庄、勾"。读同乡前辈沙铮先生《袖底乾坤》文章，这十个数字却写为："姚、月、牙、黄、岔、表、之、庄、必、土"。与我所记，居然有如此大的差别。猜想，也许是行业不同，所用有异的关系吧？

1948年3月我从东北回到北平，一时之间谋职不易，于是跟邻居小种两人合筹小本钱一起去"打鼓儿"，所以有着个把月的做生意经验。打软鼓儿的一根扁担挑着两个箩筐，穿街走巷，一边吆喝、一边打小鼓儿，专门收买人家家里没用的东西，旧报纸、洋瓶子分门别类卖给回收业者。其他有些不属回收的东西，像旧衣服等，每天下午三四点钟都聚在宣武门外大街"小市儿"上摆摊贩售，傍晚上灯前收摊。我所用过的小鼓，直径大约只有四五厘米，厚不到两厘米。木雕壳，牛皮面，形状类似京戏武场上的"单皮鼓"。具体而微，两者大小相差百倍。

当年我们所走的路线在宣武门路西一带，包括：头发胡同、二龙坑、南沟沿、丰盛胡同，等等。记得在南沟沿有一家很漂亮的茶馆，设在一所三合小院里，石桌石凳环境很幽雅，茶水钱很便宜，每天常有几个打鼓儿的在这里歇腿、啃窝头、吃油饼当午餐，合得来的碰头聊天，甚至交换一些情报。比方说：

"鹦鹉胡同那个太太成天的叫打鼓儿的，3个美国洋瓶子要300块，不出价她还骂人！你们有没有被叫进去过呀？"

"劈柴胡同18号南房那家有一张破八仙桌，硬说是王爷府里边出来的，桌子腿都摇晃啦，还要当硬货卖，谁要啊！"

"你可别这么说！听说以前有个打鼓儿的就是不嫌烦，有一家要搬家，清理出一大堆几十年前的旧首饰盒子要卖钱，曾经叫过10个打鼓儿的来看，没有一个看上眼，都认为穷嫌富不要，没办法卖钱，所以都是回头就走。单独这小子随便出了个价钱，没想到卖主卖啦！他当时心中还有点儿后悔；但做生意的既然出了价，也就只好花小钱买下来了。因为这家真是清朝皇家后代，首饰盒子都摆了几十年，但是看得出来做得非常讲究，有缎子面的，有细绒布面的，还有用黄绸子包着的，就是没有楠木盒子，所以大家都认为不值钱。等这小子挑回家，把这一堆盒子刷刷弄弄的时候，竟然发现一支盒子里面还插着一对细工打造的镂空黄金花蝴蝶别针！还镶着红蓝碎宝石，虽然轻轻的没什么重量，但应该很值钱。"

"唉呀！这是真的还是假的？"这小子一见真是又惊又喜又是疑问。第二天他找内行亲戚鉴定，确实珍品，价值不菲。这一下子打鼓儿的发啦！

"你先说，你说的是真还是假吧！别胡说八道啦，哪有这种事情！"

大家吃饱喝足又分别出挑做买卖去啦。

阴丹士林大五幅——卖花洋布的

北平街头卖布的小贩背着上百斤的大布包，手摇一只长柄的拨浪鼓串胡同做生意。街坊住家听到"卜楞卜楞"的小鼓一响，就知道卖布的来啦。

卖胭脂粉的也摇小鼓，这种鼓叫作"货郎鼓"，和拨浪鼓是不一样的。货郎鼓是小鼓和小锣组合安装在一个把儿上，摇转时鼓和锣一起响，样子很特别。

卖布的除了摇鼓还要吆喝，吆喝时都略带外乡口音"卖花儿洋布喂……"！听起来比京片子来得亲切，感觉着实在可以信赖。卖布是个吃力的苦事，出去做买卖要把全部的布料背着串街，少说也有七八十斤重！所带的布料多时兴样儿的，不过漂白布、阴丹士林、竹布等还非带着不可。

有些好说话的太太们，可把卖布的叫到院子里来，否则卖布的就把布包袱往谁家门前的上马石上一放，让顾客们挑选布料买卖就做起来啦！

"今儿个您是第一个主顾，新料子您先选。还有好几块布头儿，长一点儿的可做小孩衣裳，短的可做包袱皮儿。"卖布的进货时在布行收一些不够剪裁的短布，便宜点儿卖，为的是拉主顾。

"带竹布了吗？"张大婶回问。

"有，有！我拿您瞧，做大褂儿还是？"卖布的先把别在大包袱上边的尺子抽出来，插在后脖领上。然后解开了大布包，大约十好几匹布料分两摞并排放着，各种布色一目了然。顺手抽出了一整匹浅蓝稍绿的竹布，摆在布包顶上："您要量几尺？大婶。"

"给我女儿做制服，要几尺才够哇？"

"啊！您家小姐考上北京女师啦，是不是？"

"哎哟！你怎么知道的呀？"张大婶奇怪地问。

"我可不会神机妙算,昨儿个前边的吴大妈叫住了我,说她家大小姐考上了北京女师,要做竹布大褂儿当制服。"

"真的?我还以为我那丫头瞎说哪,她说成衣铺有现成的,可是太贵啦!"

"那可不是,买一件要三件布价钱。您做的要比买的禁穿多啦!"

说来也奇怪。卖布的若是不走运,串半天胡同也没人叫;但若一旦被人叫住就有大群人围上来,说话间街坊四邻好几个妇人围过来,七嘴八舌地问布样儿、问价钱。

"做一件旗袍要几尺?"张大婶问。

"要六尺半。这样吧,您不如撕两件,裁起来起码要省一尺布!您可别打价儿!老照顾主,我算您本钱一尺二十个子儿,半尺零头儿就算奉送了。"

"好吧,有话说在前头,你可不能偷尺。"

"我走您这条胡同可不只一年,大家伙儿都知道我这卖布的实在,卖的着卖;卖不着不卖。如果您跟我买布,日后若是短了尺寸,我甭说赔您,您就叫人打断我这两条腿!"

其实很多卖布的偷尺,明明看着他一尺一尺地量足尺码,量完了还多饶两寸;但等缝做衣裳时,才发现布不够剪裁的。自己拿尺一量才知短了好几寸,做裤子差半条腿儿,做衣裳少个袖子。您说:这不是太缺德了吗!但是常在一带走动的就不敢偷尺,否则邻居们一吆喝!"砂锅捣蒜——一槌子买卖!"没下回生意了。

代马输卒自奋力——拉排子车的

老北京时代缺乏电力和机械动力,一切活动都要仰赖畜力,如无畜力只有靠人力。那时有很多从事劳力工作，赚取微薄工资维生的人一般都被称为"苦力"！像拉排子车的、夯地的、扛活儿的、窝脖儿和拉骆驼的等。其中以拉排子车的和窝脖儿最为代表！

老北京公认拉排子车的为"苦力"之首，乃是基于事实。像拉洋车的也是凭劳力吃饭，却不能上"苦力"之榜。原因是洋车比起排子车轻省太多了。

排子车类似大车较为窄小，车轮也矮。因供人力拖拉所以车把（大车称作车辕）不能过宽，车身前端中间挂一条很宽的"襻"。拉车时要把襻挂在肩上，以便全身使劲儿才能拉动重车。两只手把持车辕保持车子平衡。

民国年间，排子车没有两侧的护栏，车面镶钉着三寸多宽，平整光滑一排排原色木板，这大概是排子车名称的由来。"排"字北京土语发音是破音，读第四声。如迫击炮的"迫"字是同音念法。

北京话管身材矬胖的人叫"地啦排子"，即由排子车而来。

车上装载的货物要靠绳索捆绑固定，装运箱柜家具算是轻的；若拉粮食类的货物，动辄千八百斤，没有力气拉不动弹的。途中遇上斜坡可真累死人呢！

到了夏景天，拉排子车的都光着脊梁，看他们的双臂和前胸的肌肉都非常发达；但那结实的肌肉，并不完全代表健康！因为他们吃的苦比吃的营养要多得多！并且在拉车或搬卸货物时，常在无意中受到伤害。

车夫拉车身体要向前曲，两腿后蹬！使足全力才能拉动车子。上坡路段更须加倍用力，牙关紧咬，头筋暴露，眼珠子也像快努出来一样！那种痛苦的样子，我只能说不忍于心，于心不忍哪！

您见过吉尼斯纪录大力士拉巨型客机的镜头吗？拉排子车的跟他同样一个拉法。

第二章　家世出身成长　故都旧事乡情

千斤重物一肩扛——窝脖儿

北平"第二号苦力"是"窝脖儿",而窝脖儿是哪一行呢？就是搬运工。他们多半替人扛送木器家具,无论是八仙桌、大衣柜、条案、书橱或椅子,件数少、路途不算太远,都可叫"窝脖儿"运送。

他们扛东西前先把脑袋往前斜伸,在颈和肩的部位加了棉垫子,放货的方法是把物品的平面接触颈肩部,走路的时候要小颠儿着(即小碎步慢跑)。日久年长后,这些工人脖子都是歪的,在后脖颈上也都会磨出一大块的赘肉包来。

另外在粮食店或煤栈也有一种"扛活儿"的。北方话"扛活儿"是"工作"的意思。当货物运到目的地时,扛活儿的就要背货入店进仓。以前装粮的大麻袋约重60公斤,洋白面每袋约重22公斤。扛活儿的一伸脖子、一弯腰,两手抓住大麻袋的两个角,猛地向上一提一举,身子顺势向后一拧,大麻袋就上了肩了！一趟最少扛两袋洋面,否则甭想吃这碗"苦力"饭。

小时候看过这些扛活的比力气,有人能扛两麻袋米走20步,有人能扛5袋白面走30尺,还扬扬得意让人替他再加一袋洋面,然后走没三步就踉跄扑跌,当场吐出一口鲜血,几乎送命！大夫事后告诉他说是被"努住了",因受了内伤,以后不能再干"吃力"的活儿了！这种苦力可就遭殃了,要手艺没手艺,要本钱无分文,仅有的一点儿体力也失去了,靠什么为生呢？

千里长征我先行——拉骆驼的

北京接近塞外沙漠,又因门头沟、石景山煤矿山路难行,需要骆驼驮运，所以京西有很多养骆驼的"驼户"。骆驼队在城里穿梭是常见的景象，但多数是驮煤的或驮石灰的。一峰骆驼载重约五百斤，货物都须装袋，平均挂装在驼身左右。虽然拉骆驼的只牵拉，用不着使劲儿；但下货时就不能袖手旁观了。再说一走就是五六十里地，够辛苦的。

前面提到"夯地的"也叫"砸夯的"，建老式房子先挖地基，然后用木夯或铁夯把地基部分压砸结实。木夯的样子类似杵，较粗重，中间有四根半尺多的木棍做把，可供两人双手合力工作。铁夯就是个大铁饼，方圆形，一尺多见方，厚约两寸，重七八十斤。四边有孔，系上粗麻绳索，夯地时四个人各拉一索，同时把铁夯腾空抛起，然后使其落在地基上。这种铁夯两个人也可用，不过那要看有没有力气了！

现在进入机器科技时代，盖房子、搞建筑都使用机械施工，夯地基的机械工具种类很多，省时、省力、省工！

敬德李逵赛张飞——煤黑子

"煤黑子"是歧视"煤铺伙计"的语言，因为他们成天与煤炭为伍，弄得浑身满脸都是乌漆麻黑的，所以人称"煤黑子"。当然还包括了京西煤矿运煤的和摇煤球的。

另一种"煤黑子"等于是"土匪"，专偷窃火车上的煤炭。有人说"靠山吃山，靠水吃水"，住在火车线运煤站附近的一些莠民，就靠盗煤为生。并且一代传一代，全家出动，行为甚是嚣张！这些人同样在煤灰里打滚，鼻子孔、耳朵眼儿里边都藏着黑煤末，因此外号也叫"煤黑子"。

2001年夏，看电视新闻知道河北某地仍旧有偷煤者存在，其行为较之以往犹有过之！他们是在运煤火车经过时，用长长的铁耙拖卸车上煤货，火车驶过后，再在铁道边收取，变卖金钱花用。

以今鉴古，无论时空如何变换，这种"煤黑子"都会"因贫而生，物以类聚"。记得1947年夏秋之间，曾坐火车，因故停在天津北站两三个小时，其间听说调车场铁轨上发生了命案，一个小"煤黑子"失足从车皮上掉下，被行驶中的货车碾毙！车站的人说，有一群人专门在北站做偷盗煤炭和粮米的勾当，成天生活在货车皮上，他们还常在火车进出站，车速缓慢时跳上跃下的，表演空中飞人，险象环生！

"煤黑子"对劳动者是不敬的称呼，对那些为非作歹的人才是一种戏谑！

白纸坊印刷局与北京印钞厂

白纸坊地区在广安门东南，地方不大，却有着深厚的文化积淀。清代设有火药局，是国家制造火药的基地。晚清至民国时期又改为印制局，是官办的第一座印钞厂，一直延续至今。由于老北京城造纸作坊又大多集中于此，故名白纸坊。

我1942年从香山慈幼院小学毕业。后来上了北平私立嵩云中学。一则家境困难，二则不愿读书，两年后从嵩云中学肄业。为了生计我打过鼓儿收过旧货；我曾跟更夫打过更，听过更夫留下的许多离奇的故事。

后来幸亏有人介绍我进入白纸坊印刷局当了一名印刷工人，也算是有了一份正经的职业。那是大约在1944年至1946年，我家住在闷葫芦罐，印刷厂在白纸坊。我每天都是步行上下班。那时南城非常荒僻，白天行走不成问题，我每逢上夜班，深夜放工回家，走黑路就挺瘆人的。

在工厂前边稍右拐有一条短短的白纸坊街。1949年前这里还有几家制造"豆儿纸"（即粗糙草纸）工厂，在白纸坊靠西一带荒地里筑了很多坐北朝南的厚土墙，墙面都用石灰抹得光滑平整，是专门晒豆纸用的，这应是白纸坊地名的来源。

"豆儿纸"说白了就是老式的"擦屁股纸"，一面光滑、一面粗糙。而白纸坊出产的豆儿纸有一部分是供给印刷局做"隔纸"用（两张湿纸饱含油墨，中间必须加铺一张豆纸，避免粘连在一起。所以叫隔纸），所以此处的造纸业者对印刷局有很大的依存性，两者也必然有一些关联性。至于先建立了印刷局之后才有白纸坊，抑或先有白纸坊之后才开设了印刷局？这问题我就没有能力做深入考证了。

我于1944年进入印刷局，当时此局属于敌伪华北政府财政部，抗战胜利改制为"中央印制厂"。我是在"完成科初选组"工作，直到1946年冬才离开，总共工作了近两年时间。

当时印刷局设有：

1. 钢版科：负责钞票图样设计、刻版与制版。
2. 钢版印刷科：负责纸钞正面印刷。钢版印刷是"凹版印刷"，机器的形状与运转程序与一般印刷完全不同。印钞纸需要经过浸水，在潮湿柔软时用手工一张一张地铺上钢版印刷，刚刚印好的大张钞纸上面的油墨很浓重，需要用粗糙的豆儿纸一张一张地隔开，以避免互相粘住而损坏。所以钢版印刷科里设有一个湿纸股。
3. 完成科：下属工作单位最多，人员也最多，包括：

干燥股：设有干燥室，负责把初步印制完成的大张潮湿纸钞烘干。

压平股：设有两组高压机，负责把烘干发皱的纸钞压平。

穿针股：负责用穿针法，固定裁切基准点线。

裁切股：负责分阶段裁切纸钞（整张钞纸约为八联，先切为两联张做初选，筛选后切做单张再加印号码）。

初选组：负责初次筛选出有瑕疵的废品。

活版印刷股：负责加印发行者印章和钞票号码。

第二章　家世出身成长　故都旧事乡情

复选组：是最后一次质量把关，负责单张筛选出瑕疵品，包括检查加印的印章与号码之正确。过了这一关，一张钞票才算印制完成。

除了以上各单位外还有一个大石印科，是负责印刷钞票背面底色的，需在钢版印刷湿纸之前印的。记得旧式钞票的背面通常都是以一张有建筑物的画面为主，颜色较为浅淡，四角标有钞票面值。在币值急速贬低时期，纸钞发行量遽增，因此在大石印科这边增设了高速的快速印刷机，我在做工最后那几个月见过这种印刷机，速度非常惊人！此时钱不值钱，钞票的质量也太差了！

白纸坊印刷局始终拥有一千多名工人，曾是北京最大规模的工厂。

白纸坊印刷局厂址左右及后方，及至西南城角地区非常荒僻。尤其是晒纸场一带，入夜之后根本没人敢走进去。

往广安门内大街的路程，抄近路需经过一块"老君地"，我轮值过夜班，每夜近11点才下工，从来不敢独自走过老君地，要绕远道通过清真寺前边胡同枣林街，转牛街，经下斜街回家。一路上都是大声唱着歌疾走，骑自行车也会一路上按车铃，一则壮胆，二则在黑漆漆的夜路上，生怕万一跟对面来的人互相碰在一起，更会吓一跳！

在闷葫芦罐里成家立业

1946年年初，我奉父母之命与冀州同乡刘梅珍女士在闷葫芦罐结婚。我的发妻祖籍河北省冀州陆（家乡土音读"律"）村，与我的祖上同为一村。我于同年12月从军，在北平入陆军第五总监部辎重汽车第十四营保养连当兵。

次年5月我的长子乃麟出生在闷葫芦罐6号院，一家老小自然高兴。

1947年8月间我就出关到锦州受训，翌年3月回到北平，那时我儿乃麟已经10个多月。六七月间我再度离家赴津从军。后来曾驻防通州，偶尔回家探视父母妻儿。1948年年底部队转赴大沽河（海河下游）沿岸一带，最后在塘沽撤退。没想到从此漂泊在外，凡60余年！算起来我的这段婚姻，真是非常短暂。

一场战争，使我一家四分五裂，南北隔绝，尝尽分离之苦，思念之痛。

人生如梦，有时比梦更加曲折！

众生若尘，有时比尘更不能自主。

鼎沸沙鸣声势弱小，我愿吐露心声，发出心底的呐喊！与同声共历者汇成洪流！我并不谴责一切战争，但我更期望和平！让今日的中华子孙了解过去，总结历史。两岸和平发展，共创辉煌，是两岸人民的共同愿望！

第三章

海峡两岸相望
家庭旧梦难圆

戒严体制下的生活

我和兄长常友石在海南岛撤退之前随胡宗南总部海口办事处人员搭机飞来台湾，记得那是1950年3月份的事情。飞机降落在台湾嘉义机场后随即改乘火车来到台北。那时我身体健康状况不佳，对一切感觉浑浑噩噩，如同梦幻一般，根本不清楚时局发展究竟如何。只是随波逐流来到这弹丸之地，展开不可预知的艰难人生。想不到团聚未久的胞兄去了香港滞留不归，剩下我孤身一人留在台湾这个陌生之地。

一条海峡把我和父母、妻小拆散两地不能聚首，一片海水又把我和刚刚重逢的兄长隔离不能相伴，前途茫茫，思乡念土心切，使我感到情无所寄，凄楚低迷！

早在1947年2月28日，台湾发生"二二八"暴动。起因是2月27日国民党军警在台北打死了为减税请愿的商贩，引起第二天台北市民罢市、游行。而后又遭当局的镇压，于是激起民愤，爆发了武装暴动。几日之内，民众暴动扩展到台湾大部分地区。国民政府从大陆调集军队进行压制，到3月13日对全岛残酷镇压，据说死者多达3万多人。

这场暴动虽然被镇压平息，但给台湾民众心理造成难以消除的恐惧或怨恨。随着国民党军队的溃败，百万军队和公务人员及眷属涌入台湾，导致台岛生产生活资料奇缺，物价飞涨。台湾人心浮动，经济崩溃，政局动荡。

第三章　海峡两岸相望　家庭旧梦难圆

面对台湾乱象，当局施行全省戒严，实行独裁统治。民众的人权、自由、民主乃至生命都失去了保障。

记得当时我到了台北，先住在宁波西街，那时大家都有军人身份，但原来在大陆上的机关单位与所属部队驻地都已失陷，只留下了空的番号名称。

我在宁波西街时认识了副官处长张育生，科员傅春旭、李寿、冯治安、雷葆丁与监察人李书箴诸先生，和总司令程开椿将军的卫士张寿洪、刘立、辛长林和张青山几位弟兄，其中只有辛长林是河南中牟县人，另几位都是陕西渭南人。这与胡宗南将军长期主理西南诸省军政有关。

我大哥跟我商量前途问题，我自知不适合军中生活，也很厌恶军队钩心斗角的文化。我在军队里虽然地位微末，但营里出空缺，升调机会来临时，必会有人找到我这个跟营长说得上话的人！求我替他美言几句，以遂升官愿望。因为我从不逢迎拍马，自己又偏偏占了这个位子，无论如何都逃避不了别人的纠缠，觉得很不自在。

以此为鉴，我离开军队进入社会后极力避免吃公家饭。选择在私人机构混生活，几十年来随遇而安。自我主张不给老板和上级送礼，不拍马屁。除非东家相约到私宅聚会，我也从不主动拜年。除了好友打小麻将，平常很少登堂入室地串门子。生性如此，恐怕到政府机关当工友也"吃不开"！

说到这里请您放心，我只是心眼儿憨直，绝非不通人情或有怪癖。对老板与同仁尽量做到"温良恭俭让"。

因为这个缘故决心离开军队，回到社会去混生活。关于这个"混"字的定义，我的解释：出身微末，没有专长技能，没有选择职业机会，根本谈不上生涯规划，无法预立实际奋斗目标。这样难道不是混吗？何况在那个艰苦时代里，"混"的人太多了！

所以当时我就在大哥手里领到了一张《西南长官公署补给区司令部资遣离职证书》（简称《资遣证书》），这张证书唯一的用处，是可以拿到市政府区公所申报户籍、请领"身份证"。为了报户口，那张《资遣证书》也被大安区公所归档存查，我手里虽然还持有军部和师部颁发的人事命令，但依照规定台湾当局不予承认。因此影响到荣民资格的申请，一直延误到1988年。经人指点先到"古亭区公所"申请核发"第一次申请户籍誊本与全部资料"，其中包括那张《资遣证书》影印本，再凭此向当局申请发一张《视同退伍令》，这才得以获得荣民资格。

大约40个年头中间，因为这张"身份来历证明"文件不在手里，使我屡次受到警察骚扰，有冤无处诉之苦！也就是当初的"白色恐怖"！

1953年，我在久华电影公司工作，夜晚警察宪兵来查户口，他们到达后，把房子前后门都封闭起来，派人把守，全楼居民集中一个房间等待查询，警察把每个人的"身份证"取去。

一个警员操着极为浓厚的山东口音对我很严厉地说："你的'身份证'是假的！"

我听到他的话，非常气愤！他那态度好像已经认定了我犯罪！那罪名虽不至于枪毙，却可以逃兵名义抓去转交军方，集中装船送去金门当兵，搬石头、修碉堡！万一后果如此，就违背了我不愿留在军队的意愿。那个时候，我知道这种小人绝对不能得罪，只好委婉地说："同志，你怎么分辨出我的'身份证'是假的？"

"那么，你把退伍证明给我看看！"他说。

"我的证件在报户口时被户政事务所收回去了。"我解释说，接着把几位长官和公司老板，在政界有些声望的朱佑衡的电话都告诉他，请他查证。后来武昌街派出所主管亲来复查，这才把"身份证"还给了我，在这两个小时里，对我的心理伤害太大，自此以后我对台湾的警察印象很坏！

第三章　海峡两岸相望　家庭旧梦难圆

兄弟聚短离长

我大哥是战时第七补给战区司令程开椿将军的部下，随胡宗南总部从成都撤退到海南，又从海口机场转飞到台湾，到台湾后我大哥仍然为程先生效力。

程开椿将军1905年出生，与胡宗南同为浙江孝丰人，中央陆军军官学校高教班第二期、陆军大学特别班第五期毕业。曾任胡宗南的侍从副官、第一军驻南京办事处副处长，胡宗南部驻重庆办事处处长。1939年至1943年任第八战区副长官部兵站分监，1945年任第一战区长官部兵站总监。1946年后任第七补给区司令。20世纪80年代初曾访问大陆，会见了熊向辉将军，熊向辉曾继程开椿之后任胡宗南的侍从副官，是解放军的谍报人员。

我和兄长友石同机到达台北，由于有大哥在身旁，我感觉有了主心骨，心里还算踏实。这时期我曾在中华无线电专科补习学校装修科补习，还补习过英语。

刚到台湾时，补给区司令部带着很多资金过来，这笔钱成为这些人员的经济后盾。我哥负责掌管的部分资金，以黄金存放在台北市延平北路金正兴银楼生息。由于存金关系，两方面建立了友谊和信任，金正兴的杨永兴总经理建议我大哥把存金换现投资经商。

与程开椿将军和诸位同僚研商后决定，于1950年4月在延平北路一段23号，开设了一家"大有影业股份有限公司"，由家兄常友石任董事长，杨永兴先生任总经理，聘王玉垂为经理。翌月家兄代表公司到香港买了一部上海出品的黑白老片《牡丹花开》，曾在台北市中山堂上演过，卖座平平，也没赔钱。

但因同事间的倾轧，我大哥听到一些"排挤性"的闲话，内心极为不平！不久，我大哥在赴香港出差期间被迫辞去董事长之职。不久"大有"

也因经营不善，宣告倒闭。当年11月，我大嫂从北京带着孩子们经澳门来到香港团聚定居。

　　我大哥到香港后，落入人生低谷，遭遇到未曾有的艰难困苦和意想不到的风险。从他给我的一封家书的血泪文字中可见一斑！

三弟：

　　一月十三日来信收到。你把事完全看错了！你怨我看不起你么？你错了！

　　去年下半年起我的生活陷于绝境，在香港找事可真难，我本想凭着年青、务正、思想纯洁到处都可生存，但我也想错了！没有钱会急得你发慌。这是我生平第一遭。

　　八、九两月曾在一家船厂充当更夫，我虽非娇生惯养，但炎热与海风之下也受不了。其间因海盗事曾历许多艰险，幸而我一向对人绝无过分之处，尚能勉强度过。拆船以后因当道用人失当，致亏折二十六万元无力继续举办，遂告解散，在这一方面又失业了许多人。

　　上月得友人介绍，始到一家出版社当校对，这个职务对于一向懒于读书的我是最恰当不过，我因此也必须翻翻《辞海》，我因此更能感到文字上的修养是多么难得。不到一周便得到主办者的垂青，因而升了编辑。从此九点上班到夜十二点始能离开，有时要到两三点钟。在时间上就是全部贯注在上面，也嫌不够。成天和笔墨、剪刀、浆糊、纸张，并与排字房打交道，在我是一份极其新鲜的事务，做来虽然吃劲，但在精神上并不受任何人欺负，也无须提心吊胆怕挨官腔。过几天我想拣几本可看的寄给你。

　　去年八九月接父亲来信，痛苦之状一言难尽。我所最担心的还是弟妹问题，我很想叫她出来到台湾去，可是我的力量又只能限于心想。从而又要接父母南来，这不是一件小事，我心里最难过处也正为

第三章 海峡两岸相望 家庭旧梦难圆

这两本书是20世纪50年代友联出版的书籍，《语意学概要》著者为徐道邻

了这个，因此也没脸给父亲写信。

现在是一苦难时代，要想度过这一时代，必须苦下身段。假如仍是照从前我每天办事八小时，也就算过去了。遇事不下苦心研究去做，仍是马马虎虎，即使高喊什么口号，就可以达成愿望了吗？不啊！不是这么简单！看看今日祖国苦难便可知晓。我们应当醒悟，我们应当淬砺自己、充实自己！《荡妇心》结局时有一句话："单凭倚着那个人待我好，都靠不住。必须要充实自己才有更光明的前程！"当你看过这部电影以后，你可曾发觉这一重点话语么？

友石手泐

一，十六夜（一九五一年）

家父乘鹤归西

从1951年我进入社会后,做过广告、卖过烟卷、当过校对、说过相声,有兄长旧交的关照,不断更换着营生,勉强度日谋生。而我心中最苦痛的是思念父母和妻小,无法与他们会面团圆。正如我大哥在信中所言:"去年八九月接父亲来信,痛苦之状一言难尽。我所最担心的还是弟妹问题,我很想叫她出来到台湾去,可是我的力量又只能限于心想。从而又要接父母南来,这不是一件小事,我心里最难过处也正为了这个,因此也没脸给父亲写信。……"信中所提"弟妹"正是我的发妻刘梅珍。

我在19岁结婚时,对婚姻还不甚了解。因战争频仍而寄身军旅,前途茫茫无力自主,根本无力照顾家庭。来台之初,思念家乡,曾经日夜梦魂萦绕,泪湿衣襟!无奈插翅难越海峡隔阻。

由于我们兄弟俩都在国民党军队当兵,1950年后,我家被归列为监管对象,我父亲被关进了京南某处。因为他是中医,在关押处发挥了他的长才,医治了很多干部和被关同胞,因此受到尊敬和一些礼遇,但还是受尽了屈辱、惊恐和寂寞,精神深受打击。

后来我才明了这一段悲惨家史的大致情景。国民党军队退守台湾岛后,两岸持续着剑拔弩张。美国第七舰队进入台湾海峡,为国民党军队充当保护伞,阻碍了解放军进攻计划的完成。

恰在这年朝鲜半岛爆发了战争,以美国为首的"联合国军"对朝鲜发动攻势,一直打到鸭绿江边。中国人民志愿军抗美援朝。而蒋介石则认为反攻大陆的机会来了,不断派遣特务到大陆进行破坏活动,调动军队骚扰大陆海防。而共产党也在台湾安插了许多"内线"。在这种风声鹤唳的形势下,两岸双方都加强了内部的肃反力度和对所谓社会敌对分子的打击与管制。

1949年后,大陆相继发动了镇压反革命运动和"三反""五反"等运

第三章 海峡两岸相望 家庭旧梦难圆

动。只是我父亲一生行医积善,口碑甚好。虽有"海外关系",但无"反动"行为,只属"关""管"分子。我父亲人身被管制,又落入生活极端困苦的境地。那时他失去了工作,丧失了经济收入来源。同时又值中华人民共和国成立初期,百废待兴,北京市的供应水准很低。全家饮食、医疗都出现了危机。我保存了20世纪50年代初我父亲致家兄知交李克定的信和给我兄长的两封家书。信中记载了当年我父亲身在困境中的忧愁心态。

克定兄鉴:

前去函一件谅已收转。向寒(嫂嫂的号)由家来京,胃病复发,胃中发炎甚重,现延医调治,俟好点后始能赴广州。小孩们甚欢,祈勿惦念。望祈阁下转达锡桢,如不能来京,叫他务必亲自写封信来,照半身三寸相片,以免家中老幼悬念,千万嘱托为要。即请

近安并问李太太近佳　向寒问候

常俊山顿首
五〇年十月十四日

家父讳名玉峰,字俊山。李克定先生是家兄知交,在香港居住,1950年后曾负责代转我家家信。先父将信函从北京寄到香港,再由李克定先生转给在台湾的家兄。由这封信可知此时正是我嫂嫂从成都被遣返回北京的那段时光。

第七补给区约在1949年年初改组为西南军政长官公署补给区司令部,不久胡宗南率部自重庆西移成都,但成都亦危在旦夕,眼看局势不妙,因此决定乘空军飞机撤往西昌;但因西昌机场天气因素,不能顺利降落,机队改降海南岛。长官公署和司令部撤回台北,为了方便空运接济坚守在西昌的部队粮饷补给,所以在海口成立了"海口办事处"。

在成都确定飞往西昌前两天,司令部就发出命令"将官可以携眷,校官以上才能登机",校官家眷必须自行返回原籍。这时校级军官家庭亲人

间几乎都要上演一场"生离死别"的悲剧。于是家兄只好仓促交代妻子刘兰屏，牵着两个大的、抱着一个小女儿，肚中还怀着一个孩子，千里迢迢回到北京。

这张照片（见右页）正是1949年12月我大嫂刘兰屏离开成都，辗转回到北京后，于1950年初夏和我的原配妻子刘梅珍、长子常乃麟、外甥女齐佩芹等陪着家父合照的"残缺的全家福"。我母亲因生活磨难有一只眼哭瞎了，她不愿拍照留影。请看看吧！这张照片中除了祖孙二人之外全是女人！还有两个男人在哪里呢？

谁不想与家人团聚、承欢膝下、尽人子孝道、享天伦之乐？在这一场中国大灾难浩劫之下，大时代悲惨世界之中，相信这样的破碎家庭必是不胜枚举！

在家父给李克定先生的信中所述："向寒由家来京，胃病复发，胃中发炎甚重，现延医调治，俟好点后始能赴广州。"正是先父向家兄传达我大嫂回冀州老家探亲回京后，由于往返旅途劳顿，胃病复发的情景。并说明等到病情好转，再南行去广州，转道去香港与家兄团聚。

其实家父本意欲留下刚刚回京的儿媳和孙女们，还盼着一家在北京团聚。我嫂子对公公说："现在生活这么艰难，一下来了这么多人您能养活得起吗？"家父只好同意我嫂子南行，去寻找我大哥，把大女儿和二女儿留在了北京。

下面一封家书是大嫂到达香港以后，家父收到家兄回信和汇款后寄给家兄的信函：

友石悉：

　　连接你两信，内汇港币一百元，于正月十六日收到交通银行通知，取出人民币三十八万八千元，合家甚欢。你母亲于初八日病好，父于正月初六工会准予请辞，给退职金七十万零二千元。父当时得感

笔者父亲怀中抱着四侄女文讷、背后中立者是笔者的发妻刘梅珍、右边是嫂嫂刘兰屏（号向寒）、穿黑裙者是外甥女齐佩芹、中间的男孩是笔者的儿子乃麟。另一边的三个：左起二侄女允宁（乃容）、大侄女乃宴（乃凰）、三侄女咏康。

冒，身冷咽疼，外喉肿疼。初八、九两天不能咽物，疼痛难忍，即赴夏华南大夫处注射西药，始能止疼、吃饭，至今十天尚未痊愈。外喉肿不下去，不疼了。每日医治共需二十余万元，刘亲家来家，谈买卖不佳，将你岳母及宴、容，拟于三月初送回老家过日子。如再不回去，将来不好走。特此达知。康妹□□甚好。

父病中书

正月十八日（一九五一年）

此时我大嫂兰屏已携三女咏康和四女文讷到了香港。刘亲公原在北京做布鞋生意。宴、容是我大哥的女儿。宴即其长女乃凤（乃宴），容即其次女乃容（有容、允宁）。她们留在北京随外祖父母居住，不久全家回冀州老家务农求生。

姐姐常锡瀛和姐夫齐文瀛在北京也生活不下去，带着儿女回到冀州老家齐官屯村，长子齐佩恒留在北京学徒。这次迁移改变了我的家族第二代，甚至再下一代的命运，使他们面临着迥然不同的遭遇，留下几十年后再相会时说不完的话题。

1951年这一年，我们隔海相望的一家人都陷入极端的艰难困苦之中。我的大哥友石面临失业的困扰，而我父亲也已退职没有正常收入，他不得已才向远在南方的儿子发出"求援"的信函。

友石悉：

家中均安勿念。日前接你来函，已悉仍然职（置）闲无事（注：正是兄长初到香港的低谷时期），小三（注：小三是我的小名）学习无线电。家中你母亲及孩子们花费大的，我所挣之钱入不敷出，日渐亏累，债务端节需款还账，外边你弟兄不胜（剩）钱，有点困难。你们能不能在外筹措几个（寄来），我就少发点愁！望你们在外酌量办

第三章　海峡两岸相望　家庭旧梦难圆

理为要。现于昨始落透雨，秋苗好种上。家中还好，麦子（长势）不好。问兰屏（注：我大嫂名兰屏）病好了没有？小康、小妹好欢。

乃宴、有容、大林均壮实、活泼。

外甥大恒来京住十八天，赴天津学工厂。

俊山字
四月廿一日（农历）
一九五一年五月廿六（公历）

这封信字里行间满篇血泪，真不忍卒读呀！那时自己生活尚无着落，又有海峡万里阻隔，只能暗中悲泣，徒唤奈何，真是愧煞人也！

家父在此信最后还说"昨始落透雨，秋苗好种上"。他自己处于如此生活困境而不甚在意，最为担心的是刚刚返回冀州老家务农的亲家和孙女，惦记着自己的女儿、女婿和外孙、外孙女。同时也怜惜天下苍生的疾苦！麦子收成不好，将会影响到我们小百姓的温饱呀！

然而从次年冬天家兄给我的信中，可以知晓从北京回到冀州老家后，亲人们的生活境遇并未得到改善。

桢弟：

　　来信已悉。

　　……

　　父亲来信说：祖母病了几天，尚未痊可，后事已作准备。叔父在家照应，祖母又不能原谅。姊姊、文瀛都已回老家，贫困之状已至三餐不继，亲翁齐肇元已老到不能做事。

友石手泐
一九五二年一月十七日

家兄的这封信，先说我的祖母在陆村生病了，身心不畅。后说我的姐姐一家，上有老下有小，到了"吃了上顿没下顿"的地步，在贫困线上挣扎！

而后没有几天又相继收到家兄两封来信，报告祖母病重逝世的噩耗。

三弟：

　　二十一日前函晚到，今始收阅……

　　今晚接向寒（大嫂刘兰屏）之四叔来信，略谓祖母病势沉重，父亲已赶回老家料理后事，但愿祖母身体安泰，得早复元。

　　祖父临终时曾以善视祖母谆谆告诫，今夜思念当时情形，宛如言犹在耳。时父亲尚在彰德，弟当时年幼，想此事已不能记忆。兹往事已十七年矣！我初在邯郸，每两三月上能寄祖母三五元。七七事变后，即已音闻断绝，战胜后亦未奉问。仅汝嫂由平返家时，曾与祖母相处数日，言当时想念情形，实令人心酸不已。

　　我在幼时独得祖父钟爱，以是能在万难之中完成一部分学业。祖父去世十七年，所谓得济于儿孙如我等者，能毋愧乎！

友石手书
一月二十五日（一九五二年）

信中记述了家兄"欲行孝而不能"的百般遗憾。由于大海阻隔，形势紧张，我们连回乡探望病危中的祖母都成为不可能，我兄弟能不心焦吗！只是我大嫂带了四个女儿，由成都回北京时，曾返乡到冀州探省祖母，与祖母相处数日。未曾想到仅仅过了一年多的时间，祖母就病逝了，真是令人悲痛万分！我是从家兄1952年年初寄给我的第二封信得知的。

三弟：

　　今晨奉父亲手示，略谓于一月十三日夜车返籍，省视祖母时，已数日不进饮食，人事昏迷，迨十八日午后一时与世长辞，闻讯悲伤哀

第三章　海峡两岸相望　家庭旧梦难圆

痛万分。

　　按祖母距祖父之逝，相去为十七（注：十九）年。天竟不假以寿，而假以荒乱，使家人四分五裂，临终犹不得送其终老？

　　揆父亲来信之意，弟妹尚未返家。且款到日，父亲先行致奉祖母区区之数，亦不能于生前享其一二，其命如耶钦？

友石手书
五二年　一月二十九日晨

　　先祖父逝世那年我5岁，隐约有些记忆而已。1939年左右从闷葫芦罐胡同4号搬到6号，多出一间北房，才接祖母来家同住。我10多岁就曾与祖母相处，为祖母装烟点烟，祖孙十分融洽。老人家脾气倔强，鲜与邻居来往，稍见寂寞。大约在抗战胜利后，祖母回冀州老家居住，未曾想到那次分离竟成永别。

　　回到老家的亲人日子艰难，留在北京的家人同样不幸。1951年夏天，一场几十年不遇的大雨袭击了北京城，一连下了许多天。我家在北京南城闷葫芦罐盖起仅三年的几间土坯房被泡倒了，所幸仅北墙倾倒，梁柱未垮，没有伤人。可是房子已经变成了棚子，不能挡风避雨。此时家中无力修缮，父母亲愁肠百转，束手无策。幸亏得到租房邻居的帮助，用苇席挂泥挡住了北墙，凑合着熬过了两个冬天。

　　这样等到1953年夏天，闷葫芦罐胡同拆迁，家父才携一家人从闷葫芦罐胡同搬到盆儿胡同（位于白纸坊东街）西边的平渊南里2号（后改为3号），住到新建的红砖排房中。

　　搬进新居的第二年，家父因人身被管制，终日不宁；又因长期思念担心远方的骨肉，心情忧郁而病倒。就这样，我父亲在贫病交加和绝望中故去。他逝世那年（1954年）才66岁*。我兄弟闻讯自知罪业深重，祸延先

---

* 全书岁数用虚岁。

考。引以为憾！

家庭支离破碎

家父去世后，婆媳渐生不和。我身在台湾，唯恐贻祸家人，不敢贸然通信，因此我生死成谜，家人无从知晓！等候了近八年，我的发妻刘梅珍遂向北京市人民法院诉请离婚，我既知短时间内无法回家，所以决定放弃答辩，约于1956年离婚之诉成立。

兄长和我先后离开家乡，这期间大陆战火正炽，留下父母二老在残破家园，心中实在难安，幸亏有梅珍照顾生活，乃麟承欢祖父母膝下，确曾为父母亲增添几许安慰，减少一些寂寞，这是大哥和我都非常为之感念的。

我的发妻与我离婚后，改嫁给一位蒙古华侨。20世纪60年代初大陆困难时期，所有的人都陷于饥荒和困苦之中。刘梅珍侍奉自己的母亲，俟养老送终后去了蒙古乌兰巴托。

自此北京就剩下我母亲和我的长子乃麟相依为命。1966年，在"文化大革命"初期，我母亲不幸病故，她是在思念、忧虑、病痛和惊恐中逝去的。为人子者不能送其终老更是一大憾事，令人哀泣悔恨不已……

第四章

兄长往事历历
明志传继家风

恩泽家族　感念良多　兄弟情深　聚少离多

我的胞兄锡金，1917年（民国六年）12月3日诞生于河北冀县。1949年改名友石，长我11岁，自幼聪颖而好学。他高中入学日期为1929年（民国十八年）7月20日，那时我才一周岁。1933年6月以甲等第一名毕业于私立北平中法大学附属西山温泉高级中学，该校由追随孙中山参加辛亥革命的著名教育家李煜瀛（字石曾）先生于1923年创建，1953年改称北京市第四十七中学。他毕业后的经历在前文中略有述及。有一份履历表（见附录四）记载了常锡金的个人完整资料，包括生日、学历、入国民党日期、地点和家属资料等。背页记载着军中经历。

我懂事时他已高中毕业，因家境清寒无法继续念大学，遂远赴邯郸长芦税警旅当了盐警副队长。他初到长芦盐警队做事时为1935年（民国二十四年）秋，随即长年谋生在外，曾于1936年（民国二十五年）回家完婚，也只是停留了不到10天而已。我们兄弟几乎没有长期在一起生活过。

我一生诸多转折中都仰仗我兄长的助力，才使我从死难中度过，也从颓废中振作起来。可惜我的命运孤独，无缘与故乡家人长聚。我兄弟离散在外，只是在幼时短短的几年生活在一起。1950年我兄弟在海南岛相逢，这一别竟长达11年之久，能够同机飞来台湾，真是何其万幸！但是相处不

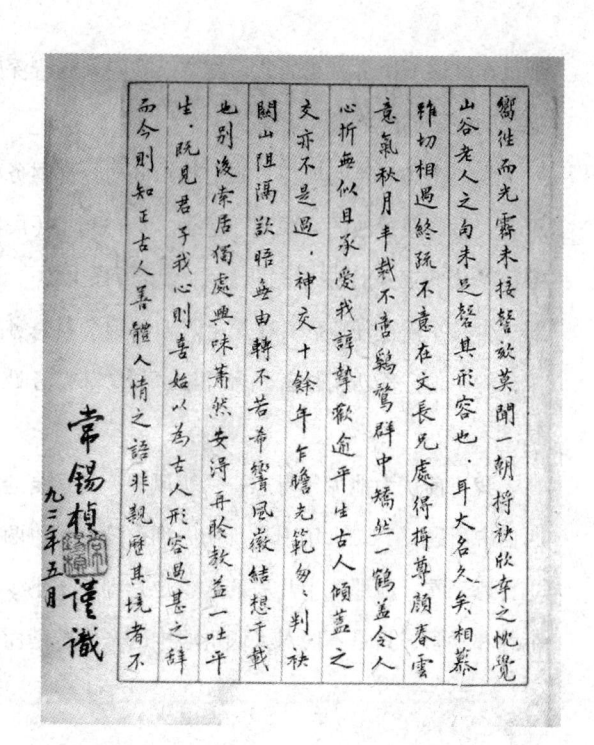

第四章　兄长往事历历　明志传继家风

家兄早年的小楷书法作品，
笔者谨识

到半年时间，他于七八月间去了香港。我的大嫂于当年秋天从北京南下到了澳门转香港，找到我大哥，遂定居于九龙。

由于我们兄弟彼此相处的机会很少，所以对他缺乏直接印象，不过我记事起便从父母讲述中知道他自幼聪颖智能、学习力强，10岁前住在冀州家乡从祖父启蒙读书，习写书法有成、字体挺秀脱俗，10岁即替人写过碑文。

我的祖父桐轩公出身中医世家，是位很有国学根底的谦谦君子，我的堂兄常金玉说，老桐曾于"曲阜募监生"，他集儒释道医精神思想与技艺融于一身，对家兄的道德文章的影响十分显著。

虽然兄弟相聚无多，但我这个体弱多病而又愚顿顽劣的弟弟，从当兵开始一直都在大哥的怜悯关爱和提携照顾下安稳地度过。在50年代初期，他也在经济上接济过我的儿、甥辈，我们亲族皆深感念于他的恩泽，所以他受到晚辈们的尊崇和敬重。

常锡金1949年所填写"第七补给区司令部财务科请委"档中的一份履历表，就详载了他的军职升迁记录。从1935年（民国二十四年）到长芦税警第八十三旅担任中尉副队长后，曾历任上尉书记，第一四二师上尉军需、少校军需主任，后升任第七补给区财务科总务处二等军需正科长。到了台湾，他升任西南长官公署补给区司令部总务处一等正副处长兼财务科长。

我以前认为他少年得志、一帆风顺、官运亨通；但后来从他给我的一封信中所题，"二十年中事，伤心到台湾。不将两行泪，轻对手足弹"的这首诗来看，他那三十几岁的人生也是经历了不少艰辛困苦、遭遇了不少荆棘和险阻，只是不愿对人倾诉心中的辛酸苦楚而已。

运金之说　姑妄言之　大有公司　责任无限

补给区司令部失去作用后立即撤销，有几位有前途的将校仍留在军中，向防务部门申请重叙转任，如少将副官处长张育生曾参与副官学校创校工作，后担任该校教育长。卫生处杨副处长转调"陆军总部卫生署"。上校监察人李书箴因曾担任野战医院院长职务，很幸运被核升为少将阶，奉派为"警备司令部"高参。这是我所熟悉的几位军官，其他僚属和卫士等多自愿资遣。因为"司令部"拥有巨额资金俨然成为一个集团可以经营事业，这些退下来的人也都有工作机会。

前节文章我曾述及：海口办事处临撤退前曾把巨额的银元送给陈济棠政府，由此可知当时接济西昌的军费数字之庞大。我想一定有人动过这笔钱的脑筋；但想要把这么重的银元运到台湾，恐怕太过扎眼。所以临时都

第四章　兄长往事历历　明志传继家风

转交给海南行政区政府。不过他们第一次飞来台湾时，就把一批黄金带回台北了。

卫士们跟我透露过两个故事，他们说是"真言不入六耳"的机密事，千万不能告诉别人。

第一个故事：在海南飞来台湾登机前，每位卫士都背了一条装满了金条的步枪子弹袋。他们说"坐在飞机上被黄金压得肚子痛"。飞机飞到半途，大家感觉这架飞机浮浮沉沉、有气无力的，好像要坠落海中的样子。接着听到驾驶员惊呼："本机超载了！赶快把不要的东西丢掉！"

于是机上的人都慌了，机舱长把机门打开，叫大家赶紧丢东西，先是把所携带公家的军毯、蚊帐、公文箱等丢下飞机，不过驾驶员警告："还是超重，有坠机危险！"接着又把稍重的随身行李、物品都抛进大海，但是卫士身上背着的"子弹袋"却没人敢丢！如此这般，飞机终于平安地飞到嘉义机场。

第二个故事："司令部"到台湾后立即遭到撤销，必须紧急办理造册移交，所余资金也要上缴，所以在宿舍里赶工做"报销档"，报销档包括粮饷、公款，等等。由于"司令部"撤退得太过仓促，所属各军、各师、各单位的领款公文、发粮凭证以及领饷单据恐难齐备，只有仿制、假造账册呈报核销。

"制造那些公文收据都要各军、各师大印，怎么办到的呀？"我曾好奇地问。

"'司令部'什么人才都有，那位高科员会刻印，他赶刻了好几个关防大印，盖在单据上毫无破绽。为了省时省力，他用洗衣肥皂刻的，盖完就丢。"

"单据纸张哪有那么整齐呢？"

"油印机、红格纸、打字纸、模造纸、薄的厚的以及会写的、会印的人全都齐备，难不住的。"

因为西南军政长官公署等于"光杆儿",最后的部队全都垮在大陆,粮饷发多少、支多少、给多少、领多少,已经死无对证,"国防部"跟本无从查起,只好照单全收。因此之故那些金条便成为"集团基金"。

我曾经做过用手绢提金条的荒唐事(见第五章第一节),由此可知家兄负责保管经营公家的一部分金钱,是和台北市延平北路19号金正兴银楼存放来往的。金正兴老板杨永兴是台湾人,日后不久(约于4月间)双方就合开了一家"大有电影责任无限公司",从公司称作"责任无限"即知资金雄厚。

家兄常友石受命出任公司董事长,随即前往香港购买影片,这期间他趁机会与北京家里取得联系,计划接我大嫂来香港团聚。

同事相煎　遭受排挤　不是好来　不会好去

以程开椿为首的这个集团究竟有多少资金不详;但我知道他们拥有台北市浦城街16巷10号和19号两幢日式房屋、宁波西街一幢(我第一次申报户口时即住于此)、新店市邮局巷内一幢(家兄信中所提"郊外房子"即指此屋),以及桃园龙潭农场一座,都曾临时安置部里的人员住宿。

这些金钱财产最终究竟落入谁手?不得而知。但当时赔掉的、挥霍掉的以及被人骗掉的恐怕都不在少数。(这些房地产如果留到2012年那可不得了!几十亿元是跑不掉的。)

下面是1951年4月22日家兄给我信中的一段原文:

关于用钱,程先生曾给我一个尺度,这一尺度,如果与我的功绩相衡量,实乃九牛之一毫。死了的徐言罕,乃系受恐惧而死的!若论经营上的损失,我还算是谨慎又谨慎的。单只王汉在港经营损失二十二万港元,徐言罕经营损失达二十五万台币,另有张君勉损失十二万港元,姚春伯则亦损失七万二千元。此乃时势所趋,并非何人不忠不实,总之一句话:"不是好来的,便不会好去!"

其中所说徐言罕居然"受恐惧而死"!足见他经营不善赔掉不少资金。他在台北闹市区成都路开过一家粮食店。我在台北市第一次申报户籍时就是他做的"店保"。

根据《保证书》上的记载,我向警察局申报登记户口日期:1950年4月3日。登记地点:台北市警察局第一科户口股。住址:台北市古亭区龙津里四邻5号(宁波西街巷内第一家),户长傅春旭。两位保证人为陈秀卿和徐言罕。

《保证书》上警局批有"离职证登讫"五个大字,在两位保证人的中间还盖有"台北市警察局金门派出所"的"对保印章"。经警局登记对保后,再持此《保证书》前往古亭区公所正式申报户口、请领"身份证"。当年台湾实行"警察管制户籍政策"于此可见一斑。

重读旧信　恍然一梦　善良宽厚　深感不值

因又重读家兄的"甲子旧信",走笔至此真是恍然一梦、感慨万千!

家兄于1950年到香港购片期间,遭到同僚倾轧诬陷而失业,生活突然陷于倒悬,心中难免愤怒不平,对长官和同事们有些愤出怨言;但那不过是在给我的私人信中发发牢骚。他到杂志社工作后,人生转入一个新的起点,不久就恢复平静。究竟财帛地位都是身外之物,所以他说:"我们都还年轻,可以等着瞧吧!"结果大有戏院开幕不到一年就经营不下去了,出租后涉讼又遭败诉，戏院随即垮了，眼看着公司同仁具为鸟兽散！家兄在港得知此一结局只有长叹一声"深感不值"而已。足见他为人善良待人宽厚也。

染红不至于　信中表心声　祖国一样情

最近（2012年）读到《北京晚报》有一篇《常乃麟淡定一生》访问文章，文中提到"李文奕先生说常友石曾经染红（被渗透）"这么一句话，曾经使我反反复复地思索了好几个月。我认为这对家兄友石来说是不可能的。这可以在他的信件中读到他的心声，他曾说："我的生活陷于绝境，在香港找事可真难，我本想凭着年青……到处都可生存"。

但李文奕是家兄友石最亲近的朋友，在第七补给区司令部时是科长与科员的同事关系，两家人住紧隔壁，我的大嫂和李太太走得很近。成都撤退时李文奕上尉官阶是没有接到随行命令的，但是常友石向李透露了这消息，两家人聚起来商议后，李文奕决定跟着家兄西行，李太太和我嫂嫂结伴返回天津和北京。

后来李文奕和家兄先后到了香港，两家又相交了几十年，论相知李文奕先生对家兄确实比我了解得多，所以我听李文奕说"常友石染红"，虽然有些震惊疑惑，但回想起来也有些蛛丝马迹可寻。不过我于1966年后，就受到台湾的白色恐怖笼罩和警察的骚扰，都因为我坚信自己"清白"，更相信哥哥的"思想纯真"，才能化解不白之冤，生活上并未受严重影响。不过虽如此说，当年深受无端恐惧还是心有余悸。

第四章　兄长往事历历　明志传继家风

新加坡新片《给我一个吻》在香港上映前，女主角、新加坡影歌星庄雪芳与常友石合影

金德璋"外交部"探密　友联是大陆外围组织

1959年前后，台湾《华报》采访主任金德璋有一次在私下跟我说："喂！老常！我告诉你一个秘密！昨天我到'外交部'，趁科员离开办公桌的时候，我随手翻阅他桌上的公文，发现你哥哥待的那家友联出版公司是大陆的外围组织！"

"别开玩笑！"我听后吓了一跳，质疑他的发现。

"真的！这是从香港来的情报资料，我亲眼所见。"

"'外交部'的公文都是机密，谁敢让你随便看？"

"我们好几个记者一起去部里采访，有个科员不在座位上，我揭开卷宗瞄了一眼才发现了这秘密。"

自此以后我随时都注意友联的动向，但新闻上没有一点儿这样的报道。

金德璋是资深记者，抗战时期曾发过采访新四军的新闻，来台后在正声广播电台当采访主任，经常替《新闻天地》《中外新闻》等内幕杂志撰稿，我们同事只有半年时间。1960年他随同一批记者经菲律宾去了美国，后来他在纽约进入了联合国总部服务。1970年夏曾经返台探视亲友。

1958年家兄在香港创办《银河画报》时，他认为《银河画报》是一份专为台湾电影在香港宣传的杂志，办理内销应该没有问题；但台湾当局政务和新闻主管部门连申请书都不给。我去求助好友《中外电影》杂志社社长罗家驹，他在台北杂志界算是万事通，他坦白告诉我：香港杂志办理内销，若无足够党政大人物出面代办申请，主管部门根本不批准。《银河画报》进入台湾无路可通，发行局限于中国的香港和新加坡、马来西亚等地，影响经营发展，但还是出版了52期。家兄是否因此对国民党当局产生不满而"变节"？我看还不至于。

常友石1965年曾秘密赴沙捞越工作一年

沙捞越（马来语：Sarawak）是马来西亚面积最大的州，北婆罗州三邦之一。三分之二的土地是热带雨林区，拥有丰富的自然生态及历史文化。中国的台、港、澳译作"沙捞越"，马来西亚、新加坡译作"砂拉越"。

我于1970年5月下旬曾赴港出差，顺便探亲。兄弟分别20年后第二次重逢。这时他已双耳重听，只能读唇、手谈。兄弟相见最重要的一场对话如下。

第四章　兄长往事历历　明志传继家风

"前年一年我不在香港，彼此没有通信，你会以为我神秘失踪了是吗？其实我应邀去了沙捞越（婆罗洲）工作一年。"

"什么工作需要一年时间？"

"是为当局编辑一套'国语'教科书。"

"'国语'教科书？您会马来语文？"

"当然是汉语！因为那里的华人学校有一定程度上的需要，所以要编新书。只给我一年时间，实在很赶了，但我如期交了卷。"

说到"当局"，他没提究竟是当地、大陆还是台湾，我没再追问，至今心中确实有些疑问。莫非李文奕所说"染红"为此？家兄友石甘忍如同流放，孤单前往异乡工作了一年，是为大陆侨校编书？不敢确定。

近读网络上登载的一篇马来西亚姚拓先生2003年10月的文章《一九九八年的喜相逢》，文中说：

> 友联出版社于一九五一年在香港创立，到了一九九八年，已经四十七个年头，在这四十七年之内，大概有好几百个人在友联出版社工作过。一九九八年的"喜相逢"，把散居世界各地的前友联社员联系起来。
>
> 当然一个人的一生当中，有痛苦也有快乐。当我们这么多的人，在"喜相逢"的这一天，高声唱着生活营的营歌时，自不免想到去世的友联社的社员们，例如史诚之先生、司马长风先生……常友石先生……孙远帆先生等等，他们在生前对友联出了多少力，付出了多少精神，实在使人难忘。

读后令人感慨，可惜家兄常友石于1991年在美国逝世，否则就有可能参加这次喜相逢的聚会了！而姚拓先生也于2009年10月病逝于吉隆坡。姚拓先生原名姚天平，祖籍河南。1950年居住香港，曾任《大学生活》社长

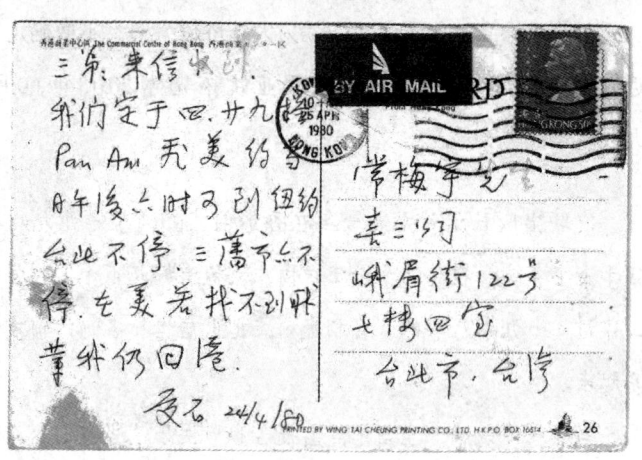

1970年11月赴港探亲，与兄长常友石合影于九龙新蒲港住宅 [上]
家兄常友石于1980年4月29日去美国探亲。1981年10月全家由香港移民美国得州 [下]

第四章　兄长往事历历　明志传继家风

与总编辑、《学生周报》总编辑等职。1957年迁居马来西亚，历任《学生周报》《蕉风月刊》社长、马来西亚友联出版社及马来西亚文化事业有限公司总编辑等职。

历经白色恐怖、警察骚扰与友联相关？

约在1963年，我居住在台北泉州街20巷内。有一天来了一个年轻的警察找我访谈，问了一大堆的问题，包括家世、婚姻、职业、来台经过和社会关系，他都一一记录，没有让我签字。问他为什么调查我？

他说："不知道，这要问你自己做过什么事情，也许有人告密检举你！"

从此以后，我住家的管区警察就经常来查户口。过了一段时间后，我上班地方的管区也派员警到公司来访查。幸亏我做人一向守正不阿，工作认真，老板们从来不以为意，没有损及我的人格或影响到我的职业；但对我内心造成很大的威胁！每次警察来到，我内心立刻产生极度的不平和不安！

我非常有自信，却不能保证曾经说过的话和写过的文章不会因误解而惹上麻烦，以前做过的事，不会触犯了什么政治禁忌。所以我自知稳站下风，在那个戒严时期警察查户口是有正当性的，人家找你问问话，也没有要抓你，有什么好反抗的呢！

而警察们似乎也不知道监视调查我的理由，在他们口中问不出个所以然来。我确定他们并没有任何"证据"，只是在我的名字上贴了标签，留下了一个问号。

1971年，我在联亚电影公司担任经理，联亚向香港嘉禾公司买进一部欧洲影片《翡翠窝大阴谋》，吴董事长派我携带了数十万港元货款去香港付款提货。我在办理出境手续时，在包括台湾出入境事务主管部门等机构，并没有遇到困难。但返台后要到户政所办理返台手续时，我在户政人员的办公桌看见户籍名册上有一行大字记载"此人于某月某日出境赴港"。可见户政单位也有"记录"。

  1979年5月，我从台北市万大路迁居永和市智光里，当时的里长姓傅，因为债务缠身离去。继任里长名叫刘擎华，缅甸华侨、广东客家人。这个人大概有些心理不正常，个性跋扈，为了保持里长的位子，经常莫名其妙攻击较具声望的人。约于1983年4月时，我出席智光里的基层会议，刘某人在席间发言，内容极其荒谬，散发传单无的放矢！说什么"别有用心的分子"与"此人在情治单位还有记录"，等等。

  当时不知道他所指何人，我自然没有在意。但事后他又闹出更大风波，始知是针对我的。从刘的言词可以找出一些蛛丝马迹，那个时代某些里长曾担任情报单位"网民"，所以会获得一些"秘密资料"，而他却用来威胁别人。

  1986年夏，我大哥的亲家翁焦作民先生夫妇从纽约来到台湾定居。我为他奔走买到了与我邻近的住房，他迁入后，我们一同去永和市秀朗派出所申请户籍，管区警察当面退件，表示我没资格做保证人！问他什么理由？警察说："你心里明白。"我想焦先生一定开始怀疑我的"成分"了！这件事使我非常尴尬难过，因为我知道事情无从解释，可能越抹越黑。不如心中坦荡就好，何必在乎别人的误解。

  焦作民先生曾在香港新亚书院进修国际政治，也是一位国际政论家，算是钱穆校长的学生，所以他透过关系找钱穆帮忙，保证人的事迎刃而解。

  另一件类似的事，我的朋友吴光五先生，是台湾神学院高才生，

第四章　兄长往事历历　明志传继家风

于1950年我们兄弟几人请他担任日语家教。1953年初他赴香港及仰光当牧师，同时发展事业，曾在香港广播电台主持传教节目，很有名气，在股票市场获利致富。约于1987年他的胞弟杨先生从加拿大辗转来到台北，事前我接到家兄来信，叫我照顾一下杨兄弟的生活。杨先生事先也来信恳托，说来到台北后再打电话联络，但后来却音信全无。后来我在电视新闻看到"救总"接待他的新闻，台湾当局也答应替他安排工作，我也就放心了！

但杨先生来到台北为何吝于与我见面，连个电话都没打来？想必和我的卷标记录有关吧？

警察既然说"你自己明白"，我也曾经自行检讨过可能误触了何种忌讳或法令？首先想到：我哥哥在香港友联出版社担任副总经理，当时海外有一批学者曾经签署了一份共同宣言：坚决反对蒋中正"修宪"延长任期。经香港新闻界公开发表，还把这些人氏称为"七十二烈士"，其中友联机构方面就占了好几位！

我曾为友联代办采购台湾地区各大书局出版参考书籍，邮运到马来亚与新加坡分公司门市发行，供应南洋华人学生读者之需。香港也按期寄来少量《银河画报》在台北市面贩卖，这中间有时会把其他书报零星寄来，包括《大学生活》和《祖国》等杂志。

但另一本周鲸伦主编的《亚洲论坛》可能有点儿问题！周鲸伦曾长期旅居日本，从事反对台湾地区当局的活动，后来他的政治立场有些转变，到香港从事写作与创办杂志，笔下政论文章仍脱离不了"民主、自由色彩"！是不是为了《亚洲论坛》在台北一两家书报摊贩售违反了"禁令"，就很难猜测了。

关于友联出版《大学生活》月刊，也曾遭到查扣和警告，理由是书里的一张漫画，画着一座电话亭里边挤满了学生争打电话，亭外还有人排队等候。检查官员看到这幅图画，认为有意讽刺台湾社会太穷！他们说：

鼎沸沙鸣：从北京到台北的乡愁

"台湾电话多得很，怎么会有这么多学生争一只电话？不符事实，分明是造谣诬蔑！"下令禁售。

说到这里想起了《华报》报社同事林王梅，曾被冤枉受过七年牢狱之灾！事情起因于林兄和《华报》同文作家苏秦，二人合伙承包基隆《民众日报》副刊编辑工作，由于经费有限，内容需要剪用各种报纸新闻稿件。有一天，林王梅剪用了一篇《星岛晚报》刊出的大陆地方新闻，报道内容大致是说"大陆东南某地区，风调雨顺没有什么灾害发生，农作物收成增加，老百姓生活渐有改善"。不料这篇文章见报后竟遭到举发，指他"为匪宣传"！

林王梅曾在法庭上极力否认有此意图！何况《星岛晚报》是奉准进入的报纸，为何这则新闻先刊载者没事，剪报重登刊者却有罪？因此一直缠讼好几个月时间，这时承办检查官即将届龄退休，就与林王梅私下沟通，他率直地告诉林说："我马上要退休，有些话必须向你说清楚。一、你不认罪会严重影响我的考绩。二、我一直都不曾对你施压，就因知道你是无心之过；但凡是已经起诉的'匪谍'案子，从来没有任何一位法官胆敢无罪释放的！三、我退休后换别位检查官审理，年轻检查官不会善罢干休，一定想办法整你认罪为止。为了你我都好，请你帮忙在下一次开庭认了算啦！我一定判你最低七年徒刑，在起诉书上签注得好一点，在你服刑满三年半后，就可假释在外工作了。"

林王梅见到检查官眼泪都滴下了，他在看守所已被关了几个月，也听说"遇到这种官司，结果都是逃不脱的"！他切实明白了这一点，只好认命算了！

林王梅兄在假释期间，先是准予日间离开"宿舍"，夜晚归营，经过一段时间后才真正假释；但警备总部每天都派一位士兵全天候伴随，至刑期届满为止。政治犯坐牢一概没有折扣优待，少一天也不行！

这一段真实故事对任何人来说都是"白色恐怖"！如今想起来依旧胆

第四章　兄长往事历历　明志传继家风

战心惊!

我在做电影宣传广告和在报馆服务期间，曾经因一些小问题被传唤去问话，那些人员好像都被洗过脑一样，大小事都说："你思想有问题！你这样做一定有目的！"

我诚心诚意辩说："非为故意。"

他们却说："你们当然这样说了！"

这个被警察打压的事实是否跟"友联是中共香港外围组织"有关？要不然是"常友石染红"拖累了我？至今不得而知。

大约在1988年，亦即蒋经国宣布解严（自1987年7月15日零时起）的第二年，台北县警察局派一位高级督察来家宣布："从今天起警察局将销毁以前被调查人的记录，绝不会再定期查你的户口！我代表警察局对你曾经造成的不便，表达抱歉！"

第五章

情义交织台湾
艰苦岁月谋生

1951年侧身踏入电影圈

家兄随胡宗南总部从成都撤退到海南，又从海口机场转飞到台湾，"第七补给区司令部"带着很多资金过来，这笔钱成为这些人员的经济后盾，有些黄金都存放在台北延平北路一家名叫"金正兴"的银楼生息。

家兄负责管理那批资金的一部分，有一天他嘱咐我送一批金条到金正兴银楼。这是我生平第一次见到金条的长相，其中有五两和十两的，横一层竖一层的，总共有方方正正的那么一包。这批金条值多少钱，我不清楚！于是我先用旧报纸把黄金封好，再用一条麻纱手巾包起来，我把手巾四个角打成死结，勒得紧紧的。然后挂在脚踏车车把上，从台北市浦城街经过重庆南路，很快骑到了金正兴银楼，当面交给王鸿吉副总。

王副总打开一看，重重的金条已经把麻纱手巾坠破了四个小洞，他吓了一跳！他问我说："老三！你就是这样挂在车把上带来的吗？"

"是。"我老老实实地回说。

他听后不觉哈哈大笑说："好家伙！你经过重庆南路时，手巾若是破了，金条洒了满街，这事情可闹大啦！以后千万要找个袋子装啊！"

那次，几百两黄金在我手中经过，我的感觉"不过是一些重重的东西罢了"！却不知它的实际价值何在，利害何在。这件事过去许久，我才觉得自己实在莽撞！

第五章　情义交织台湾　艰苦岁月谋生

　　由于存金关系，两方面建立了友谊和信任，金正兴银楼杨永兴总经理建议家兄这一方把存金换现投资经商。研商结果，便于1950年4月在延平北路一段23号开设了一家"大有影业股份无限公司"，由家兄常友石任董事长，杨永兴先生任总经理，聘王玉垂先生为经理。

　　翌月家兄代表公司到香港买了上海出品、龚秋霞主演、屠光启导演的《牡丹花开》和龚秋霞主演、马徐维邦导演的《塔里的女人》两部黑白老片，曾在台北市中山堂上演过，卖座平平，也没赔到钱。但因同事间的倾轧，家兄也听到一些闲话，内心极为不平！不久，家嫂从北京带着孩子们去了澳门，家兄遂于9月间去接家眷赴香港定居。

　　不久，大有公司酝酿经营戏院，有人介绍一位姓杨的房地主，拥有台北市中山北路三段89号一栋三层楼房外，还持有后巷紧邻一座500坪*的茶叶仓库产权。打算与大有公司合资，将这两栋建筑物连接起来，改装成一座电影院。临中山北路三楼部分作为戏院大门与办公室，后巷两层楼大仓库加装机房、舞台与银幕等设备作为映演厅，短期之内即可开始经营。家兄原持反对意见，但他并非真正出资股东，只是代表人身份，那时身在香港，也就不再坚持己见。经改建装修后，"大有戏院"于1951年元旦正式开幕营业。第一部片是首轮西片《艳曲凡心》。

　　家兄迎接家眷后定居香港，即辞去大有公司董事长职务，刚刚融入港九这个新环境，人生地不熟，生活一时陷入困境。他曾在九龙码头替人看船，某个夜晚还碰上抢匪劫船，所幸没有受到伤害，也没吃上官司。

　　后来家兄进入友联出版社当《祖国》杂志校对，出版社立即发现他的才华和能力而受到重用，升任编辑。当时友联正在扩张规模，成立友联图书出版发行公司，采用了家兄草拟的会计与人事两项制度，家兄随即受聘为副总经理，负责公司财务管理与会计工作，并兼任几种出版物的编辑。

　　那时家兄在香港受好友之托，替一位朋友王伯常先生作保入境，使他顺

---

*　1坪=3.3平方米

1954年笔者与台北市影片商业同业公会总干事王伯常合影于台北市南阳街办公室

利来台,并且介绍到大有戏院来工作,与我同住一间寝室,后来成为至交。他的职务是总务兼管广告业务,虽然戏院方面的广告工作不多,但他对此一窍不通,我就协助他处理设计稿样。这是我触及电影广告领域的起点。

大有多金开戏院　影剧生涯第一步

1951年冬,王伯常转任台北市影片商业同业公会总干事,他留下的广告业务就交我接办,这是我正式踏进电影界的第一步。

台北市影片商业同业公会系于1951年4月4日成立,那时会员公司只有30余家。当时汉语片都要仰赖较早上海公司的出品,有几家公司在台北成立分公司,如周梓杞的大中华公司与朱梦梅的华声公司等。其他电影发行

第五章 情义交织台湾 艰苦岁月谋生

大有戏院与久华公司老同事好友于1994年12月8日聚会，在台北中山纪念馆前摄影留念。左起：笔者、全季华、王伯常、高永辉、李寿、张建棠。

公司还有常友石的大有电影公司、金瑞昴（黄伯韬女婿）与张仕杰等人合营的联安公司、毛挺浩与毛炯兄弟的协记晋源行电影部、张鸿林的万国影音公司、朱宗涛的上海中一行电影部、徐欣夫的国泰影业社、朱佑衡的台兴公司、王力航的银城公司、郑锦文的大同公司、赖国财的台联公司、任宝龄的美观影业社、李国钧的太平洋电影服务社与段元昌的建成公司等，官方电影机构有农教公司、台映影业社（属"中影公司"）与台湾省新闻制片厂等。

看看以上公司名单就会发现，这个时期台湾电影业百分之八十操诸上海帮手里。到了1959年电影公司已达170多家，发展非常迅速。及至1985年前后，这个行业正值巅峰时期，公司多达四五百家！可惜电影商业却面临着电视台、第四台（后来发展成有线电视）、计算机网络等多重竞争威

1952年摄于久华公司。背景为电影《好女儿》剧照

胁与日趋严重的非法盗录等无情打击。电影业遭逢了几场浩劫，公司纷纷倒闭，到了1991年之前，只剩下十几家而已，终于从极度繁华又重归40年前局面。到了21世纪来临之前，台北市实际营业的电影发行公司已呈屈指可数的局面，制片公司更是寥寥无几。

台湾电影界50年兴衰史，我身在其中。生活经历、掌故、秘辛，等等，在后节文中仍有所记述。

大有戏院经营了一年多，因不堪亏损，只好租让他人，改名"环球戏院"。

久华公司开张歇业　中山堂街边摆烟摊

果然如我兄长所预言"小戏院经营不易！"。那时中山北路三段属于非繁华地区，当地电影观众数量不足以维持一家戏院生存，开幕后生意奇差。一年多后，转让易主，改名"环球戏院"。再一年第二次易手，更名

第五章　情义交织台湾　艰苦岁月谋生

"金山戏院",经营仍无起色,不久后停止营业。

1952年,经王伯常介绍,认识了影片公会常务理事朱佑衡,那时他正打算拓展营业,问我可否到他的久华公司帮忙。我想留在大有戏院终属寄人篱下,不如有个栖身之所,所以表示乐意追随。公司开办之初只有我一个伙计,什么事务都要管,什么活儿都要干。

当年五月,久华公司在台北市昆明街29号开幕营业,一年后迁移到峨嵋街30号。曾经代理香港邵氏公司出品的影片,包括:《玉女怀春》《好女儿》《寒蝉曲》《红玫瑰》《小凤仙》《碧云天》《太太风波》等片。黄卓汉自由公司出品的《馥兰姊姊》以及罗维拍摄的《卧薪尝胆》等汉语片。其后也发行过法国影片《色不迷人人自迷》、英国影片《英雄难过美人关》、菲律宾影片《蛇魔》等片。1955年还拍制过一部闽南语影片《金姑看羊》。这两三年间,我负责电影宣传广告、跑海关(提领进口影片)、跑台湾银行(办理申请外汇、结汇业务)、跑电影检查处、缴税跟轧头寸等一切业务,还时常出差到外县市戏院去催收账款。

公司业务渐有发展,几位同仁相继加入。一位是会计全季华小姐。她是哈尔滨人,会说日语,精明干练。1955年与同乡刘勋庭先生结缔,并且考进中兴大学国文系,插班二年级,随即离开了久华。全小姐毕业后进入台北私立静修女子中学教授国文,服务30多年后退休。现已年近90,应是老祖母的地位了。

全季华女士离职前,我特别去了一趟台中,邀请大有戏院同事李寿先生,回台北接任公司会计职务。

那时李寿在台中市政府财政科当雇员,虽然名义低微,待遇菲薄,但他凭恃学识渊博,对财务管理有相当历练,很受财政科颜科长倚重,请他处理秘书工作,对外公文多出于其手,诸多重大事项也请他参与咨询,在台中市政府有"地下科长"之誉。他为报颜科长对他的知遇之情,一时无法抉择。

我遂在台中住了一天，劝他无须留恋官场，何况雇员毫无前途，将来科长更替，新任未必如此礼遇，不如到电影界当会计谋求发展。他终于同意我的劝说，留书不辞而别，跟我同车回到台北。果然他在往后的三四十年间，事业稳定，家庭美满，有着很好的发展。

1995年6月间，他回到家乡陕西西安定居，叶落归根，令人艳羡。2012年已98岁高龄，与我通信还是书写蝇头小楷，工整漂亮。前年他赠我临赵子昂《归去来并序》行书横条，楷书《朱子格言》墨宝各一张，弥足珍贵。

我第一个真正受聘做事的久华影业公司，其老板朱佑衡是天津人（1912～1976），燕京大学经济系毕业即加入国民党组织，曾入中华复兴社。根据国民党历史资料1940年出任中苏情报所天津副所长。1946年获选为制宪国大代表、任国民党天津市党部民训科长、天津临时参议员、"国防部"保密局天津站第一组长、第十二战区外事处副处长。1948年当选国民大会代表。

朱佑衡来台后成立"台兴影业社"从事电影发行商业。他的夫人王兰曾于1954年间参选台北县议员当选，因此与永和市地方首脑人士颇有渊源。朱佑衡先生胖胖的身材，福态方脸，高度近视，生活严谨规律。因为单打独斗，资金有限，开立的台兴影业社只是小门小户"一爿公司"。

朱佑衡好友、《蓝与黑》的作者王蓝和朱太太王兰两人都是台湾政界人士。有时圈内人谈话谈及"王兰"竟不知所说为谁。所以当时谈起这两位时都各冠以性别，分别称为"男王蓝"和"女王兰"，以免发生误会，一时传为佳话。

我投靠他时公司才改名"久华"，职工只有我一人，公司经营事务都需他亲自办理，直到代理发行邵氏公司新片发行后才增聘副总经理杨祖光，会计全季华和库房管理杨顺起三位重要管理人员，公司才有了规模。但与香港购片事务还是不假手于人，每日上午上班必先伏案用复写纸书写

第五章　情义交织台湾　艰苦岁月谋生

给香港的商业信函。可以说全副精神都投注在他的事业上，其敬业精神甚是可佩。

我追随他约三年多，初期"久华"曾经兴盛一时，但最后终于倒闭，最大原因是资金不够雄厚。那年代银行借款不易，"退票"触犯刑法，民间周转借贷必须付出高额利息，而且都是一两个月内或几天的短期周转，公司后期"调头寸""轧支票"成为日常工作和难度过的关口，经营上乱了阵脚、捉襟见肘失去方针，再加上朱老板患有高血压症，健康状况亮起红灯，被逼退出影坛。

1957年，"久华"歇业，我也跟着失业，十分可惜！

这年冬天面临失业，觉得很彷徨，就去找王伯常商量如何找个工作。那时台北市延平南路《新生报》大楼改建，靠近中华路边盖了一家"新声戏院"，即将在新年假期开幕，据说走廊两端可以摆设两个香烟摊位。于是伯常兄请托一位江苏籍民意代表，写信给台湾"烟酒公卖局"关说（即用言辞打通"关节"、搞掂某种"关系"），请分配一个香烟零售摊位给我。不料这个地点太过扎眼，很多人动它的脑筋，各方面寄送给烟酒公卖局关说信件纷至沓来，堆积如山。承办人怕得罪人，不敢贸然行事，只好定期在公卖局台北市供销处办理公开抽签。

我在参加"烟酒公卖局"公开抽签时，居然幸运地抽中一个《香烟摊贩牌照》。这个香烟摊位在中华路与秀山街口，旁边就是中山堂。白天摆摊儿卖香烟，晚上到"美尔顿英语补习班"学读英文，我曾念了九个多月，学到初级为止。

写作、校对、记者与新闻界

1955年我开始替《华报》写短稿，因此和《华报》馆上上下下的都很熟。我有了《香烟摊贩牌照》后常送香烟到报馆。

有一天，社长王爵先生把我叫到办公室，对我说："老常！你这样卖烟能卖到几时？不如到报馆来当校对，我给你三百元月薪，大概不如你摆烟摊赚得多。不过报馆有宿舍住，又管伙食。虽然吃不饱，但保证饿不死。你考虑一下吧，如果愿意来，随时欢迎你！"

这真是隆情厚谊呀！我没有理由坚持在街边挨苦受冻的道理，所以我答应说："容我几天时间，把烟摊处理掉，我马上来报馆上班。"第二天，我在烟摊木板上贴了一张《出让启事》红纸条，三两天就把《香烟摊贩牌照》转让给别人了。

1957年秋，我跨进了《华报》馆，成为新闻界"一脚门里，一脚门外"的工作者。我是《华报》唯一的记者，采访路线以文教、影剧与娱乐为主。

《华报》是一份"海派小型报纸"，创刊于1948年11月20日，读者群设定在大陆来台民众，内容注重娱乐报道和副刊。副刊采专栏形式，作家各有固定版位、各署篇名，经常连续供稿。最特殊的是所谓"身边文学"，所谈所论都出自个人观点。所见所闻、私人事务皆可为文章内容。像当年的上海红星焦鸿英和画家"万石楼主"陶寿伯等名人，每逢出游、访友、旅行在外时，无论身在何处，都喜欢与报馆通信，报告行踪或略作杂记，这些信稿都上报。而读者不以为忤，反而倍感亲切，这也是海派小型报纸的特殊文化。

《华报》馆的几位上海老作家如王爵（社长／王文）、朱庭筠（发行人／随波）、黄转陶（总编辑／猫庵）、朱锵锵（苏秦）、李浮生（人称老爷叔）、马芳宗（宗从足／柳上惠）、周鸡晨、陈瘦碧、江石江（落拓青衫）、梅花馆主（书带草堂随笔）、徐晚苹（首任台北邮局局长）等诸先生以及剧评戏稿专家包辑庭、陈鸿年、孙雪岩几位北京先贤等，都是饱学能文之士。

第五章　情义交织台湾　艰苦岁月谋生

与台湾《华报》发行人朱庭筠先生（上海浦东人）合影。此照摄于《华报》社同仁喜宴上（1963年）

以上所记《华报》同文诸公，除了三位剧评家是北京人外，其他均为江浙人。我经常写的一篇小方块叫作《补白篇》，笔名"梅宇"，后写《粗言粗语》，笔名"老粗"。曾经取论语章句来做"歪解"，居然引起几位前辈名家的兴趣和谬赞，当年曾求得艺文界耆老陈定山、徐晚苹和万石楼主陶寿伯三位先生所赐的书画作品。

陈定山于1973年送给我的墨宝是一副对联，联曰"仙岛常居千春锡福　吉人多庆万事桢祥"。恰将我的姓名常锡桢三字全部嵌入联内。上款写"锡桢先生大雅指正"，下款署"癸丑清秋　定山　蘧"。

陶寿伯送给我的画是一小幅双梅图，题"冷艳"两字，落款"梅宇吾兄属　寿伯"，边有"陶寿伯"与"万石山人"两方印。压角印篆刻"寿伯六十后所作"，当为寿伯先生铭刻。此画得于1970年，由此可约略算出陶公应生于民国前十二年，即1900年。

约在1985年我曾协助嘉义《商工日报》做特约采访，因而获得一幅由三位知名女画家龚书绵（有"八闽才女"之称画家高逸鸿夫人）、王寿萱、蔡秀云合作的全开《四君子图》，由刘太希居士题诗，诗云："长忆孤山处士家，暗香浮动影横斜，秀云挥洒凌云笔，来写中华第一

211

台湾报纸连载小说《大汉中兴》作者、文学作家、书画家陈定山送笔者的对联

花。"上款题"梅宇先生暨夫人双正",下款属"太希居士　时年八十有八"。

当年"报禁"仍未开放,而嘉义《商工日报》却传出经营困难即将转手消息,国民党唯恐这家报纸落入党外人士手中,遂以台币4000多万元收买发行权。决定这项政策者就是后来的亲民党主席宋楚瑜,当时宋先生正担任国民党"文宣会"主委。经友人介绍我代为拓展该报"台北电影广告"、协助采访艺文新闻,因此曾和宋先生有过见面之缘。

我的朋友萧铜——《京华探访录》作者

我在新闻界幸运地结识了很多朋友,如《大华晚报》记者原遄(敬一),《自立晚报》记者白担夫(即名导演白景瑞),《民族晚报》记者

第五章　情义交织台湾　艰苦岁月谋生

冯伟林。后来我们都在电影界不同领域分别发展，以白景瑞导演的成就为最。

当年同时期跑影剧新闻的记者有：《征信新闻》的刘昌博，《联合报》的绪伯雄、姚凤盘，《中华日报》的刘一民，"中广公司"的乐林、郝维善，"泛亚社"的伊梦兰、"正声电台"的李宝淦、金德璋，香港《上海日报》的司马芬。摄影记者：《新生报》的何汉章，《自立晚报》的乐俊漪，《民族晚报》的蒋杰。影剧版主编：《中华日报》的万存仁（后转任《大华晚报》），《联合报》的黄仁，《摄影新闻》的李敬洪（漫画家牛哥李费蒙的胞兄）诸位老报人，对其中几位很熟悉。

提起朋友，我不能不详细说一说我的好友萧铜先生，他曾经先后担任《华报》《自立晚报》与《大华晚报》的编辑，对我写稿工作有很多支持。很不幸萧铜竟在1997年葬身香港寓所火窟！乍闻之下非常令人惊悼与惋惜。我于1999年夏写了一篇纪念他的文章《我的朋友萧铜》，这篇文章曾在《北京文史资料汇编》刊出。

萧铜原名生鉴忠，南京人（笔者于2001年春问过他的同乡马忠义先生，证实生是南京人），1928年生于北京，家住绒线胡同吕祖阁附近，在北京念过小学，12岁时随家转居南京。小时候很喜欢听戏，由于他的父亲当时服务于新闻界，和戏班非常熟稔，住家邻近"长安""新新"（今首都影院）两大戏院，离前门外也不很远，听戏方便。有时候会背着书包跑到后台去"拿蹭儿"。他在《京华探访录》一书中就直率地说："我从八岁那年逃学看戏，日看夜看，风雨无阻，足足看了两年，跑遍了北平各戏院！"就因这一段经历使他对戏剧产生浓厚兴趣，也结下不解之缘，后来从事写作也长于京戏杂文与编剧，因此他对以前这些作为从无后悔。

萧铜的文思锐敏，笔锋犀利，语带京味，写作时书写指头般大字，风格特殊。1949年随上海报人刘慕耘先生（曾任《联合报》专栏作家，小童口中的刘伯伯）来到台湾，先入台北《华报》馆（海派小型报，类似早年北京的《小实报》）曾担任编辑，同时以"牛郎"笔名，每日撰写《石头记》专栏短文，这期间曾经为了对京戏的艺术观点差异，和齐如山先生大打笔战！据说有戏剧大师头衔的齐如山睥视这位后生小子，对人说："我从来不看《华报》！"这话传了过来，小童和《华报》同文等一齐鸣鼓而攻，每天派人把报纸贴在台北济南路齐如山先生住宅门墙上！这件事在当时曾经引起台北文坛不小的骚动。

1956年萧铜受聘《自立晚报》主编影剧副刊，以"高升"为笔名，每日写"圈内人语"专栏一篇。不二年转任《大华晚报》影剧版编辑。这期间兼任过很多话剧团演出时的"舞台监督"职务，同时也有不少的剧作问世，在1953年到1960年期间曾经受托写过几部电影脚本，在记忆中闽南方言片《郭素玉棺中产子》、汉语片《血战》都是他的作品。据一位资深影剧记者说：萧铜曾参与李翰祥导演的几部著名影片编剧工作，但他都未具名。生鉴忠在这段时间虽说不上飞黄腾达，但是在影剧与新闻两界都有相当的地位。我的写作就是在萧铜的鼓励下开始的，1956年他介绍我进入《华报》馆担任校对工作，一年后我转业香港《银河画报》驻台湾摄影记者，继续撰写影剧消息与北京回忆短文，在《华报》和《自立》《大华》两家晚报，他都采用过我的投稿。

萧的个性豪爽任侠，有江湖气概，喜欢慷慨结交和抽烟喝酒，他自称有过不少"酒肉朋友"，赚多少，花多少，不擅理财储蓄。1961年他编写的舞台剧《潘金莲》在台北西门町的红楼剧场公演，第二天遭到新闻主管部门的禁演处分，因而引起他极度不满，情绪跌落谷底！其实他在此之前，即对台湾当局不满，理由很特别：一、在台湾听不到好的京戏，看不到名角；二、喝不到大陆的二锅头好酒，喝洋酒又太贵；三、抽不到好洋烟。所以他在家里经常听北京中央人民广播电台短波播出的京戏和相声节目。

第五章　情义交织台湾　艰苦岁月谋生

在《潘金莲》被禁演后，不久他就远走香港去了。两年之后有一次我跟导演李行在一起谈有关他导演的新片《贞节牌坊》宣传事宜，李行先生说到萧铜在香港报纸上写"群蛙乱舞"连载，文章里大骂蒋政权，台湾电影和文化圈里的人大概也都骂遍了！李行说："他骂台湾没几个好人！奇怪，文章里只有我和常梅宇没骂着！"其实我知道自己没有被骂的资格，并且我和他在交往中彼此互相尊重，从来没有过丝毫不愉快。

萧铜先生在《京华探访录》的后记里说："想不到我在香港写作十八年，直到在《明报月刊》发表了《京华探访录》八篇文章才'扬名、露脸'，受到普遍注意。"于此可见，他在香港的生活和社会地位是逊于在台湾的。但是萧铜生性豪放不羁，敢爱敢恨，重视自我，爱好自由，所以他选择香港安身立命，一住三十几年，真是得其所哉！

很不幸1997年香港发生了一场高楼大火，正是萧铜的住所，本来他已经逃出火场，但是他很珍惜自己的藏书，竟不听劝阻再度闯进大楼救书，没想到竟然命断火窟！消息传来，台北故旧好友莫不惊悼叹息。

1999年2月10日上海《民族晚报》副刊上，读到一篇姜明德先生所写《人海杂记——戏迷》的短文，所记的正是萧铜坎坷的一生。文尾大叹香港报界人情淡薄，有几家报纸在报道他罹难消息时，指他为"老稿将"，很有奚落斯人之意，这原本是香港现实寡义的写照！作者姜明德先生为此义愤难平，因而写出了这篇悼念生鉴忠兄的大文。

姜明德在文章中说："萧铜是香港作家，没错，其实他也是位台湾作家。五十年代初，他在台岛起步，已在那里出版了中篇《街檐》《哀歌》《浮沉》《方虹》和长篇《老百姓》……在香港又出版了《柳巷》《凶手》《银海》《风尘》以及电影剧本《我又来了》《密杀令》。还有散文《雪，在回忆中》《马路》等。"

依我的记忆，《老百姓》应是《百家姓》之误，故事是描写抗战时期，北京天桥老百姓生活的苦况。

鼎沸沙鸣：从北京到台北的乡愁

我和萧铜先生相识五六年，因同乡、同好又很谈得来，常常聚会喝茶聊天，多少对他有些了解与认识，特将旧事一二随笔忆述如后：

1952年，影星焦鸿英在台北大有戏院公演话剧《花木兰》，黄曼演木兰之妹，萧铜此时开始追求黄曼。听说黄母认为萧缺乏经济基础，表示坚决反对进一步发展，但萧铜却动用众多人情攻势，终于达成与黄曼结婚的心愿。婚后与岳母共同生活，虽然没有非常大的排场，可是从湖北跟来的厨师和车夫，却是黄妈妈生活中的一部分，加上大家都很好客，晚餐时总是坐了一大桌子人，萧铜的薪水收入竟真的无法平衡开支，所以在生活上很不如意。证明了黄妈妈的"先见之明"。原来有心营造的和睦局面，逐渐恶化，彼此不满的情绪更浮出表面。经过一番痛苦挣扎后，这段"金童玉女婚姻"就此宣告结束。黄曼就带着小女儿生小曼偕母亲到香港发展去了。

萧铜为人四海，作风海派，但性格高傲。台北友好在他赴港前夕，假影星王珏的太太在中华路开设的"渝园小馆"为他饯行。那天我特地交给他一封介绍信，请他到香港友联出版社去找家兄常友石先生，多少可以给他一些照应，如果在香港一时之间有职业困难，也会及时伸出援手。当时他说："还是梅宇兄替我想得周到！"据说他初到香港时，并不十分顺利，但从未去过友联。

萧铜的社会价值观是情绪化的，值得玩味！他嗜酒如命，烟不离口，贪欢享受，挥金如土，因此金钱对他非常重要，而作为文人的他收入终究有限，"钱不够花"是他的一大问题，并深深影响着他对金钱的"矛盾"看法。

有一次他对我说出"谁对我好，谁就是好人"的怪论。他举例说："一个人偷得钱财，却借给我花用，在我来说这个小偷仍然是我的朋友！"由这句话当可判断出：他的金钱（并非绝对财富）观，间接影响到他对人的评价标准以及交友条件了。

50年代，影剧圈的人士都喜欢同类相聚，大家互相交往，互相照顾，

第五章 情义交织台湾 艰苦岁月谋生

由左至右：黄曼、萧铜、生小曼

长久后便形成了小团体，有了团体自然产生了带头的大哥。萧铜既然在报馆当了编辑，平常写剧本，演戏时又是舞台监督，在新闻与影剧两界都有相当地位，再者围绕着他的一大群人，都唯他马首是瞻，他自自然然地就成了大家的领袖，并且以萧为中心形成一股"势力"。在那个时代，亲近他的都以"台北杜月笙"誉之，不喜欢他的则封为"一霸"！甚至有人骂他是"文氓"！

我在此要特别郑重声明：我的朋友萧铜先生虽曾是位很受争议的文人，前段话也真的如此说过，但他绝对是位正人君子，从来没有在台湾的圈圈里收取过非分之得，平素待人接物亦彬彬有礼。我想真正和萧铜做过朋友的人都会看法一致的。尤其是他能舍弃台北所建立的一切，而远走香江，足见他对那种"令人侧目的成就"，根本没有留恋。到了香港后他摇动笔杆写《群蛙乱舞》，大揭台湾黑幕，大骂圈子里的丑态，来发泄他在台湾所积累下的郁闷和不满，却也表现出他"睚眦必报"的个性！

萧铜去了香港几十年，但这个名字在台湾仍旧响亮。萧铜不幸过世两年多了，台湾的影剧与新闻两界还有很多人怀念他，谈论他！如果地下有知，他应该高兴地浮一大白呢！

（本文写于1999年6月25日）

台北京戏名伶胡少安

2001年4月15日，台北菊坛惊传京戏大师胡少安病逝的消息，乍闻之下，不禁为之震悼！

胡少安先生生前虽已七十有七高龄，但身体一向健朗，没有什么毛病。偶尔在街上相遇，他都是精神奕奕，步履安稳。谁知他在家中跌了一跤，竟倒地不起，家人见状火速送医，惜已药石罔效，挽救不及了！

另两位唱胡子的哈元章与周正荣，都已于近年相继凋萎，大陆来台老一辈京剧生角，硕果仅存的只有李金棠一人矣！李金棠目前居住美国，因年事已高，深入简出活动少了。

1947年，胡少安随顾正秋剧团从上海来到台北，在大稻埕永乐戏院演唱，很受大陆来台人士欢迎。顾剧团还有另一位老生周正荣，与胡少安双生同为顾正秋拐刀。这两位生角同享"轴子戏"。不分头牌二牌，倒也相安无事。

笔者来台之初也曾是永乐戏院座上客，观赏聆听过胡少安的《牧羊圈》《借东风》《四郎探母》等戏。那时胡少安凭着钢嗓气足"铆唱"，好像每句都要唱到满堂彩不可。因此有一些戏迷讽为"拉警报"。及至笔

第五章　情义交织台湾　艰苦岁月谋生

者在国光戏院访问胡少安时，他的唱法已收敛很多，运用嗓音技巧趋于婉转纯熟。他的唱法接近马派，一出《十老安刘》唱做俱佳，赢得观众听友的喝彩好评。

再经不断辛勤耕耘、磨炼，不断粉墨登场，艺事精进，唱做自成一家，堪称台湾梨园须生翘楚。

顾正秋剧团解散，团员各奔前程。1953年，胡少安担任军方剧团大队长。之后曾出任"复兴剧校""国剧科"主任以及电视"国剧"节目制作人等。从事京戏剧艺发展、教学传艺工作，使京戏在台湾扎根绵延，胡少安先生在这方面功不可没，因而渐渐受到社会肯定与舆论尊重，并获得新闻界加封的"国剧大师"荣誉头衔。

1959年10月，笔者曾在台北国光戏院后台采访胡少安先生，撰写一篇约800字的专稿，刊于台湾《华报》。胡少安先生证实他曾于幼年入富连成坐科，学小生戏，私下学老生戏。按年序，他应是"元"字辈，与哈元章、孙元坡、马元亮为同科师兄弟，但他坐科未满，就中途离开了富连成。他的父亲为文场乐师，家学渊源，遂拜宋继亭为师，学习老生。

2001年4月16日，《联合报》文化版报道胡少安先生辞世消息，文中记述家人与故旧的谈话，都说胡少安很注重养生之道，近十几年来已不再登台演唱。2000年7月，他与失去联系半个世纪的妹妹胡慧兰在台湾重逢，曾同台合唱了一出《四郎探母》，这是他最后一次演出。

顾正秋复述胡夫人周韵华的话说：胡少安前几天觉得胸口有点闷闷的，本来今天要去医院检查，不料却因心肌梗死突发而不治，实在来得太突然了。

与胡结交60年的李桐春说：祖师爷赏给胡少安天赋好嗓子，并且记性强，学习力强，更能把所学表演在舞台上。他的曲艺学识渊博，各家门派的戏出，如谭（富英）、马（连良）、高（庆奎）、余（叔岩）的戏都能演唱。

20世纪90年代中期，胡少安（右）与赴台演出的京剧团成员合影
（左为张学津，中为马学仁）

至于说文中写到"他曾事师于高庆杰"，却未必是事实。因为在1960年间，我在《华报》馆工作，报馆有个"周六票房"，每周聚会清唱，经常到场的有曹增禧、孙雪岩、李毅清、裴松林、陈鸿年与李东园等诸位票友同文。其中的李东园老先生，出身天津富家子弟，是有名的邮票与钱币收藏家，生平爱好京戏，曾于1931年与马连良同拜"老乡亲"孙菊仙为师，学了《逍遥津》《辕门斩子》等几出好戏。李东老在台北曾登台彩排，票演过《逍遥津》。胡少安发现台湾有此高人，求艺心切，便到《华报》面见社长王爵先生，请为引介李东老，想要拜师学戏。王爵先生答应为之穿针引线，达成心愿。而高庆奎的高挑唱法也是学孙菊仙的，于此可知，高庆奎与李东园系出同门，胡少安何必前后两次拜师学同一出戏？

台北京戏名伶哈元章和梅葆玖第二次访台

1954年我在台北久华影片公司时，有位同事李倩云和她的先生顾振铎都是北京同乡，顾振铎时任空军大鹏国剧团康乐官，我常被邀去"空军司令部"中山堂听戏。有时候趁开戏之前到后台找他聊天，所以认识了很多

第五章　情义交织台湾　艰苦岁月谋生

"大鹏"的演员，比较熟悉的有小生马荣利、丑角王鸣兆、干旦刘鸣宝、老旦王鸣咏、武丑景鸣璧等，也认识了团长哈元章。

1959年大鹏剧团准备赴美国公演，行前曾在空军新生社舞台拍摄宣传剧照，我有机会以香港《银河画报》记者身份现场采访，与照像公司同步拍摄一组照片，戏码包括了《梅龙镇》《问樵闹府》《四郎探母》《小放牛》《白蛇传》《蝴蝶梦》《三叉口》《乌龙院》和《单刀赴会》等约十出戏。并请剧评家写了一篇专文刊在《银河画报》第9期，出版后有助于大鹏赴美公演声势，因此哈元章对我格外尊重。

当年哈元章家住台北市南机场空南二村，我家住在泉州街底，是哈先生上下班必经之路。有两次我在巷口崁顶站等公共汽车，哈先生骑着一辆很漂亮的自行车经过，他见到我都是"翻身下马"，然后朝我一鞠躬，寒暄两句再骑车离去！他如此客气的动作让我很不好意思。我倒不是借此抬高身价，而是想让读者知道哈元章是位非常多礼的好好先生。

我少年时曾在北平前门大街路东的鲜鱼口华乐戏院听过富连成的科班本子戏"桃花女斗周公——乾坤斗法"。哈元章还在坐科，就因唱周公一角而红极一时。可惜在1942年9月18日，因近邻长春堂药店失火，发生"火烧鲜鱼口"大火灾，把华乐戏院烧得除前面柜房保留外，其余均片瓦无存，富连成的衣箱（戏服）大部分寄存于戏院后台，包括切末（道具）以及"乾坤斗法"特殊机关布景等都悉数烧光，价值30余万元！这次火灾对富连成科班造成非常严重的损失和打击。听说那时哈元章才十四五岁。

我因有顾振铎朋友之便，而且我们《华报》社长王爵之长女王凤娟又是小大鹏二科的学生，所以那一段时间常欣赏小大鹏和哈元章的演出。像他跟戴绮霞合唱的《四进士》、跟张遏云合唱的《游龙戏凤》、跟赵原合唱的《战宛城》、跟张正芬合唱的《四郎探母》、跟马元亮合唱的《青风亭》我都听过，后来听他跟徐露唱的戏那就太多了。

1993年4月北京著名京剧家梅葆玖和张学津组京剧团二度来台，做一次交流演出。两岸富连成科班师兄弟相约假台北市松江路一家蒙古烤肉餐厅会面餐叙,我有幸应邀参与盛会。那晚宾客除了梅葆玖(梅兰芳之子)、张学津(张君秋之子)两位外,还有叶少兰(叶盛兰之子)、裘元戎(裘盛戎之子)、谭元寿(谭富英之子)和马学仁等人。台湾东道主有马元亮、孙元波和胡少安等人,那天大家都指望哈元章能够领头参加团聚,但据马元亮传话说:哈元章因病住进医院,无法出席,托他向宾客致歉!顿时引起众人关切,也使这次聚会减色不少。更没想到哈元章竟在1995年病逝,闻讯后确实令人悲悼。

还有老前辈苏盛轼(丑角)年事已高,因行动不便而缺席。记忆中"大鹏"还有朱世友(小生)以及陆光的萧运生(韵笙)二位富连成的演员,有没有出席过这场盛宴,已记忆不清。

当天我拍了几张照片都已遗失,唯独留下胡少安和张学津的一张合照,我特用在纪念胡少安的一篇文章里。不过我另外保存了梅葆玖和张学津两位先生的名片,值得留作纪念。

1986年我曾代表嘉义《商工日报》采访传统曲艺家王友兰小姐,因她将在实践堂策划演出《薪火相传——说唱艺术之夜》,并彩唱京韵大鼓《子期听琴》,我为她写了一篇访问报道。那时她在东吴商学院经济系当助教,她说除了京韵大鼓外她还正在学习老生戏,哈元章就是她的指导老师。当时她赠我两张照片,都是在排演时所拍摄的。

从前大家都知道哈元章是哈宝山的侄子、马连良的表侄,却不知道他是哈宝泉的儿子。现在网络有资料可查,却都只记载:他曾任"空军"大鹏剧团团长、文化大学戏剧科副教授,但都不提他曾担任两届"国剧学会"理事长。

蓦然回首,将近一甲子前尘往事,呈现眼前。虽对哈元章先生所知有限,但都是亲身经历事实,随笔补记于2012年10月。

第五章　情义交织台湾　艰苦岁月谋生

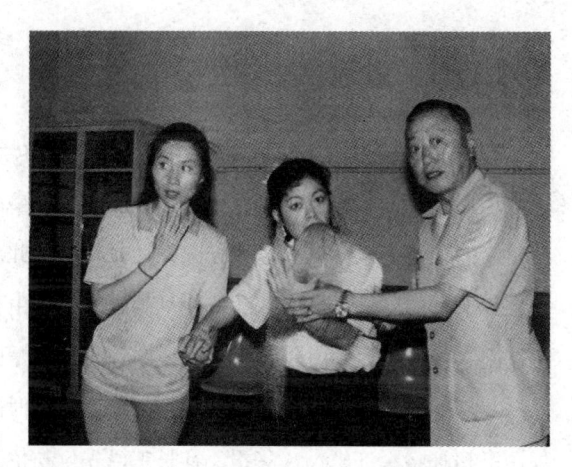

哈元章先生为王友兰（中）指导京剧《打渔杀家》作派

《银河画报》《中外电影》和《影剧天地》

在1961年左右，我认识了罗家驹先生，参与他创办的《中外电影》杂志编辑工作。罗家驹协助我向"内政部"申请获准出版《影剧天地》杂志，这个刊物是由联合新闻通讯社发行人蔡馨发命名，可惜我的资本不足，只正式出版了第一期而已。这时旧识来约聘，我又重回电影宣传广告工作岗位。因为当时是军事专制时代，实行警察政策，电影界遭受的白色恐怖可谓无处不在！

电影公司印一张电影宣传单，刊登一张报纸广告，都要经过警察局检查批准，否则就会遭到警告、传讯和处罚。因广告稿和宣传品须向警察局送审，电影公司受到多项限制，常常错失宣传时间，不胜其扰，广告工作者精神上受到很大威胁。这时期我手中握有《影剧天地》出版执照，我经办的电影宣传单都可用杂志"特刊"发行。如此规避了申报手续麻烦，使我在工作方面获得了很多方便。

生活煎熬兼差多

1959年9月20日，我与台湾彰化二水张明珠女士结婚，婚前我非常诚实地坦白了过去的一段婚姻，以求得谅解，避免事后发生误会。我和张明珠是经前辎汽十四营同事孟兆祥介绍，相交后彼此产生关怀和信赖，我想这就是所谓的爱情了。不久我们谈到婚姻问题，由于我岳母担心我缺乏经济基础，曾表示反对，但终于被我说服答允这段婚姻。

我们的婚礼在台北记者之家餐厅举行，由当时的"警备总部政治部主任"王超凡将军证婚，《华报》社长王爵先生与侨光摄影通讯社社长谭栋材先生为介绍人，天津先贤李永凯老先生为我主婚。

我们在结婚喜宴中拍下的照片，还保存着。在宾客相片中可以找到几位电影界好友身影，如影星穆虹、蓝璐、雷鸣、魏平澳，导演李溯、编剧杨澄、美术指导段凌、制片家任宝龄、刘德宣、摄影家孔嘉与童星张小燕的父母张真夫妇等。还有后来的大导演白景瑞，那时他仍在《自立晚报》当记者，笔名白担夫。

此次婚礼恭请"警总政治部主任"王超凡将军福证，这件事要感谢影星张茜西的帮忙，王超凡将军当面慨允的。那时台湾刚刚发生了"八七"水灾，当局正忙于救灾与安定社会的工作。王将军亲口答允我的请求，但

1958年笔者担任《银河画报》记者时所用的摄影机，使用最早最久的是右边方形的ROLLECORD，稍后曾用中间的EVAKIA，1970年换用PENTAX。现均成古董机

1963年春笔者夫妇和儿子家度、敬凡摄于阳明山公园

1966年春笔者夫妇和儿子家度、敬凡摄于台北市动物园

他也非常直接地说明，因有公要在身，只能准时出席我们的婚礼，不能多逗留参加喜宴。

王将军与影剧界渊源很深，在他担任副主任时，香港影星组团来台参加各项活动，王将军都参与或主持接待任务，我们多次见面才有此缘分。明珠婚后生的长子家庾，这名字是请家兄所取。次子敬凡，是我对王超凡将军表达敬谢所命的名字。

王将军在为我们证婚时曾致祝贺、勉励之词，有些话还牢记在心。他曾举家乡湖北俗谚"上床夫妻下床客"比喻夫妻相处之道。两姓联姻组织家庭，彼此都要适应婚后共同生活，两人情绪必然有所起伏，因此需要有所调节趋于融洽，才能天长地久！如何调节情绪起伏？融洽到何种程度？"上床做夫妻，下床做客人"就是最好的方法。所谓"床前打架床尾和"也很有道理。

我和张明珠女士结婚起初的十年，因我的工作不稳定，收入有限，家庭经济捉襟见肘，犹记最不济时，艰苦难熬而牛衣对泣，我们堪称一对患难夫妻。婚前我们经过一段交往时间，再经她家人的考验。那时我岳母对这门亲事持反对态度，她曾问我有无财产，有无存款积蓄，我都据实相告。但我承诺毕生相爱、互相信任扶助！在座的姑母（彰化二水碧云寺住持圆深法师）见我坦荡诚恳，就做主答应了婚事。

捞过界　拍剧照　说相声　当演员

为了养家糊口，我做过太多行业。有人说我"捞过界"，我说我是"各界捞"！

说实在的，记者待遇差，稿费也低，实不足以维持家庭开支，所以绝不能放过正当赚钱工作机会。我有照相技术及暗房设备，朋友们便找我去

第五章　情义交织台湾　艰苦岁月谋生

"跟戏"拍电影剧照和舞台剧团宣传剧照。

1960年,香港邵氏大导演胡金铨(河北邯郸人,北京育英中学毕业)来台,专程为他将要导演的《红胡子》找适当外景场地,约我负责摄影记录,由"台湾制片场"剧务祖康陪同。此行曾经到过台中、后里、火焰山、大甲溪与横贯公路各地勘查。

过了一年,胡导演来台湾为国际联邦公司拍摄一部《龙门客栈》,我看过片子后,发现片中所用的外景场地,百分之九十都是那次勘查所得的外景地点。

有一件趣事在此一记,胡金铨在台中时每天到街边豆浆摊吃早点,都是"老规矩":甜豆浆、咸豆浆各一碗和两套烧饼油条,他这种吃法很特别。

"中广"公司"三军"俱乐部主持人赵雅君任慰劳团团长,赵之诚任副团长,团员有影星崔冰、李湘苓,剧作家申江,"中广"节目主持人崔小萍,票友李毅清、郝仲春,琴师刘维华,空军中尉戴秉礼,我和宜兰员山荣民医院评剧队的文武场,手风琴乐师等三十余人。演出节目包括流行歌曲、评剧清唱和相声。

首场表演在宜兰女中礼堂,进入山区后在福寿山农场、青山、达见、德基水库边等共表演了六场,每场都是人山人海,尤其是德基水库坝顶上演出的一场,竟来了上千名荣民弟兄。我跟戴秉礼表演了相声《电影大观》,凭全场不断的大笑声,还能符合观众的要求。这一次活动非常成功,"中广"公司曾特别编印了一份纪念专刊。

慰劳荣民活动结束后,赵之诚先生约我在"中广"演出相声节目,我很想尝试一下录音间的滋味,于是就找影星高明合作。我们决定每周各交一份新本子,分在周二、五播出,谁写的稿谁为主——"逗哏",对方为配——"捧哏"。高明艺名"李宝隆",我叫"唐宝春"。因为我们两个都是门外汉,手边也没有老本子或录音带可作参考,全凭各自片段记忆,重新串联拼凑成段子，又挖空心思创作新本子。背稿及排练时间也很少，当然不够熟练，距应有的相声水平还差得远！

我们的相声先后在《"三军"俱乐部》与《荣民之声——松柏村》节目中播出，维持了两年多的时间。

我能有此机会，除了参与横贯公路慰劳荣民活动与"中广"结缘外，还有一个鲜为人知的内幕：原来"中广"公司一直与吴兆南、魏龙豪有约，其间吴、魏两先生向"中广"提出要求给付"回放费用"。"中广"认为没有先例，双方各有坚持，遂造成决裂局面，"中广"无奈，只好暂停播放他们的相声节目。但电台又不能长期没有相声节目，才出现了这个缺口。我跟高明兄都是抱着临时客串的兴致，与"中广"只有朋友关系，没有合约约束，任何一方喊停，都可顺利结束合作。两年多的播出时间，足以证明我们的相声曾经长时间考验的。

当年我自己写的相声稿有：《电影大观》《笑的艺术》《台湾横贯公路纪行》《麻将论》《理发进化论》《飞行踏板》《说规矩》《希特勒》《说春联》《北京市声》《真假包公》《街头宣传站》等，这些底稿我已重新整理过，但有若干专门针对时事稿件，今已时过境迁，没有保留价值了。

写过电视单元剧本　在台视八点档演出

高明兄是河北人，北京中国大学毕业。他的夫人柳莺是北京人，他们夫妇俩同行不同台。高明在台北市政府社会局有正缺，算是公务员，还负责社会局所属"儿童剧团"团务与导演工作。

有一次他向我"征稿"，经申江先生指导，我写了一个《华明的新妈妈》电视单元剧本。高明看过后，认为不适儿童演出，经我同意转交给"台视",台视公司于1965年黑白电视时代,在晚间7点时段《温暖人间》现场播出。演员有魏苏(即魏龙豪)、张冰玉、柳莺、巴戈(巴戈那时还在念小学)与王英。

代办友联"星马书报发行公司"图书采购

1958年底,香港友联出版社为服务华侨与南洋大学师生,在马来西亚吉隆坡、星加坡(即"新加坡"。1959年,当时新加坡在大英帝国统治下组成自治政府,1965年8月9日新加坡独立。独立初期,新加坡一直用"新嘉坡"作为其通用中文国名)两地成立书报发行分公司。我曾代办采购台湾图书,包括打包、邮寄等工作,每月支车马费港币100多元。

这项工作我执行了五年之久,跟台北的几家大书局都有交往,台湾开明书局经理刘甫琴、"大中国书局"经理黄开礼、新兴书局发行人洪浩培、三民书局黄燃灿诸先生,都曾有过深厚的交情。

当时也曾与传记文学社刘绍唐社长、文坛杂志社穆中南社长、"中国语文社"赵友培社长及司马中原诸位先生见过面,这工作对我意义重大。

不过,做生意终归是做生意,虽是文化事业,能够赚钱也要走小道儿!举几个例吧。

一件事是当时台湾风行盗版,好几家出版社印制了《大英百科全书》,售价新台币只有8000多元,但碍于法令,翻印书籍不能公开邮寄或托运出境,怎么办呢?只好交人由小道运出。凭良心说我搞不清楚这个"小道"怎么走,只知道经出版商媒介交付2000多元代价即可,没有收据,没有保险,新加坡能不能收到货,谁也没把握。

另一件事有关采购"四海唱片公司"翻版唱片,也发生过同样类似情形。邮政局依据法律规定,国外邮件总价超过25元美金,就要检附

"外汇证明"，还要经过报关、验关手续才能寄出。为了规避这种麻烦，每日只能寄一两包，交寄时间拖延很久，邮程需要50天以上，容易错过商机。

那时候新加坡正在闹独立，屡次发生街头暴动，政治与社会情况一度非常混乱！我在台湾订购图书，一向由我开出私人期票，累积金额总有数万元之多。因此在马来西亚动乱时期，我着实担忧书款汇不过来。万一退了票是会坐牢的！

重回电影广告生涯

依我50年所见所闻，台湾电影发行业中充满了恶性竞争。商人多半都是唯利是图，罔顾道义！什么损人利己的坏事都能做得出来，看了令人不齿。

制片界文化水平更低，从制片、剧务、摄影师以下的工作人员普遍"出口成脏"！说话都带口头语，张嘴就骂人，严重污染了电影界的文化环境。有人讥讽"这些人嘴里边没有生殖器，就不是拍电影的人"。听到外界的批评，身为电影人很觉羞耻。如今台湾电影界落到如此衰微地步，不知那些人可曾觉悟否？抑或污染到电视娱乐节目制作环境里边去了没？

但我在电影界总是接近过几位正人君子与有恩于我的好人，还是值得忆述一笔。

文华电影老板赵积德这个人

在新闻圈里混了这么多年，有人钦羡我记者生活"多彩多姿"，有人赞美"无冕王自在逍遥"。其实在看完我的这段经历后，就知道那段时间

第五章　情义交织台湾　艰苦岁月谋生

我一直生活在漂泊不安当中。1965年我再回电影界后才渐趋于稳定。拉我重回电影界的是一位赵积德先生，我非常感激他拉过我这一把。

1955年在久华影片公司时，我跟赵先生打过交道。公司代理发行的一部黑白京戏电影《红鬃烈马》（名伶顾正秋主演）。影片被人"侵占不还"。

那年元宵节前一天，在报纸广告里发现这部电影正在高雄冈山上演，公司立即派我兼程赶往追回，我带了《红鬃烈马》影片所有证明，来到冈山戏院说明来意后，戏院经理就请出了片主赵积德先生，赵先生表示这部影片是债务人向他抵债的，他说：既然证明影片属于久华公司，当然马上无条件归还。

赵积德如此说法避免了争议，事情顺利解决，当晚我把影片寄回公司，我也息事宁人不再多加追究。一周后，他从屏东跑到台北亲来公司致歉，所以给大家一个好印象，算是交了朋友。

几年后，赵先生从屏东地方法院退休，到台北成立文华电影公司，他买了几部美国"二轮片"准备发行上映。他就通过朋友打听我的行踪，找我去替他负责广告业务。

赵积德，安徽人，很聪明，笃信佛道与命理，会书法。他的身体不好，久病竟成良医，研究中医药渐渐有了心得。他做生意有冲劲，也很能钻。由于学历不高，资本不够雄厚，只能从小处着手。

电影这东西很害人，在电影界白手起家的人很多，所以吸引来不少做发财梦的人，他们进了电影圈，像沾染上毒瘾似的难以自拔。中国有句俗话"没有天天都过年的"！小本经营就怕赔，一赔就伤到元气。赵积德花费了不少的精神"摘东补西"，补不过来就伤到了他的信用！为了调头寸，他施展深厚柔功，低声下气在所不惜！平常你可见到他发愁，从来见不到他发怒。这是他的个性，也许是他的修养功夫。

做电影发行生意和参加选举一样，印宣传品和登广告都不必花现金。

参选要等选完收钱，电影要等上映完毕，报馆、印刷厂才能来结账。如果票房好，公司赚钱当然照单开付期票，若是卖座差，公司赔啦、倒啦，这就很难说了！

1965年期间"文华"发行《太阳浴血记》，在国光戏院上演了一个月，很轰动，很卖座。接着推出《汤姆历险记》《珍妮的画像》与《疑凶》等片成绩都不很理想，没想到文华公司居然倒了。当然拖了一屁股债。赵积德搬家离开台北，不见人了！好几个月后，他在台北市万华区西门町一个陋巷里租了一间房子，当起了医师，专门医治老年风湿疑难杂症等等。他知道在台湾当"密医"行为违法，便请来一位有执照的中医师，"一张牌照，二人行医"，合作无间。

当了两三年密医，他有了一些积蓄也筹措到了资金，大约1968年又回到电影界，一部老片子《深宫怨》在日新戏院上演两周，赚了一笔。此时台湾少年棒球队正扬威天下，因此触动了他拍制《红叶棒球师生情》的念头。于是找我来商量，我诚心地劝他认真盘算，不可盲目进行。他说只要筹划好，资金自然进来。我为他写了故事大纲，陪他去拜访编剧张永祥，张先生认为题材和故事都很好，答应接受编剧，可惜还是资本无法筹足而作罢。

有一次他拿了一份银行借款合约找我担保，我的这间小房子是刚刚向银行抵押贷款买来的，万一日后他无力还债，那时不但房子赔给银行，还要付分期付款，这责任我没有胆量承担。我想起了北京人的一句俗话"你有千条妙计，我有一定之规"。凭你三寸不烂之舌，说得天花乱坠，我只摇头表示恕难从命。

我知道他的想法，绝对不是故意拖我下水，只是走投无路后的最后挣扎。

很不幸，赵积德先生终于消沉在银海之中了！

第五章　情义交织台湾　艰苦岁月谋生

"中国育乐公司"与"中华影业公司"

1965年起我曾为"中华""联诚""万邦""龙裕""新亚""大东"等影片公司制作广告。

1966年,"中国育乐公司"曾经发行了一部欧洲《荒野大镖客》,非常轰动,照现在的票价折算,卖座超过台币亿元以上。随后陆续进口欧洲影片,需要一个专职"宣传员"。老板张雨田以"月薪4000元高薪"约聘,条件是不能兼差。我自知生性不喜过多管束,但为了求得稳定,于1967年1月进入"中国育乐公司",事后发现自己根本无法适应公司的工作环境。工作时间太长,使我的精神和体力都无法负荷,只在"中国育乐"待了四个月就知难而退。离开"中国育乐公司",仍回"中华影业公司"。

当年"中华"与"龙裕"两公司合伙制片,拍制了四部影片:《桥》,柯俊雄、张美瑶主演,张增泽导演;《花落谁家》,归亚蕾、刘华主演;《日出日落》,江明、朱丽华、陈慧美主演,李行导演;《标准丈夫》,吴风、朱丽华、陈慧美主演。在这段拍片期间我的职位为宣传主任。

"中华"老板孔志明是东北人,他的点子多。名制片家任宝龄批过孔老板的八字,说他走的是"梅花运",运命有起有伏,并且大起大落。走运时平步青云,扶摇直上,财源滚滚来,俗话说"山墙都挡不住"!但是每逢霉运来时,必会家财荡尽,因此劝他多修阴德,善养身心,以求福报。之后数十年中,孔先生的经历果然近似任宝龄先生的"推论结果"。

"龙裕"老板苏汉龙是江苏江阴人,开典当业发财,也做贷放款业务。他手头握有太多的"烂头寸",有钱无处投资,所以做起电影生意来。他们纯属生意人,事隔三四十年,除了名字之外,没什么好记的了!

万邦董事长上官业传为人正直

在此同时，我也为万邦电影公司办理宣传广告业务。

万邦电影公司老板上官业传先生是中国国民党台湾省党部主任委员上官业佑（1909～2002）的介弟，湖南石门人，曾任台北市大世界戏院经理，台湾省戏剧公会总会理事长。退职后，凭着他在各方面的良好关系和雄厚资本，在台北西门町经营万邦传播和电影公司。先投资李溯制导的一部《龙》，又接拍《李三娘》和王羽主演的《狂风沙》。继请姚凤盘导演《雪娘》和《春宵花弄月》两片，也支持任宝龄先生拍制了一部《大赤峰岭》，这几部片子只有《狂风沙》卖座接近200万元台币，收入最佳。

上官业传先生很有"湖南倔脾气"，性格刚直不阿，容易发怒。公司职员对他都不敢顶撞，不敢违逆，有意见也无法与他陈述沟通。

《狂风沙》档期安排在1968年暑假第二档，大约7月15日在台湾戏院上映，跟台湾"中影"公司签了合约。6月底，上官家有喜庆，他的女公子举行订婚典礼，我去"国宾饭店"参加喜宴，经理刘仁启见到我说："董事长今天突然要求'中影'改档，想把《狂风沙》延后到8月暑假最后一档上映。公司职员都认为不可，但谁都无法动摇董事长的决定，董事长表示想听听你的意见再说。现在时间还早，客人还很少，请你先到休息室去见他吧！"我明白刘经理的意思后，就随着他去见董事长。

"我很怕7月份台风会来，所以决定要把《狂风沙》的档期延后到8月最后一档，你的意见如何？"上官董事长问我。

"这是件大事情，我只能陈述意见，最后仍请你做决定。"

"好，你说说看！"

"一、《狂风沙》能够排上暑假第二档，凭良心讲，'电影公司'已经很买你的账了。二、如果说'放弃这档期'，这问题很简单，对方另外找部新片子补进来就行。但要求换档期，必定涉及'中影'与别家公司

第五章　情义交织台湾　艰苦岁月谋生

签订的放映契约，影响到别家公司即得权宜，交涉起来会有相当困难。三、王羽刚刚与邵氏公司闹翻，以自由演员身份为独立公司拍片，与《狂风沙》同时拍摄、由王羽主演的武侠片最少有三部，都赶在暑假档期上演。《狂风沙》若在7月中上档，这部影片就是'王羽离开邵氏的第一部武侠片'，算是最热门，在宣传与气势上都占尽先机。若改在8月上映，可能变成王羽主演的第三部或第四部新片，优势即尽失矣！影响卖座是必然的。四、所谓'8月最后一档'实为一个不确定档期，如果前面任何一档因卖座好多演一个星期，8月最后一档就少了一周，万一档期拖过了暑假，就吃亏太多了！6、7月多台风是事实，但谁也不能保证8、9月没台风。因此建议档期以不变为好，请董事长决定！"

"好吧，好吧！我知道了，还是维持7月中上片好了！"上官终于接纳了我的意见。

还有一段上官发脾气的故事。在万邦发行《龙》时，永和的"国华戏院"来签合约，经理刘仁启必须请示董事长亲自检视合约内容，然后签章才算完成，戏院老板周大业先生亲自到公司取约。刘经理答复说："合约已交董事长，等确定各项条件后会交下来。"周大业先生要求与上官见面，上官恰在他经营的传播公司开会，稍后回到公司。周先生对上官抱怨说："一点小生意，经理做主就行了，何必这样认真？"没想到这句话触怒了上官大人，他突然在桌子上"砰"地拍了一掌，把玻璃桌面震得粉碎！脸红脖子粗地说："你有什么资格干涉我公司的制度？"周先生想不到上官会如此震怒，一时无从反应。我在当场立刻劝说："别生气，有话好说！"周大业先生这才很不自在地表示：只是开开玩笑怎么这样认真！上官的火气之大，令人大开眼界。

上官平常不肯轻易赞美别人，1985年他已退隐山林，住在六张犁的清静别墅，拒见访客。有一次我因参与一部新电影制片工作，故向文化管理部门申请《电影从业人员——制片证》，申请书必备一份制片公司"经历证明"。想来想去只有万邦影业公司才有我的资历记录，所以通过上官的亲戚去请求帮忙。上官业传说："我看在常锡桢这个人诚恳正直，才帮他的忙。"有了上官写的证明和导演李行到"新闻局"之便替我签证，我才在文化管理部门取得这张《电影制作策划工作证》。

上官业佑、业传昆仲都是仁寿长者，至2012年业传先生已近百岁，身体还很健康。

联亚公司兴衰史　怀念老东家吴骦

1969年我进入联亚影业公司，联亚老板吴骦(tí)先生是福建泉州人，政治大学外交系毕业，为人豪爽，待人宽厚，没有老板架子和商人习气，酒量好，喜交游，吴骦先生在电影界给人的印象是位"公子型老板"。

他的尊翁吴春熙老先生，是南京政治大学第一期的高才生。曾经当过记者，代理过厦门市市长，在台湾他担任国民党海外工作会专任委员。因为曾侨居马来西亚，对东南亚政经、民情都有深刻的研究与了解，时常以"东南亚专家"身份到邻近国家访问讲学。吴家是泉州望族，在马来西亚、菲律宾等处都有族人与产业分布，因此抗战时期旅居马来。吴春熙先生在台湾文化界（书局）有投资，政商关系良好。吴骦先生排行第二，大哥吴骕，三弟吴骏。四位姊妹，名字都有马字边。

联亚经营两年后业务渐渐展开，第一部影片《夏日杀手》于1972年12月在"国宾戏院"上映，卖座很好。次年暑假发行《傻瓜行大运》《大人物》《闹翻天》等片，票房也不差，总起来算公司是赚钱的。

可惜他大哥因经营地下钱庄失败，当时所负的债务高达8000多万元，在社会上造成很大的震撼！因为他们兄弟共同使用"吴骦"名义户头支

第五章　情义交织台湾　艰苦岁月谋生

票，因而受到牵连拖累，触犯有关票据的法规就需判刑10年以上。据说债权人中不乏"检察官"等司法界人物，债权人不甘积蓄被倒，扬言若不还钱，非置他弟兄于桎梏之中绝不罢休！

吴骙心生畏惧，先离开台湾到香港躲避风头，最后只得舍弃妻女和一切，远走美国依亲去了。他为情势所逼远离台湾，令人非常同情。20多年中间，时常听说吴老板要回台湾来看看，但始终都没见到他的面。吴骙先生应该年过花甲了。我由衷祝福他身体健康，一切平安，生活美满。

2001年3月底参加友人寿宴，与一位台湾《中华日报》张记者同桌，偶尔谈起吴氏家族，惊闻吴骙先生已经病故，令人悼念不已。他的早逝当与十几年的牢狱困顿有关。

我在联亚时深受信任、尊重与礼遇。1971年5月、11月及翌年6月，我曾三度以经理身份到香港接洽业务，才有机会探望我大哥大嫂。

说到香港，想起一段插曲。1972年到香港出差时，曾随吴骙拜访他一位父执辈朋友。这位香港华侨富商拥有九龙好几层楼房，他的大儿子在台湾经商，正巧返港办事，就陪着我们到处访游。

记得曾到一家开设在香港山坡街道上的百货公司闲坐。旧式两层楼房门面很小，看起来不起眼，店里面却很深很大。店里存放陈列的都是进口洋货，包括：名牌打火机、钢笔、袖扣与领夹等精致的装饰品。店里边正有四五个伙计在拆包装纸盒，把各种货品取出来，改用白棉纸重新打包，然后再一排一排地装进大皮箱里。我好奇地问店员："为什么拆装货品？"他们回答说："运送方便。"

隔天，吴老板、李先生和我同机返台。在机场托运行李时，我认得出李先生所带正是装满贵重货品的三个大皮箱，很担心交运过磅时会超重，但是"华航"柜台竟没有说什么，就顺利地上了飞机！到了台北机场通过海关时，"海关"关员仔细地翻看我的箱子时，我更想知道李先生的三个大皮箱

1970年在联亚电影公司所做《傻瓜行大运》上映前预告报纸广告

子如何"验关"。结果我亲眼见到箱子被人推进了"海关办公室",几分钟后由公务门推了出来!换句话说:这些货物"免验关,免缴关税"!

噢,我明白了!原来有如此方便之门哪!可叹那些私枭们必须在夜黑风高的海边做勾当,冒杀头风险!你说这世界有公道吗?

感念香港嘉禾制片公司周庆韶先生

在电影界我非常尊重社会伦理,凡是老板级的人物我都以礼相对,但真正使我尊敬的人不多。嘉禾公司主持宣传大任的周庆韶先生,应是圈子里公认的谦谦君子、好好先生。

嘉禾公司对我很有人情味,但若无周庆韶先生念旧记功,我不会长期受到优渥待遇和照顾,所以我对周庆韶先生有感恩心情。

第五章　情义交织台湾　艰苦岁月谋生

1976年摄于联亚电影公司办公室

吴骝先生避祸去了香港，联亚宣告结束。我曾替一心电影公司做过广告，当时"一心"代理发行香港嘉禾影片，和嘉禾台湾代表李培桂先生合租办公室。从《卖身契》一片开始，嘉禾公司收回台湾版权改由台湾分公司发行，我很自然地被推介承办广告业务。香港嘉禾公司宣传主任周庆韶先生曾专程来台与我见面会谈，我事先为他预备了一份《媒体广告价格分析表和计划书》，使他很容易了解台北电影广告作业情况，便于确定广告费用预算分配事宜。他带来曾经在香港用过的平面广告稿样与剪报资料，由我负责把粤语文案改写成汉语词句，并重新完成排列组合、调整广告篇幅。

《卖身契》宣传主题文案为"许冠文专门为台湾年轻观众拍摄的一部新型喜剧"，上映时果然轰动影坛，为嘉禾分公司奠定了稳定的发行基础。陆续推出的成龙电影：《杀手壕》《师弟出马》《龙少爷》《人吓人》《奇门遁甲》《鬼打鬼》等片，都属"香港重点指导，台湾由我执行"的合作模式，这几部影片发行都获得成功。

到了1983年周庆韶先生即将退休，台北分公司委请了一位宣传主管，因有周庆韶先生的坚决支持，我保住了这份工作，直到1994年5月嘉禾改组为"标致育乐公司"止，我为嘉禾工作了15年之久，却非嘉禾的正式职员。我的待遇始终"按部计酬"，拿的是"车马费"。

嘉禾职员待遇极差，初进公司月薪8000元，低于当局规定的最低薪资，试用三个月后才算正式职员，月薪10000元，端午、中秋与春节各加发一个月。以后每年固定调升月薪500元。因此嘉禾的几位老同事工作了十几年，每月只能领到10000多元。但是经理级人员待遇竟高于一般职员达四五倍以上，这种薪资结构极不合理，很可能是公务员出身的董事长李培桂设计的制度。

周庆韶，广东人，生于香港，有很好的学历，为人谦和，文思敏捷，行事稳健。对电影广告有高深见解，有领导、调和的长才。在嘉禾公司受到邹文怀先生的赏识与器重，全权经理宣传广告业务，对影片票房屡见奇功，在台湾分公司也曾独当一面。

1971年初识时，他在嘉禾公司担任宣传部经理，兼任"嘉禾传播公司"总经理，每月薪水总计约近十几万港元。那时嘉禾在港九拥有院线，除经常放映嘉禾公司出品的影片与代理发行的粤语片外，还经营外国影片。因此每年花在传播广告上的经费要数亿元之巨。嘉禾为了"肥水不落外人田"，并且可以主动操控媒体时段，因而成立了一家传播公司，宣传主任周庆韶先生当然荣任了总经理。

1983年他申请退休，全家移民到加拿大，经营茶叶生意，同时种植西洋参，都很有成就。四年后，台湾电影界渐渐起了变化，经营形态面临改革，嘉禾老板邹文怀先生又请他复出，接任台湾公司董事长职务，以维持业务发展，可以想见嘉禾公司对他的倚重了。直到1999年秋才完全退休，返回加拿大。

筹组台北市电影戏剧宣传制作人联谊会

1971年前后台湾社会消费者保护意识高涨，消费者协会应运而生，因该会作为过于消极无显著贡献，所以"消费者文教基金会"随后成立。该会首先针对台北市电影院环境卫生太差和电影公司的广告不实，发动了上千人在台北市西门电影街游行示威，抗议戏院内老鼠横行、养猫又咬伤观众的怪现象，同时对电影公司的广告夸大吹嘘表达高度不满，要求改善。

当年我以从业人员的身份选择站在消费者这一边，代表联谊会参加了游行活动，当时的戏院工会理事长周信雄对我很不谅解。我认为业者应该坦然面对这个新时代的来临，并应诚恳地与消费者沟通，积极改善才是正确大道。任何行业任何个人都必是消费者，权益均应获得保障。我参加游行即表示不愿见到电影业者与观众严重对立，业者应该自我醒悟！《联合报》次日新闻报道同意我的看法。

"台北市电影戏剧宣传制作人联谊会"于1982年1月由我发起，结合台北市十几位同业成立，主旨是"不做不实宣传""自勉敬业创新"。

成员包括会长：常锡桢（嘉禾公司），会员：汪承旗（邵氏公司），黄世文（美商派拉蒙公司），林德宗（美商福斯公司），陈祖球（学者公司），原敬一（《自由日报》广告科），郭奇时（益华），苏世安（台荣），吴文华（第一公司），沈鲲生（浩瀚公司），杨继陈（日新戏院），刘奕鑫（久达公司），李树林（吉祥公司），高永辉（本会秘书），李南棣（《民生报》电影广告科），郑盈涌、徐珊与潘怡君（《联合报》广告科）等人。每月集会一次约维持了三年时间。

专制时代电影广告工作者的压力与痛苦

我小的时候曾经梦想在戏院里工作，听戏看电影可以不必花钱买票。没想到来到台湾真的钻进电影界，稀里糊涂快要半个世纪了，这一梦圆得够长够久！

1950年台湾电影界开始逐渐蓬勃发展，在后来的二三十年间为鼎盛时期，我躬逢其盛，深感荣幸！到了1981年中期因为彩色电视发展，录像带盗录和第四台的冲击，使电影业陷入极度萧条而衰微，迫使电影发行业归于惨淡经营局面。而我也恰恰到了退休的年纪。

回忆当年从事电影广告工作时心情还是非常沉重，原因却是来自"白色恐怖"精神压力，让人不时担心"出事儿"，会被"警备司令部"抓进去"判刑"。举个例说吧。

第一件事。在20世纪60年代的报纸广告都是"铅字手排版"，电影公司把广告稿发给好几家报馆，报馆的印刷厂工人要照稿排版，而每家报馆所采用的铅字规格不同，排版工的技术有差别，所以同一广告稿在不同的报纸上会有不同的面目出现。

当时报纸广告上已经可以使用锌版，有时候锌版的尺寸过大，报馆工人会把锌版剪裁一部分。有一次使用"星星"做广告花边，不料排版工人剪来剪去，广告上的星星花边竟剩下"五颗星"，于是警察局便开始调查："广告上为何出现五星旗？是否替大陆宣传？"为此被警方传唤到案，必须说清楚讲明白。

我自己的经验。第一件是在做《六犬大盗》宣传时，第一张"前导广告"把一个戴在狗脖子上"防咬狗环"作为主体，中央的空间放了一个犬字。没想到这个广告在报纸上刊出后，居然震惊了国民党党部。要求电影发行公司解释："为何国民党的党徽中间排一个犬字？是否在骂国民党是狗？"

第五章　情义交织台湾　艰苦岁月谋生

原来他们把"狗圈"误当成了国民党"党徽",难怪国民党中央表示震怒!

我自知理亏,赶紧数一数狗环上的"尖刺",幸亏只有10个,不是12个,也就放心多了。我解释说:"哪有人在青天白日之下找骂挨的?"我画的明明是狗环,请勿多疑!话虽如此,影片公司怕事,还是立刻更换了广告稿样。

第二件事。我在台湾"中华电影公司"任职时,上映第一部公司自制出品影片《桥》,不料第三天就被人检举"公司商标片头画面有问题"!"警察总局"主管保密单位要了解片头设计意义,通知公司派人去解释清楚。副总经理任宝龄嘱咐我去说明一切。

我到了警局,第一科局员展示了一封从"警备司令部"转过来的检举信,信中直指片头画面是"一轮红日渐渐升起于山海之间,红日很像日本国旗,显有献媚于日本之嫌"。我看了检举信内容与所绘的图片数据后,心中的忧虑尽消,知道没有什么大事情了!

我就跟警官说:"片头所绘旭日东升图景,象征国运昌隆!所以公司取为片头,用意正当,应无可议之处。"那警官对我说:"一些退役军官吃饱了没事干,专门写密告信检举别人,真是无聊!因为是'警总'交给我们案件,我们不能不查一下,我马上签意见结案。好啦,麻烦你多跑一趟。"这话是百分之百的事实,在那个时代已是见怪不怪。

我在来警局的路上,可不是如此轻松。曾经想过:如果此人检举所说涉嫌"为共产党宣传",恐怕很难善终了啦!

到了1981年前后,台湾报纸印刷机有了革命性的进步,从平版印刷机到卷筒机,进入了彩色照相制版快速印刷。广告可以做成完稿发给报馆,印刷厂不必再排字、打样了,广告发生错误的几率因而显著减少。

做电影广告几乎每周都有新的挑战,换一次新片上演,还会有"票房纪录"压力,虽然做广告的无需对卖座好坏负责,但心理上有很大的负担!

记得我负责嘉禾公司台湾宣传广告工作时，每上一部片子的当天晚上，都必接到嘉禾周庆韶先生从香港打来的电话，邹文怀先生也曾有几次接听我的报告，他除了询问票房纪录外，还要了解观众散场时的风评口碑。后来我退到第二线，只承担"执行预算"和"发送广告稿"工作，感觉上责任与压力都随之解除了。

捐赠毕生搜集的电影资料

我在正式退休之前，就把四十几年来收集的电影杂志与其他出版品、报纸广告剪报资料等，全部捐给了台湾"电影发展基金会电影资料馆"。包括：

1. 1953年邵氏公司出版的《电影圈》以及《国泰电影》（前后50期）、《银河画报》（52期）、《台湾电影》《影剧周刊》《影与剧》等电影杂志与民间举办的《第一、二届闽南语片金马奖专辑》。

2. 上海时代的电影特刊，我友萧铜先生见赠，约五六本，包括中国片《一江春水向东流》和洋片《一代枭雄》《脂粉双枪侠》等，香港友联出版和我编印出版的《电影特刊》，其中包括第一部闽南语片《薛平贵与王宝钏》等。

3. 戏院印制的《说明书》几百张。

4. 我亲手每日剪贴的4段18厘米电影广告等。

约于1995年，我邀请"电影资料馆"的黄庭辅与林文佩等四五位同仁来到寒舍取回上列图书数据，完成的我捐献心愿。我对很多事情不会很认真，对我捐出去的这一批书刊，从来没有留下记录，我也从来没有造访过"电影资料馆"。总而言之，我认为那些文物已属公有"电影资料馆"，有专家分类管理、供人阅览参考，比藏在自己家里有价值得多，我没必要

第五章　情义交织台湾　艰苦岁月谋生

再去操心了！至于馆方如何处理这些东西，去芜存菁或全部弃掷于垃圾箱，都不是我所顾念的了。但今天回忆到这件事时，倒是激起我对它们的浓厚思念！很想向资料馆的先生小姐们问一声，那些重重的一大堆东西，它们还值得典藏保留着吗？曾经有人翻阅过吗？

经营《大成报》黑白电影全版广告经验

1991年6月，台北"国艺传播公司"董事长张我风先生，介绍我认识《大成报》林登飞董事长，让我接办该报电影广告业务，合约一年，约满后不再续约。

在我代理这一年期间，《大成报》电影广告从无到有，我花费了很多心力，还要冒一定风险，因此尝到替人家打天下的苦楚。但稍有成就时马上有人"来戳我的后腰眼儿"，社会人心这般险恶，而报馆不念开创之功，罔顾道义，令人心寒！但我觉得平白得到这一年代理合约，已经够幸运了。

提起经营《大成报》电影广告，才再想起台湾银行的恶劣态度。为了按照合约需要开给《大成报》预付期票及按月办理结账，那时我真的需要一本支票。而我在台北第一银行西门分行开立储存户头已有20年历史，当然就去这家熟悉的银行申请开立甲存户头。不幸竟遭到小行员的讥笑、怀疑！

我表示是20年的老客户，因急切需要开立甲存户和使用支票。那行员说："20年不代表你的信用！"我说："我在贵行还有50万元定存。"他说："50万算什么。"我说："你不能这样看不起人，我也是有财产的人。"他说："把房地产证明拿来看。"我听了后心中很是无奈！但准与不准操诸他人，只好悻悻然而退。

第二天我与锦华电影公司会计郭春华小姐谈及此事，郭小姐表示陪同我去彰化银行分行申请，应该没问题。果然第三天就办妥户头取得支票，才顺利与大成报社履行合约。

这一年台湾金融界已经展现开放脚步，但银行服务态度依旧老大，置小客户权益于不顾，十分可恶！看看今日银行都到了要倒闭的地步，还不是人谋不臧的结果。小客户开甲种存户使用支票，对银行并不造成实质损害，为何要对20年的客户如此刁难？何况我在从无来往的彰化银行却能顺利开户领用支票，足见第一银行用人不当！

我不明白为何第一银行与彰化银行有此差异待遇，所以写了一封信给"一银"总行去质问。有一天，该行派来一位行员来我家亲自访问、调查，但这个来访者却正是分行的那个小子！当时我就有一种感觉，第一银行必定有一天会倒闭的！但我对这一年轻人还是很礼貌地招待他，说你既然代表银行来了，也就算了，请你回去随便填写报告吧！但他还要狡辩，我立刻板起了脸说：请你闭嘴！否则我赶你滚蛋！

这是千真万确的事实，公家银行就是衙门，除非你有权有势或有大钱，能够享受所谓"服务"，否则银行里的大小都是一群官吏，对小老百姓绝对另眼相看的。

现在如何？残余的印象还在！"一银"应该已经知道自己是"服务业"了！

台风吹到竹篱笆外——眷村生活

从前打仗的部队哪有携家带眷的道理？所以没有"军眷村"这个名词。来到台湾后，随军撤退来台的军人眷属确实不少，居住成了问题。为了安定军心，照顾军官军眷生活，在各地都建有很多单人宿舍和眷村，安置军官眷属居住。这些眷村多建于1949年至1960年间。

第五章　情义交织台湾　艰苦岁月谋生

由于空军"有机可乘",携妻带子来台者特多,因此空军眷村也最多。就我所知,台北市仁爱路有空军正义新村、长春路有正义东村、南机场共建设了空南一至三村。其他海军、陆军和联勤等也在台北郊区以及各地兴建军眷区。

军眷村建筑都是木板平房,一家一户,两房一厅,厨房、卫浴分在两旁,大厕所则设在村边,这是空军正义新村标准凹字形的房屋格局。眷村外围和家户院子都用竹篱笆做围墙,小区有所区隔,却非密不透风。其他各地各种军眷村建筑格局想必大致相同。

大型眷村实施自治和所谓"准军事管理",军方负责小区住户安全与秩序,士兵守卫大门,夜间宪兵巡逻以防宵小入侵或居民不法活动。主副食品每半个月补给到家,军人薪饷待遇微薄难免艰困,却也生活无虞。有些妇女除了照顾家人生活外,还抽出时间投入生产工作,有的到工厂做工、有的在客厅里做代工,组装、编织、缝制样样来,用时间和劳力赚钱贴补家用。

早期眷村人口多数来自大陆各省各地,可谓"四海汇聚""五方杂处"。无论说话口音、饮食口味、生活习惯都不相同,既然有缘住在同一竹篱笆围墙里,互相为邻、朝夕相处就应互相融合、彼此照顾,经年累月后军眷村自然孕育出一种"眷村文化"或称为"竹篱笆文化",最可贵的是精诚义气和克难精神,以及第二代不分彼此的兄弟深情。而流传至今的是烹调简单好吃的眷村饮食文化,2012年我还在电视上看到"侯妈妈"教授眷村菜,讲究色香味重特别下饭,包饺子、烙盒子、捞面更是打动我心。

眷村发展10年后人口膨胀,房屋开始起了变化,违建自然产生。孩子长大了需要独立房间,于是"申请奉准扩建",将厨房浴室改为卧室,另外在空地上加盖各一间。后来有人竟在屋顶上盖起阁楼,于是整个眷村变了形。其实在北京的老四合院也遭到过同样命运,最后院子空地都盖满房子，只留下两尺宽的通路，几乎房檐接房檐，两个人对面相遇都需侧身而过。

再10年后物换星移，军眷村逐渐走向残破、拆迁与改建的命运！

除了军眷村外，还有当年很多军民都占用公家土地（如台北市几个公园预定地）兴建违章建筑作为栖身之所，名字也许叫作什么"新村"，但它绝非所谓"眷村"。有些网络文章称之为"另类眷村"。

这种非官方建筑的聚落，最大不同是住户成分复杂、出入自由没人管理。房屋建筑普遍较为矮小，木造、席搭、铁皮以及砖瓦房参差不齐，横七竖八毫无秩序，与军眷村无法相比，不过这些地方居民间相处同样充满了浓厚感情，且蕴藏了很多感人的故事。

1959年，我曾在台北市南机场空军眷村外租屋住过9个月。房间大约4坪，租金3个月一付，新台币600元整，水电免费，无须押金。房子虽是同栋，但是独立门户，我专属的厕卫都设在院子里，主客互不相扰。

这栋木板房子内壁和隔间是竹排土墙，竹排两面糊黏土再粉刷白灰，衬上方方的木柱木框，看起来有些古意。

我在屋里靠墙边摆了一张单人床，床尾角落摆了两个樟木箱，钉了一个布幔子围着。靠窗这边放一张小书桌、木板椅、两把藤椅和一个小茶几就几乎占满了空间。因为工作关系早出晚归，只有礼拜天在家睡懒觉。

房东是位松山机场高炮营营长，夫妇都是江西人，有两个五六岁的女儿。房子是他在眷村边加盖的私产，租给我的这一间原是储藏室。

这个新村距离新店溪河堤不到50米，从泉州街底崁顶堤外的"河北新村"起向西，直到高尔夫球场堤外河滩地几处聚落里，住着好几十户人家，老住户都有被大水淹过的惨痛经历。堤内遇雨积水是常事，还没有淹水的记录。

7月间台风来袭，暴风半径笼罩台北，先是一阵晴一阵雨的，接着风雨都强劲了起来。入夜后，我家巷子里的街灯被吹得摇摇晃晃，灯光一闪

第五章　情义交织台湾　艰苦岁月谋生

一闪地直眨眼。河堤上黑漆漆、静寂寂，行人绝迹。

我独自躺在床上听收音机，越晚雨势越大，强风吹得雨丝横着飞，有一些雨水从细细的门缝吹进屋里来。我偶一翻身手臂靠着墙壁居然发现墙壁在摇晃颤抖！使我大吃一惊，担心这栋房子是不是会被吹倒，心里有些怕怕的，但不知不觉地睡着了。梦中回到了故乡，北京正在下着倾盆大雨，我家土房经不起雨水冲刷，靠西北墙角轰然一声倒塌，同院邻居闻声前来抢救……我的母亲和儿子冒雨仓皇逃出屋外，所幸祖孙二人平安无事，这一幕令人心悸胆寒！此时隔壁邻居赶来察看，有人砰砰地紧敲院子大门，我被急促的敲门声惊醒，恰似午夜梦回。

稍一定神后，才确信确实有人拍打我的院门，我急忙起身开门察看，只见赵余易用竹篓子挑着两个小儿子，他老婆牵着大女儿狼狈地站在滂沱大雨中！

赵余易是我同乡好友，他是自北京到台湾来的学生，婚后始终找不到正式工作，经济困窘，只好住在堤外的违建小屋里。因为台风河水暴涨，我们两家住得最近，只隔着一条河堤，老赵家里淹进屋，全家紧急避难来了。

"家里淹水了！快要淹到膝盖！不得已找你商量商量，先避个难吧！"

"商量什么呀？赶快进来吧！"

我看到朋友这份凄惨的样子，几乎掉下泪来。赵余易夫妇和三个孩子都进屋来，立刻塞满了整个房间。我赶紧把樟木箱子打开，把一些衣服毛巾都拿出来，让他们换换，盛夏天气穿的都是短裤短衣，身上的雨水擦拭擦拭马上就干。赵大嫂躲在布幔子后边换穿我的香港衫，抱着最小的儿子倚坐在床头棉被垛上，另外两个孩子横躺在单人床上，过不一会儿孩子们都睡着了。

我和赵大哥坐在藤椅上聊天，先谈这场台风无情摧残、紧急撤离的苦况,后说北京家乡故事,我们有共同的语音词汇、共同的生活文化、共同的思乡愁绪,所以聊起来无尽无休……

大约早晨5点钟天亮,风雨已渐缓和。我睁开睡眼看见老赵正悉悉索索地穿上蓑衣。"这么早你要去哪里?"我问他。"雨停了,我要去看看水退了没有,等一等太阳出来要先晒晒衣服,屋里也要清扫,否则晚上怎么睡觉。""好吧。你先去看看,等你回来,我们一块去柳麻子豆浆店去吃早点吧!""我看看就过来。"

台风过后第二天,我走到堤防外新村来看淹水情形,村里多数是违章搭建的矮房子,里外都是湿潮闷热,强烈阳光下蒸发出阵阵腐朽的味道。

巷子没有规划,地址不好找,走近溪边才来到老赵家,房门窗户都敞开着,屋里桌椅板凳都是旧家具,可以用家徒四壁来形容。我叫了几声,空荡荡的没人应。他的邻居说:"老赵带着老婆孩子先回万华岳家去住几天。""谢谢您!"我向那老人道谢。并且问道:"老赵全家出门,为什么连门也不关就走了?""嘻!他家里还有什么怕偷的?关不关门都一样!"

老赵苦成这个样子顶多叹息儿女多很难养,但他老婆肚子里却还怀着一个新生命!他为了养家糊口,能赚钱的营生他都干,他蹬过三轮儿、打过零工、当过商船办事员。

赵嫂子娘家原是艋舺车头的林氏望族,因相爱而生子、因生子而结婚,"生米成饭木成舟",家人反对已经来不及了。老赵婚前在台大经济系念二年级,婚后家庭生活拖累而休学,耽误了一辈子前程。老婆会跟他吵吵架,但从不翻脸,甘心情愿过苦日子,她说一切都寄托在儿女身上。

老赵遇到非常没辙的时候,才找我接济帮助。我为了免去朋友间的借贷关系,所以经常分配出一些跑腿工作请他帮忙,贴补他一点救急。

有一年春节除夕,我到中华路小区公寓5楼探望老赵新家,到了掌灯时分老赵竟然还在外面游荡!我见赵嫂子躺在床上哭泣不理人,孩子们在

第五章　情义交织台湾　艰苦岁月谋生

屋里的气氛也不对，立刻退下楼来，站在楼下的杂货店前想等等他。

我向杂货店老板打听，老板说："老赵赊账好几百元，好几个月没钱还，他年底不还什么时候还呢！""他赊欠你的账我来还清。""那敢情好！账都写在黑板上，钱不多一共470块。"老板喜笑颜开地回复我。"我请您替我准备半打烧酒、十斤面粉和半袋白米，另外我到对面肉摊去买五斤猪肉和大白菜，请您装好绑好，一起替我送到楼上赵家。我不上楼去了，他知道是我送给他过年的。"老板连忙应道："好、好、好！马上给您准备，我再给您开个送货单子，让老赵家签收。您要等一下，我要把签条交给您，比较清楚。"

这一趟我大约花了不到2000元。次日清晨老赵照例来电话拜年，表示万分感谢。

直到1971年，赵余易在台北市大安区公所当了雇员，有了较为固定收入，生活才步入稳定正常。

再10年后，他的儿女都先后完成大学教育，其中有的拿到外国学位，事业各有成就。老二最出息成为一家美商台湾分公司经理，在新店拥有独门独院整栋楼房，老赵老来能安享余年、含饴弄孙，这份清福得来不易呀！

我永远不能忘记同在困苦中挣扎的同胞，除了能尽一点儿微薄之力外，我还能做的就是写下了这群普通人的生活，让后人记住这悲惨和教训。

南机场的老郭

"南机场"曾经是台北市最南边的眷村区。

靠近淡水河边的一个大眷村，新搬来一家姓郭的，郭先生原是新竹某化学工厂的厂长，因为工作时期吸入了过多的化学气体，呼吸道受到伤害，罹患了严重的气喘病，被迫关厂停业退休。为了医病更要增加开销，在三年多后，就把积蓄折腾光了。本来富裕的生活环境，变得拮据困窘！

郭先生那年才50多岁，竟被疾病折磨成一脸老柑。郭太太不到40岁。女儿雪勤16岁，念高中。小儿子孝成4岁。除了这四口人外，还有一位陆军上尉军官和郭家同住。邻居猜测这位30来岁的军官，可能是郭家未来的女婿或者是郭太太娘家亲戚。

郭先生每天早晨4点多钟起床，就到河堤上去散步。几年前刚搬到这里来的时候，他可以慢慢地溜达到光复桥边，走两个来回，可是现在只能走个300米远了。

他惨白的脸上好像敷上了一层霜粉，在晨曦中不见一丝光彩。深陷失神的眼睛，含着不可知的情绪，统统被他的矜持掩饰住了。他佝偻着身子在河堤上缓缓挪动，好像要奋力走完全程，但他走上十几步后就要停下来喘息一阵子！左手拄着拐杖，右手紧抚胸膛。那痛苦吃力的样子，路过的人看见了都会生出恻隐之心。

他从来不与人交谈，也就没人知道他为什么健康坏到这种情况还跑到河堤上来散步。

早晨6点半钟，他准时回家。平常这个时候全家已经吃完早餐，女儿雪勤去上学，上尉骑车到"陆军总部"上班，然后他回来独自一个人吃早饭。

这天，郭先生刚刚回到家门口，已听到屋子里传出摔锅砸碗声，接着爆出一对母女的争吵，两个女人都扯着嗓子怒吼起来。

老郭停住脚步像触了电，身子震动了一下，接着全身不停地轻微颤抖，两条腿渐渐蜷曲，继而斜卧在石阶上了！他用双手遮住自己脸颊，似有意掩饰情绪反应。泪珠从指缝中不断地漏落。他拒绝聆听那两个女人的吵架喧闹，但无法如愿。

"我已经16岁咧，这种关系应该结束了吧！"女儿雪勤的声音。

第五章　情义交织台湾　艰苦岁月谋生

"什么关系？你爸都不说什么，你倒大闹起来了？"母亲的声音。

"爸能够忍受，不说什么，是因为他生病，老啦！任你们欺侮他，看着你们两个睡在一起，自己打地铺！"雪勤声音又提高了说，"以前我不懂事，现在……你有没有替我想过？"

"你？想什么？"

"我已经大啦！"

"大啦又怎么样？"

"大到张朋高对我毛手毛脚！"

张上尉穿好军装准备去上班，见到她们母女突然发生争吵，原想找机会劝解。但眼见火要烧到他的头上，为了要急忙逃避，拉开大门，骑起房门边的脚踏车走了！他出门时恰好越过老郭的身躯，因为走得匆忙，没有留心老郭的情况。

"他把你怎么样了吗？"母亲在张上尉走了后问。

"你想我也被他怎么样了，才甘心吗？"

"劈——啪——"郭妈妈伸手正反两个大嘴巴，打在雪勤的面颊上，打得雪勤登时尖叫了起来！

"你太过分了！你要故意拆散这个家吗？但你也不必昧着良心说话！你是张叔从小抱大的，他关心你不比爸妈少！你居然污蔑他，真是一点良心都没有！"

雪勤捂着火辣辣的脸痛哭。

"自从你爸生病退休后，家里的生活越来越困难，早到了山穷水尽的地步。有一次，你爸爸躺在医院病床上，他说我还年轻，不必为了照顾他耽误了青春，叫我走！他可以自寻解脱，不愿意拖累我。当时我如果只为了自己，狠心一走了之，不知道这10年你们会是怎样的后果？我也想过，如果我接受离婚，带着你去改嫁，你不是早就要面对另一个父亲了？"

"但是，你和张朋高这样子算什么？"

"也许妈不要脸,这一点我也觉得自己在女儿面前抬不起头来!妈是个坏女人。"郭妈妈把声调放轻,"有些话不知道怎么说,不过你一定要明白。张朋高比我小七八岁,别以为他真的高兴和我这个样子!还有一点,你必须知道,如果不是他情愿维持着这个家,我们的生活早就陷入绝境了。你爸看病,你上学,钱打哪里来?"

"呜……呜……"

"当年我从家乡逃难到了青岛,和同伙走散了,不幸病倒在街边!你父亲在兵荒马乱的码头边见到了我,我们是小同乡,他认识我。就为了这一点关系,从死人堆里把我救出来,同时还收留了张朋高。在青岛大撤退前把我们带到台湾。为了报答救命之恩,我就跟了你父亲!我对你爸爸从来无怨无悔,他病了我服侍他,也从无松懈。在你父亲的供养和我的照顾下,张朋高继续读书,他为了减轻经济负担,高中毕业就选择念军校。他一直把自己当作是郭家的一分子。我们从新竹搬到这里,是为了省钱,为了你爸方便就医。可惜只有两个大房间,我们怎样住都不方便!"

"现在张朋高不该再和我们住在一起了!"

"我刚刚已经说过,张朋高心里不一定高兴跟我们住。他为了小成一直留下来的,如果他真的走了,小成怎么办?"

"关弟弟什么事?"

"弟弟应该姓张!懂了吗?"

"小成他是?"

"妈在发现怀孕的时候,曾经很诚实地告诉过你父亲,他虽然没有说什么,但我看得出他也没有丝毫怨恨!所以决定没去堕胎,不过觉得在新竹已经待不下去了,这也是搬家的原因之一。

"小成出生后,经过慎重考虑,为了颜面,也为了有人继承郭家的香火,才决定叫他姓了郭。而你父亲对小成,就像亲生的儿子那样喜爱。

"关于小成的事,如果妈错了,原谅我吧!在这七年来,包括你父

第五章　情义交织台湾　艰苦岁月谋生

亲，我们三个人维持着这个不正常的家，心里都是痛苦的。而我最忧虑担心的就是你，因为你会长大！现在这一刻终于到了，很不幸，果然你只看到了肮脏的一面！你大概恨我们很久了，可是妈以前没勇气跟你说这些。

"我要趁这机会跟你说几句真心话，希望你能信任我，谅解我！这一切你爸爸都知道。而张叔是一位有良心的人，我们犯下不可原谅的错误，心里都有无限的愧疚。这件事就如同已被折断的箭，成为不可复原的残破事实！我们都是为了报恩，很怕这个残破的家被拆散，使任何一个人受到伤害！"

"妈！"

"你刚才说过，已经十六七岁了。希望你能再忍耐两年，等考上大学再打算吧！"

"妈，我？"

"如果你没有生那么大的气了，就赶快去上学吧！"

"小成呢？"

"他被吓到了，一定躲在床下边了。"郭妈妈叫着，"小成快出来！"

郭小成从大床下边钻了出来，睁着大眼睛望着母亲和姊姊的泪脸，他只是意识到两个女人的战争终于停火了。

雪勤整理一下头发，换穿制服，赶着去上学校。雪勤一出门就发现奄奄一息的老郭倒卧在门前石阶上！雪勤大叫了一声："妈快来！爸爸倒在这里啦！"

郭太太赶紧出来，母女俩合力把老郭抬到屋里，放在大床上。这时老郭只剩下最后一口气，他有话要对女儿说，雪勤把耳朵凑到父亲的嘴边，只见老郭的嘴唇微微地翕动着，可是始终没有说出半个字……

屋内响起两个女人悲恸的哭声，有些凄凉！

漂流过海的贾师长

在这种社会巨变，人生跌宕，政治高压，民生凋零的怪圈中，谁都不能逃脱命运的摆布。只说我们过海的国民党军队弟兄们，无论是将军还是士兵，无论是军官还是眷属都曾在彷徨与困苦中挣扎，留下一段段铭刻在心的岁月伤痕。

人就像海边的浪花，风平浪静的时候，它是柔和的恬静的。风越紧的时候，海浪越汹涌，激起的浪花也越高越猛！一波接着一波，有时会飞向天际。

如果站在远处欣赏，浪花给人一种美感和一种力感。

只有站在岸边才体会出浪花的性格，当大浪涌向你时，会让你心生戒惧，但无论如何海风吹起的浪花终将消逝在海里……

（一）

1949年11月，从上海撤到台湾的一批部队，其中有些师团只剩下了指挥部。贾国真的部队被打垮了，只剩下一个零散的师指挥部，没兵可带，成了光杆儿。

防务部门整编了贾国真的残部，取消了番号，也把他调到"陆军总部"担任高参。他的妻子钱夫人在官场上是一位非常活跃的女性，精于钻营。这段时间曾经多方活动，打算替贾国真争取一个主管位置，但是台湾部队太少，贾国真想要东山再起，机会不多。

贾国真曾经转战大江南北，叱咤风云一时，突然间坐了冷板凳。这对他不只是一记闷棍，且是残忍折磨！所以心中一直郁郁寡欢。就如太太钱夫人所说："让贾国真当一个有职无权的高参，是在浪费他的生命！对他是一种惩罚或羞辱！"

第五章　情义交织台湾　艰苦岁月谋生

贾国真原来驻防在上海附近，那时各种谣言腐蚀透了军心！几乎每天都有士兵逃亡报告。解放军在江北还没渡江，上海所摆出的架势，到处传播的消息，都是要撤！要走！任凭贾国真能征惯战，治军严明，也抵不住局势逼人。经过一次猛烈交火，贾的整个部队被打散了。残部撤到上海市跟军部会合，居然顺利地登上了一艘海军运输舰，还幸运地把家眷也带上了船，一同安全地来到台北。

贾国真在台北市金山街分配到了一栋日式房子，起初他的随从副官高延年和两个勤务兵跟到公馆来工作。不到3个月，勤务兵都调回"陆军总司令部"。高副官仍然追随着老长官。

高延年是河南人，脾气和他的长官一模一样，对部下、对外人向来趾高气扬。不过贾国真态度矜持，永远保持着尊严。而高延年有个习惯，嘴上常挂着一个"不"字，这个"不"字并不代表他正直，也不是拒绝请托，而是喜欢抬死杠！除了面对长官以外，不管是谁跟他谈话，也不管说的是什么事，提起的是什么人，他都立刻脱口回敬对方一个"不"字！打断别人的话头，然后他再提出不同或相反意见。比方曾有人说："《三民主义概论》的著者卫青，卫青原来就是任卓宣先生！"

"不！"高副官很自然地迸出这个否定词来，并且纠正对方的话，"才不是咧！告诉你，卫青才不是任卓宣的笔名咧，因为卫青就是我的化名。民国三十年，我已经把这本《三民主义概论》写好咧！"

老高善辩，又强词夺理，外带吹牛撒谎，于此可见一斑。

在部队时，官阶比他低的同事，跟他相处过一段时间，都知道他有这个毛病，跟他抬杠，犯不上又伤感情，划不来，不如随他算啦。倘若是不知他脾气的人，万一跟他辩驳，其结果必定大吵一顿，不欢而散。

高副官的伦理观念很深刻，对长官绝对忠心！绝对服从！面对着难缠的夫人，更是毕恭毕敬。夫人发脾气骂了脏话，他还是赔着笑脸，干脆让她骂个够！直到夫人气消了他才"嘿、嘿"地笑两声，往后退两步然后走人。

鼎沸沙鸣：从北京到台北的乡愁

贾国真来到台北后一心想再去带兵，他在防务部门和"陆总部"下了不少功夫，愿望一时不能实现，胸中结了一口怨气。没想到这口气竟要了他的性命，突然脑溢血死了！享年40来岁，恰是壮志未酬的例子！

贾太太领了一笔抚恤金同时也有些经济底子，维持她和两个儿女的生活不成问题。高副官赤胆忠心自动退了下来，留在公馆照顾贾太太一家孤儿寡母。

贾太太生的一双儿女，男孩汝敏，6岁，聪慧善良，很会念书。自从小学开始学业成绩都列甲等，后来进入台湾大学学习。由于个人的兴趣和爱好，他选择了历史系，对佛学研究很投入，遇到假期就会参加儿童义务教育社团，跑到乡下或是少数民族地区学校、孤儿院，替那些孩子们做义务课业指导，也跟孩子们游戏生活在一起。这种度假方式是辛苦的，但是在他们这一群青年的内心中，却充满了欢欣喜悦！

贾太太对乖儿子汝敏很少操心，因而拉远了母子之间的距离，当她发现汝敏信佛入了迷，第一个直觉反应是怕他终有一天会去出家当和尚！不过，她对汝敏的生活行为并没有十分在意。

贾汝敏在家的时间不多，他在家时常把自己关在小房间里边读书，也听不到他的声音。后来每逢假日就跑到阳明山上的一座禅寺，拜访一位湖南籍的老和尚。这位须发俱白的出家人，左眼失明，右眼还剩下百分之五十的视力，独自一个人住在寺里修行，生活过得很简单。近三年来他自称已经活得忘记了年岁，行动稍微迟钝。离寺不远的山村人家，有位老太婆每天替他送一趟斋饭。其他事物都是自己打点料理。有访客请教他的法号，他都答说上了年纪什么都忘记了！

贾汝敏在大二后，到了寒暑假期常来禅寺找老和尚谈佛。一聊就是半天，有时候他会在寺里住上十天半个月的。他们都有滔滔不绝的时候，对方则莫不倾心聆听。有时他们两人盘膝对坐，进入禅境，好像有着思想上的交集，就这样结下了佛缘。贾汝敏在上山的路上，听附近老

第五章　情义交织台湾　艰苦岁月谋生

邻居们谈起这位法号"无名"的老和尚，在出家之前是一位带兵打仗的将军！所谓一将成名万骨枯，他在南征北讨的战争中，确实造了不少杀业！1946年他在安徽亳县，寻访到一位出家的老友——江苏籍的悟印和尚。他们在一起商量了几日，悟印和尚终于同意和将军老友来到台湾。觅一处清净地方，由将军出资盖一座小禅寺。希望能够清修向佛，消除业障，安度晚年。

当年两人同来台北，不久即在阳明山买到一块地，请建筑工匠兴建了这座同尊禅寺。寺里有一间大雄宝殿，还有观音禅堂和几间静室。虽然小，但庄严幽静。在禅寺山门石柱上镌刻了一副对联，联曰："同尊如来如来我佛如未来　禅寺观音观音菩萨观世音"。

悟印和尚虽是师父，但年纪却小了3岁。将军诚心皈依三宝，就在寺院落成时，悟印法师为他剃度，但是没有替徒弟赐名！

将军落发当了和尚，弃了俗名，师父不给命名，所以成了"无名和尚"。

汝敏到同尊寺访问的时候，悟印法师已经圆寂。无名年过80！

贾国真的女儿汝英，却继承了父亲倔强好胜个性！她爱美、贪玩、不喜欢念书。初中等于混毕业，15岁还不到，已经成为注册的小"太妹"！

汝敏和汝英都是高叔照顾下长大的，自从贾师长病故后，家里大小事幸亏有高叔不辞劳苦，桩桩件件都料理清楚。在他们兄妹都小的时候，高叔像个奶妈似的伺候着。长大一点送上学、接下课，也是高叔的差使。汝英耍"太妹"，高叔总是替她撑腰！汝英行为有些逾越，说话刻薄过分，老高知道了，见到了或是听到了，他都会从嗓子眼儿里边迸出"呵、呵、呵、呵"的笑声来。他很得意、很享受！

有一回老高在家里，接到武昌街派出所打来的电话，知道汝英在西门町跟另一帮少年起了冲突，好几个挂了彩，所以贾汝英被抓进派出所，特别通知闹事青少年的家长去接人。老高放下电话，马上赶到西门町。

"喂！你们把我家小姐怎么样了？"老高一迈进派出所大门，便向值勤警员大声吼叫："你们所长在不在？"

"嘿嘿！老乡你在跟谁说话呀？客气一点好不好！"坐在迎门公务台上的警员不悦地说。

"就算跟你说吧！我是来问我家小姐怎么样了？"

"你家什么小姐？什么事？说清楚！"

"我告诉你，贾小姐是我们师长的女儿！"

"唉呀，好啦！好啦！"那位警员眼皮也不抬一下，不屑地问说，"你是来保那个打架的小太妹吗？"

"小太妹？"

"是叫贾汝英吗？"警员掀了一下玻璃板，看了看一张白纸条，"她在右边的大办公室。快找刘巡佐去办手续！"

高副官心里想吵架，但是那位值班警员始终不看他一眼。他想找碴都找不到，只好走进了大办公室。在最后边的墙角边，木椅上坐着一个长发女孩。老高一看正是汝英，他立刻涨红了脸，眼睛瞪得像疯牛一样，大叫了一声："小姐！"

"你还来干什么？让我死在这里算啦！"贾汝英委屈加抱怨，对老高差一点儿没骂出口来。

"小姐，他们把你怎么样吗？如果有怎么样，我立刻打电话调部队来扫平这地方！"

"喂！你是干什么的？"巡佐问。

"你在问我吗？"

"不问你问谁呀？"

"好！我是来接我们小姐的。"

"叫什么名字？身份证带来了没有？"

"我叫什么名字？"老高用手指着自己的鼻子说，"好久没人这样问

第五章　情义交织台湾　艰苦岁月谋生

我了，你说话也要客气一点！如果当年我要转任警官，老早当了你们的分局长了！"

"高副官！"贾小姐突然从椅子上跳了起来，喊着说，"快跟人家办手续，保我出去！"

老高被贾汝英这么一吼，头脑清楚了很多。用手拍拍额头，"嘻"地向汝英龇牙笑了一声，连说："是，是！"

武昌街派出所的警察，没有一个是瞎混而混到这里来的。大家都知道在那个时期出来混太保、太妹的，都会有点背景。遇到青少年打架闹事，只要没有严重伤害、闹出人命，抓进来的先关一关，杀一杀年轻人的火气，然后再问清楚就会很快通知家长领人。不会移送分局当案子办的。万一把大人物的子弟关起来，可能替长官找麻烦，甚至自找倒霉。若为了这种事而莫名其妙地被调到乡下去，那才划不来哪！所以刘巡佐也不跟老高计较，叫贾汝英写了一张简单的《悔过书》，让高延年也签了名，就放人了。

贾汝英回到家就躲进了卧室，贾太太过来跟她说话："丫头，有件事情我要告诉你！"

"说吧！"

"嗯……下个月我们要搬家，这幢房子国有财产局要收回去。我在南京东路订了一栋二楼，是分期付款买的。再两天就可以交屋！"贾太太停顿了一下，见汝英没有反应，继续说，"我们存钱的那家正统公司已经倒了！两百万本利恐怕都泡汤啦！"

"你告诉我这些干什么？"

"好吧，你认为跟你没关系，那就算啦！但是有一点你必须明白，咱家的经济不如以前宽裕，你的零用钱恐怕……"

"零用钱没关系，以后我不会向你伸手要了！"

贾太太两眼望望天花板，叹了一口气。心里骂说：小鬼难道你自己会赚钱了吗？但她口中却说："你最好有个打算，万一妈没力气养活你了呢？那时候怎么办？"

"这个你放心，那时候我可以养活你！"

没料想她们这番话，过了不到三年，真的应验了！

贾师长遗留下来的积蓄和抚恤金，经过十多年的花费和投资损失，最后只剩下那栋分期付款的房子！

贾汝敏在台湾大学毕业后，被征召到"陆军总部"服预备军官役。因有父亲的余荫，和老高在军中的袍泽关系，而他性情又是温和恭顺，很得人缘，所以在服役期间，没有感到任何压力，得到更多时间朝向佛学钻研。表面上他是军官，骨子里却是个和尚！

贾汝英的命运算是自己走出来的。18岁那年，她曾经遭到一群小"太保"的轮暴。贾太太得到消息后，带着老高在淡水河边一座防空洞里找到她。那时候她已濒临死亡边缘，好像在阎王爷手里边抢回来一条命。在医院里疗养了一个多月才逐渐复原，但没有办法医治精神上的创伤，更是无法揭去心里的那层阴影！

经过这次重大变故后，她的个性似乎有了某种改变，外在上她成熟了许多。因为贾汝英住院疗养需要一笔钱，贾太太为了女儿的性命，只好举债渡过难关。老高有些积蓄也贴补用光，缴房子的分期付款，渐渐成了负担，贾家的经济情况遭逢窘境。

贾汝英恢复健康后曾去谋过职，没有被录用。后来凭了人事关系找到了工作，但是又都不能适任，半途而废。经过几次严格考验，证明她的学识能力、恒心毅力和职场上需要的条件相差得太远了。让她去工厂做女工，她又放不下身段。就是那句俗话："高不成，低不就。"

贾汝英为了帮助母亲维持生活，竟然下海去当了舞女！贾太太困于现实，对女儿的选择，没有了反对的余地。既然如此，贾太太索性推波助澜起来，她很认真地教导女儿舞技，也替女儿缝时装，做发型。更传授了不

第五章　情义交织台湾　艰苦岁月谋生

少拉拢舞客的诀窍，还为汝英取了一个花名叫"吉蒂"。

吉蒂到大华俱乐部上班，贾太太事先计划了一下，她先让吉蒂在下午的茶舞时间露一露，先让人有惊鸿一瞥的感觉。倘若万一坐了冷板凳也无所谓。大约经过了一个星期光景，终于被彭大班看中，把吉蒂收为旗下，改上晚班伴舞，很快就闯出了名号！

"真是罪孽吧！没想到舞女的女儿，又当舞女啦！"贾太太曾对女儿这样说过，但是贾汝英并不怪罪自己的母亲。原来贾太太在婚前，也曾是上海市的红牌舞女。

就如贾汝英所说：她的下海伴舞，是自自然然水到渠成的事情。尽管如此，若不是她自己任性堕落，岂会轻易跌到这罪业深渊里？她虽尽力挣扎游向彼岸，但在幽暗激流里浮沉的心灵，早已晕眩麻木，失去了方向感和平衡能力，没有办法掌控自己的舵了！

汝英跳到火坑里后，最难克服的还是她那傲慢和急躁的性格。为了逢迎生张熟魏，必须装腔作势掩饰自我。经过一段适应期后，再加上高人指点调教，吉蒂增添了几分妩媚。不过她那刻意装扮出来的矜持，在大华俱乐部竟成为一种独有特色，有些舞客就喜欢吉蒂这种带点个性的调调儿！

贾太太和高叔也在圈子里红了！他们每天陪着吉蒂跟进跟出的，盯得很紧。起先贾妈怕女儿再受到伤害，后来发现吉蒂手腕很高，并且有时候她会自得其乐找刺激。贾妈看到女儿很有分寸，也就了解更深。所以改采只盯钞票，不盯人的政策。贾太太早就放出过狠话：谁要想砍倒我的摇钱树，我就要了他的老命！这话她从未收回过。

老高是军校的武术教官也是射击高手，后来被人介绍去当贾师长的随从副官。因为他枪法好又是个练家子，武士精神与生俱来，所以很受到贾师长的器重。他们间的感情渐渐近到像是一家人了。现在贾汝英当了舞女，他便成了她的贴身保镖。老高能吹会捧，地面人面上关系广阔，替汝英解决过不少麻烦。

有一回来了一位新加坡华侨，他的名片上印着"新加坡新连国际股份有限公司董事　郑克光　菲利"。英文的一面名字印的是"菲利克斯"。年纪大约30岁左右，人稍矮胖，但不见痴肥，还算得上是位风流倜傥的人物。

他每次来"大华"都会带领着一队人马。其中有"侨连公司"林总经理，"中央党部"陈专员，还有个叫袁朝旭的跟班和侨宾饭店郑经理等人。郑经理是菲利的堂兄。

袁朝旭是高延年的老朋友，特别请郑菲利捧吉蒂的场。大概是缘分吧，菲利很迷吉蒂，只要菲利人到台湾，第一天必先到"大华"报到，几乎每天都泡着吉蒂。带出场、吃宵夜、看电影、逛寄卖店。菲利玩得很开心，从来没有考虑过花多少钱！吉蒂对这位华侨富家少爷也很倾心。

吉蒂、贾妈和高叔一家人，曾为了菲利三天两头地开会商量，研究对付菲利的方法，拟定了钓大鱼的计划，按部就班地进行。因为郑菲利是华侨，台湾只能常来常往的，而每次来到台湾都是照顾吉蒂。日子久了，吉蒂虽不能说动了真感情，不过他们俩的那副亲密样子，连贾妈也看得真假难分了！

吉蒂遇到菲利之前，拜倒在吉蒂石榴裙下的，已不乏其人！有人要求走进香闺，甚至有人欲亲芳泽，设计她，她都闪躲过去。何况还有高叔适时地出现护驾，没有人能越雷池一步。在欢场中有句话："太容易得到的，就没什么稀奇了！"这正是舞女们研究男人最透彻的地方了。

郑菲利前前后后只花了七八个月时间，便攻陷了她的防线！在吉蒂姊妹们的眼中，好像事情发展得太快了一点！贾妈也是这样想，但在吉蒂而言，她对菲利确是很投缘，最重要的，她曾向菲利提出正式结婚的要求！菲利表示了有条件的同意，并且他确定在台湾投资做生意，计划和朋友合开一家进出口公司，将来公司也有吉蒂的股份。

有一天贾家母女在一起做头发，汝英对母亲说："妈，菲利想借咱们

第五章　情义交织台湾　艰苦岁月谋生

家请客！"

"在咱们家请客！干什么？"

"菲利要和台湾欧美公司陈先生合开进出口公司，还要开一家塑料厂，打算在家里签约。"

"签约跟你有什么关系呀？"贾太太不解地问。

"当然有关系啦，菲利说他不能常在台湾，没办法照顾公司的业务，所以要我当总经理，欧美陈当董事长。"

"你！你当总经理？"

"别忘了我是高商毕业的，虽然我当职员当不好，但是叫我当总经理，保证没问题！再说菲利答应要跟我结婚啦！"

"你答应了？"

"是他答应了！"

"怎么样答应的？"贾太太急问。

"我考虑很周到了。菲利先把房子贷款一次还清，另外送你50万聘礼，进出口公司股权100万记我名义。总经理薪水每个月8000！"

"噢！你和菲利谈好了，做了决定才来告诉我？"

贾太太心中一阵起伏，仔细盘算这件事的利害关系，始终摸不透菲利的心机，但总觉得事情不大对劲。不过她又怕耽误了女儿的未来幸福。为了生活艰苦叫汝英当舞女，已是迫不得已的事情，好歹她也是军队高官的女儿呀！如果她能够有个好归宿，做母亲的总是安心了。想来想去还是有些疑问，不能不把话说在前头，问个明白！

"汝英啊，别怪妈多嘴！有些事要说明白，否则你结了婚就来不及说了！"

"你说吧！"

"菲利在新加坡这么有钱，是不是已经结过婚？他的家人同意他跟你的婚事吗？"

"这两点我早想过了,也问过菲利。他说绝对还没结过婚,但是他也承认暂时不能带我回新加坡。这不是正合你的心意吗?再说让我嫁到外国去,我才不呢!"

贾太太听了汝英的话,又琢磨了一阵子,但一想到菲利是要和汝英在台湾正式结婚,又投资做生意,心里就宽松多了。汝英当不当总经理都无所谓,每个月可支8000块薪水,也不是个小数字。说句不好听的话,包一个舞女,一个月也不过两万三万的嘛!她想到这里于是说:"好吧!打算哪一天在家请客呢?"

"礼拜天中午。谢谢妈!"

"哟!丫头今天突然客气起来啦?!"

"妈烧菜手艺一流,就是太辛苦你啦!"

(二)

一个初夏的星期天,郑菲利邀约了欧美陈、袁朝旭和另外两个朋友,接近中午时来到贾公馆。欧美陈带来两瓶XO,贾太太出来向客人招呼了一下,就叫高叔帮厨去做菜、端菜了。

菲利和欧美陈当着贾汝英面,先谈合作契约内容。首先大家同意公司的名称为"新联运进出口有限公司"。经营项目出口成衣、塑料玩具等;进口化学香料、高级化妆品和木材。并计划设立电影部,发行外国影片、进口电影制片器材和底片。公司地址开设在台北市重庆南路三段的陪都大厦二楼。股份由郑菲利和欧美陈各占100万元台币。贾汝英代表郑菲利的股权签立合约,并担任总经理,陈任董事长负责公司营运。郑是华侨身份,没有申报户籍,所以委由贾汝英做投资代理人。

贾汝英要求公司给高叔一个职务,陈董表示欢迎,就请高延年担任业务副经理,将来和各方面联系、打交道,都需要高叔的人脉关系。高延年

第五章　情义交织台湾　艰苦岁月谋生

听到了觉得很高兴。

双方在没有异议下契约签立完成。菲利交代袁朝旭和高叔帮忙陈董办理申请公司成立手续。

这时候贾太太在饭厅里，摆了一桌子酒菜。大家围了过来，汝英分配了一下座位。

"菲利，你先谢谢妈！"汝英坐在菲利同一把椅子上，两个人抱得紧紧的。

"谢谢贾太太！"菲利嬉皮笑脸地道谢。

"菲利，你们华侨最没礼貌了！你这算谢什么呀？"贾太太有些不开心的样子。

汝英赶紧站了起来，同时把菲利也拉了起来，又向菲利使了一个眼色。菲利这才向贾太太鞠了一个10度不到的躬，笑嘻嘻地说："谢谢你同意把吉蒂嫁给我！"

贾太太听后笑了！屋里的人都鼓掌欢呼起来！

菲利从衣袋里拿出一枚钻戒，然后拉起吉蒂的手，把戒指戴在吉蒂的手指上。钻石没有多么大，却也能闪烁出喜悦的光彩！众人都伸手向这对新人表达祝福敬贺之意。

"好吧，这样也好！"贾太太擦拭一下眼角的泪水，感慨地说，"嫁出的女儿，泼出的水！反正结婚是你们两个人的事，希望你们真心相爱，而且爱得长远就好。还有公司生意好、发财！"

大家都举起酒杯，庆祝菲利和吉蒂双喜临门！

陈董事长出资一半，先垫支了开办费。一个多月后，新联运公司开张大吉。陈董带来四位贸易专业人才，其中的蔡经理精明干练，主管业务。陈小姐是陈董的亲侄女，掌管会计兼出纳。菲利的跟班袁朝旭在公司没挂名，不过他却是菲利的影子，菲利到了台湾，他就立刻出现在鞍前马后，若是菲利离开台湾，小袁的影子也跟着消失了。高延年是业务副理，贾总上班他就跟在屁股后边一起来。

"高叔！菲利回新加坡办事，叫我每天都来上班，真烦死人啦！"

"当然要上班，总经理嘛！并且有些事情你要用心学着一点！"

"让我学，有什么用？"

"有些档要总经理签章的，尤其是支票！所以你一定要把公事看清楚。"

"要帮我忙！"

"好，好，不过你还是要学哟！"

"以后菲利如果能够常在台北，我就可以不来上班了！没有事情叫我坐在这里我会疯的。"

"我当你的助理好啦，反正我的事情不多。"

陈董听说了极表赞同，对贾总说："如果需要高先生做助理，总经理决定就好啦！"

（三）

菲利取道香港来到台湾，带了好几箱时装和鞋帽，还有布置新房的装饰品。

郑菲利和贾妈谈好和吉蒂结婚事宜。第一，婚礼在家里正式举行，但是不发请帖，也不刊登结婚启事广告。第二，在新房附近菜馆摆两桌喜筵，只宴请公司的几位同仁和女家亲戚，不要铺张。贾妈知道郑家老太爷不同意这门亲事，再说舞女从良，对方能够愿意正式结婚，已经够诚意了，所以也就没什么要求。

菲利和吉蒂婚后生活没什么改变，菲利每次到了台北，吉蒂还是要陪着到公司去走走。菲利的接触面很广，好像什么买卖都插上一手，比方钻石、珠宝、瑞士手表和洋货等，从香港和欧美带来台湾转手牟利。袁朝

第五章　情义交织台湾　艰苦岁月谋生

旭跟飞机场海关有特殊关系，只要不带毒品，他的货都不用检查就带了进来。然后再透过各种关系脱手，包括吉蒂的姊妹们。

菲利长年游走于新加坡、美国、菲律宾的马尼拉和中国的台湾、香港，偶尔也会去趟欧洲。能够在台北连续住上两个月，算是够久了。

贾汝英上班渐渐成了习惯，对公司业务仍不甚了解，但她自己总有了些成就感。在这段日子里，菲利住在台北的时候，她会觉得活得很愉快，否则就十分无聊！为了排遣枯燥的日子，每天晚上找搭子搓麻将，闷得发慌时，也会到俱乐部去打个转，心里会觉得畅快一些，日子也就好过多了。

时间过得真快，有一天贾太太提起："菲利快3个月没来台湾了！"

贾汝英只回了一声"管他！"就去上班了。

到了公司刚刚坐下，陈董突然跑进来。

"贾总，今天银行差20万，请你要想办法调一调。"

"我？"贾总以为陈董开玩笑。

"是呀！"陈董解释说："当初公司成立时，咱们股东各占一半，我的100万已经全部拿出来了。房子押租、预付半年租金、开办费、5个月的员工薪水和进货款，都是这笔钱支应的，账记得很清楚。到现在你的一半股金，还没进账呢！"

"菲利没汇钱进来给你缴股本？"

"没有！有一笔货款20万期票，今天到期！下午3点半以前轧进，就来得及。所以知会你一声，千万不能退票！"

"下午3点半以前？你叫我上哪儿找20万哪？"

"唉！"陈董叹了一口气说："别忘了，下礼拜一还有一张20万的票子，为了公司的信用，绝对不能退！"

"高叔！"贾汝英转过头来问："这是怎么一回事呀？"

"总经理，"高助理回说："只有请陈董先帮忙啦！等郑先生来台北时就解决了。"

"银行户头是你贾总的名义，退了票对公司对你都不好。凭良心说公司是会赚钱、有前途的。照这样子看郑先生根本没诚意，公司只有结束！如果贾小姐负责出资，我们当然可以合作下去！"

贾汝英听了陈董的话，一时无法分析事情的利害真相，只是单纯对菲利起了疑心，3个月人不到台湾，打电话也可以做个交代，但是好久没接到他的电话。最近连袁朝旭也不照面，莫非出了什么问题？

贾汝英脑子空空的，只有请教陈董，陈董从纸袋里取出一张借据，交给贾汝英，借据上面写着："借到新台币二十万元正，负责在五天内还清。并缴清股本新台币一百万元正。否则甘愿放弃新联运进出口公司之股权，绝无反悔。"

"菲利跟你合伙开公司，为什么向我要钱？"贾汝英有些火气。

"合伙契约是你的名义，公司支票也是你的户头。再说你们是夫妻呀！"陈董话头一转说，"我欧美陈是正经商人，菲利确实有很多贸易关系和赚钱的门路，所以大家才合作的。昨天他还打电话给我！"

"你没和他提股本的事？"

"有！"

"他怎么说的？"

"他说你做错了一件事！不过我也听不明白他话的意思。"陈董想了一下说，"他好像说不应该登什么结婚启事广告！"

"结婚启事广告？我——没有哇！"

贾汝英的脸上泛出阵阵的惨白，她努力镇静着，想集中意志去思索一下所发生的事情和问题。但是她的脑子里乱得理不出头绪来！

"反正公司都是菲利的，只要你签字盖章。支票我负责轧平，下礼拜一的20万，我会找客户换我的支票。你不缴股本只是同意放弃股权，并没有任何损失，但是退了票，你还要负法律责任的！"

第五章　情义交织台湾　艰苦岁月谋生

贾汝英无奈地在借据上签字盖了章。陈董接过借据，向贾汝英点头致意，走出了总经理室。

贾汝英双手颤抖着！高叔走过去想劝慰她。"小姐你不舒服吗？"

"菲利！我非杀掉你不可！"

"小姐？"

"走！"贾汝英向高延年吼着，"跟我回去！我也要跟你算账！"

老高被骂得一头雾水，只好跟着回了家。

到家后，贾汝英见东西就摔，见家具就踢，客厅里被她弄得像翻过来一样！贾汝英闹脾气，贾太太早已司空见惯的，但是从来没有见女儿像今天这样，简直是歇斯底里，彻底失去了理智。

"有什么话应该先告诉我吧！"贾太太心里惶惑，因为她已经察觉汝英的神情和反应，行为和举止完全异常！她心中产生了极大的恐惧，但她力持镇静，用慈祥恳切的语气劝汝英："什么事？告诉妈！"

"告诉你有什么用！你们自作聪明，在报纸上登我跟菲利的结婚启事广告！这可好啦，报纸被人寄到了新加坡，菲利的家人看到了，把事情闹翻啦！"

"结婚启事？"贾太太一时还没想起来。

"是不是你们去登的？"

"小姐，我们也是为你好，想给你存立个公开的证据！"老高赶忙解释道。

"是呀！否则你跟他结婚，连个法律保障都没有哇！"贾太太终于醒过闷儿来。

"你们为我好？！为了我的婚姻法律效力？！结果呢？现在全完啦！菲利跟我结婚唯一的条件，是要我做他的台湾老婆！不能让新加坡知道。所以不登启事广告，就怕留下证据，你们居然不听菲利的话，偏偏去登！"

"我们没想到会……?"

"妈!这次你会害死女儿了!"

贾汝英从餐桌边站了起来,走向卧室。只见她脚步踉跄,只迈了两步,身子一歪,登时昏倒在大酒橱边!

"快打110!叫救护车!"

贾太太冲过去把汝英的头轻轻地抱在膝上,心中充满着悔恨和悲伤。汝英全身轻微地颤抖着,在发烧!

"孩子快醒一醒!妈对不起你!"

平素里,贾太太好像有着很高的智慧和很强的意志。自从孀居以来都凭着胆大心细,横冲直撞,到处钻营,来维持着生活和尊严。直到女儿去当了舞女,才粉碎了她的梦想作为。维护将军夫人身份名节,是多么艰辛的事啊!她几乎能够达到目的,却被生活环境所逼,功亏一篑!如今女儿昏倒在自己的眼前,只能一声声地呼唤女儿的名字,真的让她欲哭无泪了。

高延年打过电话后,跑到大门口去等救护车。10分钟,救护车赶来了,快速把病人送进了台大医院。

经过紧急抢救,汝英有点清醒。再彻底检查证实是脑血管重度中风,使她处于昏迷状态。

贾太太不眠不休地陪着女儿,高叔一向大嘴巴,爱跟人争论。从汝英病倒后竟一言不发。因为他关心着病床上的小姐,还要照顾着太太的健康!

贾太太握着汝英的手,她默默地向一切过往神明许愿、祈祷!恳求诸神挽救女儿的性命!

高叔忍不住自言自语起来,他责怪医师们医术不精,延误了救人!也许他知道和别人去吵架于事无补,只有自己和自己争论了。但他还是提出了意见:"太太,把小姐转到荣总去吧!那边的杨副院长是脑科权威,也

第五章　情义交织台湾　艰苦岁月谋生

是我的老朋友，给他看看也许好得快一点！"

"唉！我没有主意了。如果荣总能治好她，就转院吧！我很担心小英这次受的打击，对她伤害太大，她已经承受不起了！"

说着，她看见汝英的眼皮在动，有苏醒的样子，立刻叫着："小英！小英！你醒一醒！你醒了吗？"

高叔过去看了一下，然后迅速跑去通知医生和护士。

贾太太焦急的心情夹杂了一丝希望，她仍想用自己的亲切呼唤，唤回汝英。护士和医师都快步赶过来。

"大夫快看看，她的眼睛在动！"贾太太急切地恳求道。

"嗯，让我检查一下！"医生用手指撑开汝英的眼皮，病人的眼球上布满了血丝。又在病人的额头、颈边和颌下触诊。同时护士替她测了脉搏，量了血压。医生把一切记录在病历表上。

"大夫？"

"病人是有些进步，不过还在危险期！她好像要跟你说话！"医生说，"现在我替她打一针。等一等你跟她说话时要凑近点！"

医生给病人注射完毕后，离开病床边，嘱咐护士注意看护。

贾太太凑近床边，又抓起汝英的手。汝英的眼睛睁开了一下，贾太太把耳朵贴近女儿的嘴边。

"哥哥——汝敏——"她微弱的声音，几乎不能辨听，但贾太太却完全明白她的意思，点点头说：

"已经通知他了，大概快来了！还有话告诉妈吗？"

"跟哥说，我希望妈跟高叔早点结婚！"

"孩子，你怎么说这个？"

这时候贾汝敏赶了进来，高叔看了一眼，脱口叫了一声："我的天老爷呀！你看看，真的当了和尚了喽！"

"天哪，汝敏是你吗？"贾太太知道没有时间讨论儿子的事，就说，

"你来得正好,小英要跟你说话,过来吧!"

汝敏走到床边,先跪在地上,再去紧握起汝英的手。"妹妹,哥来看你了!"

汝英没反应,眼皮也没眨一下,但汝敏从她的手指上感觉到她有知觉。

"小英,你应该能够听到哥跟你说话!妹,我们同住在一个屋檐下20年,但从小玩不到一块,谈不到一起。好像活在两个世界里!我们虽然互相关爱着,却因为我们都怕对方不喜欢自己的表达方式,而把感情隐埋在心里头!今天我要诚实地告诉你,我一直在关心你。现在我有勇气把心里话告诉你,希望你要有更大勇气活下去!"

"小英你听见了吗?"贾太太说。

"妈需要你!不要想别的!"汝敏抽回双手站起身来,他身穿一袭灰色僧袍,脚踏洒鞋。不但剃光了头,还受了戒。

"少爷!……"高叔欲语还休。

"汝敏!"

"请恕儿子不孝,我已经皈依佛门了!"

"天哪,你果然去当和尚?"贾太太不敢相信自己的眼睛。

"太太,您千万别生气!少爷还有话跟您说!"高叔连忙劝慰道。

"师父今天中午突然告诉我,家里有事情发生!叫我赶快下山!我到家后问邻居,才知道妹妹急病被送医院来!"

"你师父?就是阳明山禅寺那位老和尚?"

"师父法号'无名',看我很诚心发愿才破例收作徒弟。师父赐名'不研'!"不研和尚面向着高叔说,"多亏你照顾我们半辈子,我们情同父子。相信你早有同感,我要在这里向你拜谢!"不研屈膝跪地。

"不……不敢!不敢!"高叔感动得涌出两行热泪,急忙过去握起汝敏的双手,然后他俩紧抱在一起!贾太太也哭红了双眼。

第五章 情义交织台湾 艰苦岁月谋生

"请高叔今后要更加照顾我母亲！"

"那还用说，我会的，我一定会的！"

"小英！小英！"贾太太忽然急迫地叫起来，"护士小姐！你们快叫大夫来看我的女儿！她——汝英！汝英！她——！"

病房里的目光全部都投向汝英的脸上，她还是那样平静，只是在眼角边添上了两道泪痕！

主治医师又匆匆地跑过来，替病人检查。他收敛起脸上的一丝笑容说："抱歉！快替你们的亲人办理后事吧！"

"大夫快救救她吧！她还活着！"贾太太说，"她还有话跟我说啊！"

"不……！"高叔紧拉住医师的衣袖说，"不应该这样的！不应该是这样的呀！为什么我们师长和小姐都得这种病？连一天的时间都熬不过？都没留下一句话？"

"南无阿弥陀佛！"不研双手合十，口中只念佛号，不言不语了。

贾太太和高叔的嚎啕哭声，开始震动着医院，也震动着全岛和大海！

老连长罗刚

"就是上边一拳，底下一脚，那个小子就倒啦！没想到，他竟两只手抱着肚子，蹲在地上鬼叫起来！我过去把他拉起来一看，他的鼻子在淌血，这倒吓不着我，可是那小子两条腿直抽筋。哟！可别真的出了人命？我的老天爷！我赶紧把他背到台大医院急诊。然后，我就进了公园路的派出所。"

（一）

"你叫什么名字？为什么打人哪？"警员问。

"我叫罗刚,没想到这么壮的家伙这么不禁打!"

"你是干什么的?"

"在三军球场卖票。"

"你是售票员?"

"嘿、嘿……"罗刚忍不住笑啦:"我?"

"当'黄牛',是不是?"

"唉……唉……"罗刚接着回答说,"先生,我们做球票买卖,也是讲本求利呀!不偷不抢不犯法吧?"

"你说得很对,不偷不抢不犯法,但是你们霸占售票窗口,扰乱秩序,20块的票,你们卖200块,10块一张的后排票,也要卖50块。你们赚的是非法暴利,难道应该吗?"

"先生,吃饭要紧哪!总不能去偷去抢吧?"

"还有你们'黄牛',老是打架闹事!你为什么打伤海军退下来那个姓高的?"

"这小子太不是东西!我昨天夜里1点钟前就在售票窗口睡觉,我的两个兄弟和我睡在一起,好不容易排到今天上午10点钟,快要开始卖预售票了,这小子大摇大摆来了,然后插队在我前边。我就问他:'你是老几呀?插队在我前边!'他说:'我叫高兴,海军拳击队退下来的,妈的少跟我麻烦!'听他这么一咋呼我就火啦!管你高兴不高兴,什么拳击队不拳击队的,就是不要来惹我!不过听他说是个打拳击的,还是有了戒心,怕万一吃他一拳,被他撂倒啰!这时候他把双手在腰上一叉,冲着我又大声骂说:'不服气吗?不服气就比划比划,小心放倒你!'说着他竟一拳打了过来,好汉不吃眼前亏,只有出手招架,没想到这小子挨不得揍!"

"照你这么说是他先出手的了?"

"是呀!"

第五章 情义交织台湾 艰苦岁月谋生

"你刚才说,你还有几个兄弟都是你的同伙啰?"

"先生别误会!"罗刚说,"我在部队当过连长,他们是我连里的老弟兄,他们下来了,找到了我,我也没办法,大家只好在一块混饭吃。"

"你是哪个军的?"

"陆军第三十二军二五五师。"

"从青岛撤出来的?"

"嗳,山东部队嘛!"

"二五五师师长李鸿慈现在住在信义路,你去见过他吗?"

"没有。"

"你认识'谭黑子'吗?"

"谭营长!你说谭永先?他住在日本公墓*。过端午的时候我去看过他。他身体不好,最近听说又病啦!"罗刚突然想起问道,"哟!你也是三十二军的?"

"不,谭营长是我的七叔父。"

"先生,你也是谭先生。"

"不必客气,管我叫谭警员就好啦!"谭警员郑重地说:"看在你是退伍军人的份上,我可以替你们办和解,等一下交了班,一块去台大看看那个姓高的伤势怎么样,如果他不坚持告你事情就好办。"

"谢谢谭先生!"

"医药费你要负担!"

"我知道,我知道。"

"知道就好,下回不要再打架啦!今天的这件事如果遇见别位警员,不一定会念什么情分的。"

---

* "日本公墓"是日本人占领台湾时,在台北设置的公墓。地点在中山北路三段,警察三分局后边。台湾光复后此处成为违章建筑区,很多退伍军人、大陆人士聚居于此。1999年已改辟为公园。

"是、是！"罗刚一边听谭警员说话，但是脑子里却想着心事："赔了这家伙的医药费，恐怕剩不下什么本钱了！"

"算了吧，别当'黄牛'啦！"谭警员摇摇头说。

（二）

下午4点，派出所的一位王警员接班，谭警员正要领着罗刚去台大医院看高兴的伤。

"'黄牛'打架闹事，还跟他们客气什么？"王警员在值班的座位上翻看刚做的笔录说，"关起来算啦，等一下就送分局！"

老谭在白墙上取下自己的帽子戴好、夹起了黑色的公文包，对老王的话没做反应。

"老谭！你有没有看过他的身份证是真的还是假的？说不定是逃兵？"

"这位先生！你这是什么意思？"罗刚听了王警员的话心里燃起一把无名火，脱口向王警员提出抗议！

当了一二十年军人，他哪里受过这种鸟气？王警员这种歧视态度，确实让他恼怒，想当场发飙，但是他立刻警觉到在派出所里边得罪警察实是不智之举。譬如"查阅身份证真假"就是警察对付人的手段之一。台湾的警察有权索阅老百姓的身份证，如果他成心跟你过不去，只要说："身份是伪造的！"就足可"证明"你是"逃兵"或来历不明，转送军方发落。50年代初，曾经有不少人被抓，遣送到金门、马祖去当大头兵，所以那时候的警察很威风！

谭警员拉了罗刚一把，两个人走出了公园路派出所。

"听那个王警员说话口音，他也是山东人呀！"

"今天你若是赶上老王值班，他可不会这样处理你的。"

第五章 情义交织台湾 艰苦岁月谋生

"连老乡也不照顾？"

"我调来这里三四个月了，我看他对来到派出所的人都看不顺眼，如果有人说：咱们都是大陆人，要他多关照，他就越会发飙！山东人也不例外。"

"有一回新公园路边踩三轮的打架互殴，好几个人闹到了派出所。老王值班，他在讯问的时候，一听三轮车夫说话是山东口音，就说那个山东人不对，另两个福州人没错。那个山东人觉得很受委屈，所以不高兴地说：'老乡！你还没问个青红皂白，怎么知道我不对？明明是他们先动手打我的呀！''什么老乡不老乡？乱打架闹到派出所来，还要乱拉老乡，真是无聊！以前叫你们公园路的车子不要踩到三军球场前边来，你们就是不听！派人去撵，你们才慢慢地踩走，转个圈子又回来啦，把交通搞得乱七八糟！派出所不知道为了你们吃过多少上边的排头！现在打架到了派出所，还有什么话说？'

"其中一位长得满脸络腮胡子碴的福州老乡，一副文弱书生的样子，站在那里，瞪着大眼睛一语不发。

"'你看人家老实的样子，会先动手打你？鬼才相信哪！'王警员指着那个福州佬说，福州佬摇了摇头表示同意。

"'他老实？你看看我的手臂伤得这么厉害，流了好多血，衣服也被撕破啦，都是他打的！'

"'警察先生，我绝对没有打他。我叫他不要打人，拉他，不小心弄到他，不是故意的。他不先打人，不会弄伤自己的。'

"山东人一听火气不打一处来，窜过去朝福州佬的门面挥了一拳，福州佬把头一低，霍的一声拳风从头顶扫过，却连头皮也没碰到，但是福州佬往后倒退了两三步跌坐在地，大声喊道：'先生拉住他！'

"王警员在座位上没站起来，只是斥喝了两声：'住手，在派出所里边还敢打架！'

"这时从后边大办公室跑出来三四个警察,老王愤怒地说:'把他铐起来!'几个警察不由分说,就给动粗的车夫上了手铐,连推带拉送到后面,锁到墙角铁杠上了。

　　"王警员向两个福州佬问了话、做了笔录,就让他们走了,可是这位山东老乡第二天才被人保出去。

　　"有一回他骂我不适合当警察,如果警察都像我这样,老百姓要反啦!"

　　"你真是个好人,我会感激你一辈子!请你放心,我不会跑掉的,如果那个福州佬被我打死了,我偿命!如果他被我打残废了,我就养他一辈子。"罗刚说着眼圈都红了,他边走边说,"当了十几年的军人,离开部队,进入社会,没有学问本事,才当黄牛混饭吃。我也知道这样混下去,不是长久之计。"

　　"不要再当'黄牛'啦!"

　　"说的也是,我有一位老长官,在一家新成立的晚报社当主任,他曾经叫我去报馆工作。我觉得自己学识有限,到报馆没有什么可干的,不过他说可以先学着去拉广告,将来做个广告员,也算是个正当职业。"

　　"我先恭喜你啦。"谭警员望着老罗说,"少你一个人当'黄牛',并不能解决这个社会问题,但是希望你慎重选择你个人的前途!"

　　说着到了台大医院急诊室,只见高兴坐在走廊一张活动病床上,罗刚的两个兄弟黄太基和杜重三陪在床边聊天。看见警员领着罗刚过来,都立正站好。

　　"高兴兄弟,我对不起你。打了你,是我不对。"罗刚涨红着脸跑过去跟高兴道歉,"你验伤的结果怎么样?怪我出手太重,要不要紧?"

　　"现在好多啦,因为有胃抽筋的毛病,是在拳击队打出来的。我挨得过,不要紧啦!"

　　"医药费多少钱?我去付。"罗刚回复道。

"已经缴过了。"黄太基说。

"这样我就放心啦。"谭警员郑重地问高兴说:"你要告他,还是要和解?"

"为什么要告他?打完就算啦。"高兴问:"是谁送我到医院来的?"

"我们兄弟两个。"杜重三言道。

"谁送他到派出所的?"高兴指着罗刚问。

"另外几个人乱哄哄地送去的。"杜重三说,"大概当时见你伤得太重!"

"怕我被打死掉?我可不愿意这么早就死掉,还没结婚哪。"高兴笑言道。

"好吧,你们二位到派出所办个和解手续,就算了。"

"不去不行吗?"高兴不想去。

"办完手续才能结案。"谭警员不苟言笑地说道。

"真是倒霉,挨了打还要进警察局。"高兴一脸懊恼。

"记住!不当'黄牛',不打架,没人请你们到警察局的!"

谭警员领着罗刚一行人回到派出所,办了手续。包括高兴在内,大家都对谭警员心存感激。

(三)

这几个人离开了公园路派出所的时候,已是华灯初上。往南走几步,就看见偌大的一座室内运动场。三军球场外面密密麻麻围了好几层的球迷,有些等待进场看球的人排了好几条长龙。

老罗远远望见几个熟悉的球票"黄牛",穿梭在人潮中兜售球票。他不自主地摸摸自己的口袋,然后摇摇头、叹口气说:"唉,全泡汤了!"

"罗大哥!"高兴说,"真是抱歉,今天是我不好。"

"高兄弟，可别这么说！我是在叹惜我们这一代的人，生不逢辰！我从十六七岁就出来当兵，打了十好几年的仗！我算是有官运的，最后当上了连长，但是到了台湾之后，竟落到当'黄牛'混生活！你在医院里说得对，我也不愿意这样死在台湾！可是绝不愿意去做犯法的事，当了黄牛又让人家看不起！想一想真是愁死！"

"罗大哥，你不是上尉吗？退下来干什么？"高兴问。

"行伍吗！没进过军校，没学历。留在军中没有前途，但是退下来之后，更后悔！现在才知道社会上也很难混，没靠山，没文凭，能干什么？"罗刚说。

"老连长饿了吧？"杜重三关切地问。

"高兄弟，走！咱们上长安馆去吃牛肉泡馍，好好地喝两杯！"

"罗大哥，真是不打不相识呀！朋友算交定了！好吧，去喝两杯，我的胃可是不能多喝。"高兴爽快地应道。

四条大汉晃过了大马路，这边连着开了两家专门卖牛肉的馆子，一家叫作"陕西馆"，在巷子里边，另一家叫作"长安馆"，开在公园路的大街上。长安馆的东家姓李，名至周，外号"花和尚"。生于陕西蓝田的财主家，到他这里已是三代单传。小的时候乡下不太平，算命的都说他的命里有佛缘，在家里怕养不活。所以五六岁的时候，就被送到西安近郊一座寺里去当和尚。目的是顾全他的小命，免遭劫难！

他的父亲在送他到寺里来之前，就先捐了一大笔钱。每年都到寺里来探望两三次，每次也都捐钱给方丈。双方也说好：这孩子长大之后，还要继承家业和香火。因此李至周在寺里受到很好的照顾，除了学念经文之外，老方丈还特别找了一位有学问的居士，经常教他写写算算的。10岁那年正式受戒，师父赐法名"悟定"，因此他的额头上留下了六个永远的大戒疤。

15岁那年，日军侵华战火渐渐西进，时局动荡不安，眼看这座寺维

第五章　情义交织台湾　艰苦岁月谋生

持不下去了。李至周就立即脱下僧袍，舍弃了比丘生活，跑到军队穿起了"二尺半"，加入了抗日的行列。不久之后随着部队开拔到处漂泊。他先学理发，又学炊事，曾经当过一位团长的小厨房厨师。到了台湾踏入社会，借着在当兵时所学到的本事，开过理发店，后来做饭馆生意，加上他善于理财，居然存下一些积蓄，除了经营长安馆外还做小额贷款的副业。三军球场的好几个"黄牛"，都是找"花和尚"筹借的本钱。利息三分，另外一个条件是必须在长安馆吃包伙。

有人当面讽刺他"拿着剃头刀子开饭馆""利上加利没良心""菩萨相，土匪心"。

老李听了这些"奉承"他的话，居然朗声大笑说："这年头都讲良心，还能有几个人活着？做生意讲本求利、理所当然。想白吃白喝白用钱，哪有这种地方？我一不是傻瓜，二不是军队。借钱出三分利，我能坑他们多少啊？换一个地方去试一试！看能不能借得到钱？"

这是实话，只凭写张字据向别人借钱，根本不可能！都是"花和尚"念旧情，好几个同袍弟兄没有工作来投靠到他。他的小饭馆又容留不下这么多伙计，所以自愿借本钱给这些朋友去当"黄牛"。

当"黄牛"虽然辛苦，没有社会地位，只要能拉下脸来，用不着任用资格，人人都可随时入行。

"黄牛"也有"吃包子"的时候，但这种赔钱的几率少之又少。一般来说普通的球票可以赚三成，遇到卖座的球赛或表演，入场券可以卖5到10倍的价钱，赚钱容易，"花和尚"从来没有吃过倒账。

罗刚也向"花和尚"借过贷，吃牛肉泡馍，醉倒"长安"，早成了家常便饭。

这晚，罗刚一伙人刚走到长安馆的大门前，"花和尚"就出来朝他们打招呼："罗连长，你们几位呀？"

"四位。"罗刚笑呵呵地答道。

"里边请！"李老板把客人请到临街的大桌子上，待四个人坐定后问道，"怎么吃呀？"

"来四碗泡馍，一盘牛肉，炒羊肚丝，再来一个爆三样儿，两瓶烧酒。"

"马上来！"李老板高声应道。

"牛肉跟酒先来！"

"是喽，罗连长！"

等了一会儿，酒菜陆续都端了上来，大家边聊边吃边喝。

"高兄弟，你虽然是福州人，却是我们北方人的脾气！"

"我的个性直爽，不喜欢钩心斗角，脾气又不好，吃了不少的亏。"高兴说，"我很喜欢交北方人做朋友，就是为了痛快！如果朋友之间有什么不愉快，就打一架，打完就算，没有记仇的。"

"好一个打完就算！"罗刚先对高兴举起酒杯，然后又向杜重三和黄太基说，"来，咱们再干一杯，这样的朋友我喜欢！"

"老连长请！"杜重三举杯道。

"干！"高兴和黄太基几乎同声说。

酒的作用很快让这哥儿几个更亲密热络起来，高兴突然站了起来对罗刚说："罗大哥，兄弟有个不情之请。"

"有什么话？说吧，是不是缺钱用啦？"

"不是，兄弟有心拜大哥做盟兄！"

罗刚听了觉得有些突然，随后把双拳一抱说："不是我不愿意，只是我生性不喜欢这一套！兄弟就是兄弟，不必拜啦，以免日后拔香头儿，没意思！"

"大哥我……"

"你看我跟老黄和小杜，下来之后就在一起，兄弟不分彼此，已经快两年啦！从没想过结什么金兰，拜什么把子！"

第五章　情义交织台湾　艰苦岁月谋生

"罗大哥你看！"高兴指着挂在墙上供奉着关老爷的神龛说："有关老爷在此，才起了这个念头，不知道老杜和小黄怎么想法？"

"高兴说得对，我们也这样想过，只是不敢跟你说。"

黄太基原籍安徽，说话有江北口音，脸色紫黑油亮，绰号"黑鸡"。在三军球场的"黄牛阵"里边算是狠角色，对罗刚却唯命是从。

罗刚听老黄这么说，立刻转问小杜："杜重三你呢？"

"报告连长，这怎么行？"

"好吧，你们既然都这么想，我也不坚持自己的意见。再说你们到现在还管我叫老连长，简直不伦不类。如果拜了把子，以后就是真正的兄弟了！"

"大哥！"

"大哥！"

"连长大哥！"杜重三年纪轻，改口叫大哥，心里嘴里觉得都不得劲，他那扭捏的样子，逗得大家"哈、哈、哈"地乐在一块去了！

"李老板！"罗刚大声喊道。

"来啦！""花和尚"应声过来，"还要添点什么吗？"

"替我们拿一对新蜡烛来，我们哥儿四个今天夜里要当着你饭馆里关老爷的面义结金兰！"

"那可好！香烛都是现成的，新的！我来拿！"

"谢谢啦！"

"好说，好说。"

李老板都预备好了，小杜燃烛点香，四个人一字排开，面向神明跪拜在地。

"我罗刚。"罗刚首先说道。

"黄太基。"

"高兴。"

"杜重三。"

"我们四个在关老爷驾前发誓结为异姓兄弟，情同手足，义如桃园。今后有福同享，有难同当，互相扶助，如有违誓，天地不容！敬请神明共鉴！"

"敬请神明共鉴！"三人齐声祝祷。

依照年序，罗刚、黄太基、高兴和杜重三先后把手中的香插在香炉里，然后回到原位一起向神像行三叩首跪拜。礼成之后，黄、高二人赶紧过去扶请罗刚落座，他们三个一起又跪在地上，向罗刚磕了三个响头。

"三个兄弟拜我干什么？"

"大哥不必推辞，磕过头后才能算数，今后一切都听你的。"

"不过，我这一两天就去报社工作，不能在这边照顾你们。"

"真的到报社去上班了吗？"高兴问。

"当广告员。"罗刚。

"薪水很少，不过广告费可以抽四成，广告拉得多就赚得多。"

"老连长，我能不能去呀？"小杜问。

"等我去做做看再说。"

"美国哈林篮球队三天表演赛，明天结束后，我们一定要去西门町做电影票了。咱们过去做免不了要跟人家抢生意，如果你去报馆做事，我们就没人做主张。怎么成哪！"黄太基说完叹了一口气。

"大哥，现在9月，你最少要领着我们过了10月10日，当然过了年之后再说更好！"高兴说。

"好吧，就这么说啦，不过我答应谭警员，从今以后我绝对不做三军球场的生意了！就算白雪溜冰团来，我也不会来这边做。否则让人家伸小手指头！"

"谢谢大哥！"高兴抱拳施礼。

三军球场离长安馆不到300米。这时候球场里边正在进行着热烈的篮

这张是笔者（戴帽学生）来台湾后所拍摄的第一张照片。地点：台北市康定路中华无线电传习学校校长杨青钊住家门前。时间：1950年10月

球表演赛，不断地爆出观众的轰然笑声！但是这四位"街头售票员"已经充耳不闻。

这故事发生在1954年至1955年间。

真情难忘

写到这里，不禁发出感慨！我由衷地想念我曾交往和了解的那些朋友和同胞们，我努力地讲述我和他们的故事，即使沙鸣般的微弱，也欲传出声响。就是这群人在动荡的年代，在这孤岛上，在极度艰难困苦的岁月中挣扎度日，他们互相同情，互相提携，极力维持着做人的尊严，为维持生存的起码条件而拼命挣扎和寻求出路。

故事中的这群人或真名实姓或匿名隐姓，或道德修行，事业有成，或因伤痕累累的社会形态和岌岌可危的生存状态，陷入迷茫，误入歧途！但他们都是我同情并为之呼喊而鸣不平的人。我为贾师长的女儿汝英的悲剧而惋惜，我为"黄牛党"弟兄的"回头正业"而高兴！我为赵余易的儿女出息进步而祝福，我为南机场的老郭之死而哀痛！而我最为庆幸的是自己在这浑浊、凄惨和危机四伏的环境中，能够维持做人的本分，保持奋斗的精神，心存回馈社会的感念，这完全归于我在幼年的家庭教育，香山慈幼院的培养和兄长的扶持与勉励。

家兄常友石在给我的信中说：

……现在是一苦难时代，要想度过这一时代，必须苦下身段。假如仍是照从前我每天办事八小时，也就算过去了。遇事不下苦心研究去做，仍是马马虎虎，即使高喊什么口号，就可以达成愿望了吗？不啊！不是这么简单！看看今日祖国苦难便可知晓。我们应当醒悟，我们应当淬砺自己、充实自己！

第五章　情义交织台湾　艰苦岁月谋生

……

一个人亨通富贵是命定的，不可强求。但一个人要有一技之长，要想做学问中人，要想做一个正人，非命所能限制，全在人为。

我虽不才，但我有一种诚实不屈的性格。为了淬砺和充实自己，我把家兄的信函摘要复制誊写，制成警示语录而悬挂在居室的墙壁上，不怕朋辈甚至后人的小觑，真心以此作为激励自己的动力，不敢稍加松懈！

非常幸运的是，我在台岛找到了北京香山慈幼院旅台校友会，拜识了毛彦文院长，得以追随毛院长近三十年，协助校友会的工作，更使我坚定了回馈社会，服务社会的责任感！

第六章

重入香慈怀抱
纪念回顾英灵

北平香山慈幼院旅台校友会

  香山慈幼院是一所机构庞大的慈善教育学府，成立于1920年10月，坐落在香山静宜园内。包含了教保院（幼儿园）、蒙养园（幼稚园）、小学、中学、幼稚师范、土木工程专科、印刷、纺织、制陶等技术职业教育部门。我虽是二校（小学）毕业，却有很多高学历的同学校友。

  1970年，我认识了程庆干同学，他说：香山慈幼院旅台校友会将于7月7日，在台北美而廉餐厅开会，欢迎校友出席。借此机会我拜识了毛彦文院长，同时和香山旅台师友们开始有了联系。

  古语说："天地生人，有一人当有一人之业；人生在世，生一日当尽一日之责。"我是一个任事执着的人，不随意参加社团，一旦加入就一定尽本分和义务，热心参与活动。校友会属于最自然的团体，凡是校友就具备了会员资格。校友会有母校精神维系向心力，师生伦理就是活动秩序准绳。香山慈幼院本来就是个相亲相爱的大家庭，旅台校友会成立的目的就是让校友们每年都有一次团圆机会。大家可以聚在一起忆童年，话往事，重温旧时美梦，甚至听一听北京乡音。包饺子、擀面条、烙饼，尝一尝家乡口味儿，填补一下离乡背井的空虚！

  香山慈幼院旅台校友会早在1947年间由率先来台工作的校友们成立，到现在已经50多年历史了！我参加校友会正逢鼎盛时期，登记联络地址的

第六章　重入香慈怀抱　纪念回顾英灵

师生有七八十人之多，每年来参加"回家节"聚会的近50人。会务事宜都由总干事黄进生老学长操持。1984年黄总干事病逝。学长们认为应该交棒给年轻一点儿的校友，于是这职位和责任便交给了我。

1988年校友会改制，公推郭宝玉学长为首任会长，郭会长不幸于是年12月病逝，遂公推盛长忠学长继任，盛学长婉拒，虽曾于1992年以旅台校友会会长名义率团赴北京访问，代表毛院长暨台湾校友与北京校友会暨大陆校友做了一次充分的交流，返台后仍以年事已高，且定居美国而坚辞。此时旅台校友会与大陆各方面来往频繁，各学长互相推辞，结果就把会长的重责大任交我担起。

1986年开始编印《台湾校友通讯》，第一期通讯在10月出版。编辑、校对、完稿、复印等工作都由我一手包办。这份8开单张双面的刊物，到1990年一共出版了8期，此后于1993年、1995年、1996年、1998年和1999年又分别出版一期。校友公认它发挥了很强的通信与联络的功用，留下很多的珍贵资料和回忆。

盛长忠、郭明桥、黄进生、华霞菱、王碧元与方正琬诸位学长与我交往较为密切。我跟他们几位都属于忘年交，年龄和班级都有很大差距，因此平素我都以师生之礼相待。

熊毛彦文院长的二三事

我以孝敬亲长的心情，追随于毛彦文院长左右近30年，庆幸获致诸多教诲与德泽，为了感念老人家的慈恩，在1999年我写过几篇毛院长的生活琐碎的拙文，今摘录于后以资纪念。

毛院长于1935年（民国二十四年）与年长她30余岁的熊希龄先生结婚，婚后即协助熊氏办理北京香山慈幼院院务。1937年（民国二十六年）卢沟桥事变，日本开始全面侵华，熊氏夫妇联袂离开青岛，途经上海，在"八一三"淞沪会战中，熊希龄先生率领上海卍字会会员救护伤兵、收容难民。此后去香港，打算辗转回到大后方，很不幸熊先院长竟因脑溢血与世长辞。抗战胜利后毛院长重回香山，接任院长职务，肩起慈幼院院务重担，直到1949年为避战乱离沪赴台，后漂泊美国，最终定居台湾。但在这半个世纪以来，始终心系香慈校友，与在台师生保持密切联系。

一、她老人家近十年来所做重要事务

从1989年至1999年，这十多年里我深深体会到她老人家对熊先院长的一往情深。她的晚年生活，几乎把全部心意和积蓄都投注在"弘扬熊先院长历史精神"工作上！为了要让更多人知道熊先院长曾为国家立下多少功业，对社会做过哪些伟大贡献，让这位中国近代史上重要伟人的治事之道、学术修养以及教育思想发扬光大，在两岸采取开放政策后，毛院长即积极主导办理完成了重修北京香山熊希龄先生墓园，并完成归葬和出版熊希龄传记、遗著等重要事项。谨略记于后：

（一）1987年出版回忆录，书名《往事》。此书印成后并未发行，一直收藏在内湖公馆达10年之久，到了1997年11月才分赠给少数亲友作为纪念。

（二）出资赞助北京、湖南与上海学界编著出版有关熊希龄先生传记、遗著（诗词、文存稿与公文、书信）等书籍，计有上海图书馆编印，1997年出版《明志阁遗著》一大册，1999年出版《熊希龄先生遗稿》五大册，中国文史出版社1990年出版纪念熊希龄先生诞辰120周年文集《维新济世救亡》与附册《熊希龄诗词选》。湖南出版社1996年出版周秋光编《熊希龄传》一册，《熊希龄集》上中下三册。以上书籍都分别寄赠给台湾各大学图书馆与学术机构，以供研读或典藏。

（三）1989年9月17日毛院长在台北石家饭店，召集校友餐会决议委

第六章　重入香慈怀抱　纪念回顾英灵

1987年12月，香山慈幼院校友欢庆毛彦文院长米寿，毛院长与常锡桢夫妇合影

托北京校友会向有关部门申请"熊希龄先生为中国历史名人"，获准后依此名义争取核准修复"熊希龄先生墓园"。1990年毛院长与校友共同发起向海内外校友募捐集资重修墓园，并于翌年完工，北京市海淀区政府核准为"海淀区重点文物保护单位"。1992年5月17日完成了熊希龄先生灵骨归葬事宜，当日有千余名来自各地各界人士，齐聚北京参加迎灵悼祭典礼，场面至为哀荣隆重，与会者多视为壮举！

二、毛院长的真实年龄和她的长寿之道

毛院长彦文，浙江江山人，在她的回忆录《往事》书中说：她诞生于清光绪二十四年（1898年）十一月初一日。

但是她的年龄始终是一个谜，与她在台湾相处数十年的亲友中，似乎无人能够确知她的生年，而她对这问题却保持一贯不确定态度。

1990年为了筹募重建位于北京香山的"熊希龄先生墓园"经费，毛院长特别在邮局新开立一个私人专户，因此笔者亲见过她的身份证，"出生栏"登录的是民国前十一年（1901年）11月1日。当时她曾及时声明："身份证上的记载是不正确的。"

　　北京香山慈幼院旅台师生校友曾于1987年12月19日（农历十一月初一前两日）在台北一家餐厅设筵聚会为毛院长祝嘏，庆祝她88岁的米寿，宴会结束送她返回公馆，在途中她说："我的米寿已经过啦！"照这一说法来假定，大家又把她老人家的年龄推高了一两岁；但在未经证实之下均非正确。

　　1997年3月，毛院长终于将她在10年前即已撰写的回忆录《往事》公开问世，陆续分赠给至近的亲友。《往事》书中开宗明义第一句就说明了她的生年为："清光绪二十四年"，使大家终于得到了正确资料。

　　关于《往事》书中所记载的生年一事，毛院长的晚辈亲属依旧表示存疑，认为正确的诞辰日期应为1896年农历十一月初一。

　　百岁人瑞毛院长彦文不幸于1999年10月3日病逝在台北"国泰医院"内湖分院，享年102岁。海峡两岸与海外的至交亲故、桃李后进闻此噩耗，莫不同声哀恸悲悼！

　　10月9日适逢毛院长往生后的头七，她的家人和校友在善导寺设座诵经超度、祭奠，因王碧元和华霞菱学长都要撰写祭文，因而又向何钦羽先生问及院长的正确生年，经何钦羽先生证实"毛院长生于民国前十五年（1896年）"。

　　1997年春节大年夜与家人团聚时，她又曾说："我的一百岁生日已经过了！"因此判断《往事》书中所说，似乎并不完全正确！

　　不过在近20年来接近毛院长的人都知道：她是一位为人处世一丝不苟，对历史非常忠实认真的人。基于这种见解，推论毛院长在回忆录里所说的话，必然是正确而可信的。

　　至于她为何不愿说出自己的正确年龄，答案却是因为"不喜欢别人为她过生日，聚会庆祝"。她曾经告诉我：这是因为她从未生育过，而熊希龄先

第六章　重入香慈怀抱　纪念回顾英灵

生唯一的儿子熊泉，也不幸在三十几岁（1938年）时亡故，以致这数十年来没有子孙承欢膝下，每逢亲友要为她庆生、祝寿，她都一概婉拒！有时香山校友群相恳求，偶尔也会欣然接受；但始终避免表明自己的真实年龄。

近三十几年来，毛院长常与旅台香山慈幼院校友相聚首，很少有人向她请教长寿秘诀，平素也没有听毛院长谈及养生之道。就大家所知，她老人家连晨跑、体操等运动都没有，似乎也没有信奉任何宗教。而这位百岁老人还能自行处理文书信件和日常财务，还能够楼上楼下地自由行动，实在是非常难得。

今谨以诚敬之心和二十余年来所见所闻，用事例来分析毛院长的长寿之道。

毛院长的长寿，应该和她的健康体质与饮食习惯有绝对关系，譬如她的血压正常而稍低，没有罹患糖尿病或心脏病或其他慢性疾病，直到1999年8月底住进台北"国泰医院"内湖分院疗养时，医生检查她的血压与脉搏都依然正常。我们可以在她的自述文章中，知她曾因肩部长瘤赴美就医，在旅居美国时，曾跌伤眼角膜。1972年返回台湾定居，曾因急性盲肠炎、伤腿、重感冒以及肺炎等住进医院就诊。1996年曾患疱疹，医生诊断系因衰老，免疫力降低而罹患自发性病毒症，以上各次病伤均经医药治疗后痊愈。

听了毛院长席前的谢词，知道在那段时间里，她曾经受到很好的医疗服务，这对她的健康维护也有一些好的影响。

毛院长的饮食习惯良好，不挑嘴，胃口佳，饭量始终保持一定标准。年纪接近百岁时接受医生建议，她在早晨与午睡后，各饮牛奶一大杯，来补充营养与钙质。平时红烧肉仍常为餐中佳肴，对动物脂肪并不刻意避免。在与校友餐叙时，也可小饮一两杯淡酒。

基于以上所述，可知她平常食量很好，消化和吸收力强，这当然是健康长寿的因素与象征。

毛院长的生活起居，可以说都很自然正常。最大特点应是她严谨而凡事认真的态度。家中一切事务均必躬亲，绝不假手于人。尤其讲究规矩、礼节，身体躬行而不苟。关于这一点仅举一个例子说明：旅居日本神户的香山校友王碧元于1993年回到台北就医，毛院长邀她到公馆住两天，约定隔日再去，原因是毛院长要亲自替客人整理出一间客房。客人虽是她的学生，每晚临睡前都替王同学铺好床铺，王同学坚辞；但毛院长每必亲自为之。她说："你到我家来就是客人，我做主人应该做的事，岂能叫客人做！不要客气，叫我做吧！"

　　次年3月王同学又回到台北，在探望毛院长时，曾要求在公馆陪她几天，她说："客房里堆放了杂物，没有力气整理，过几天再说吧！"

　　这段小故事（香山老校友王碧元学长所述）充分说明毛院长重视友情，坚守自己的居家生活原则。同时在这故事中也可领会到：她勤劳、遵礼的认真！想来她这种事必躬亲的习惯，已经给她增加了太多而又足够的活动量呢！

　　约在1978年，毛院长仍为台湾民意代表，有一天在中山堂出席会议，散会后她照例搭乘开往内湖的公共汽车返寓。在衡阳街登车时不慎跌了一跤，腿部受到严重裂伤和挫伤！那年她已80多岁了。这件事又显示了她的俭朴、勤于劳动，无疑又是使她时常得以锻炼体力的好机会。

　　记得一次台湾校友会餐叙时，毛院长谈话说："年纪大了健康是靠不住的！有位年近80岁的同事，昨天还在一起开会，他说刚在医院做过健康检查，医生说：他的身体好得很！但是晚上起床喝水时不小心滑了一跤，家人发现送医急救，可惜已经回天乏术了。足见风烛残年老人的健康是不足恃的！说走就走！"所以她告诫校友和宾客们："一，大家做人要把心放宽。二，年纪大的人活动时要多加小心！三，如有年长的亲友要多多探望，否则也要电话勤于问候；说不定几天不见就天人永隔而留下遗憾！"

　　毛院长说这段话时年纪也80多岁，距今也是十好几年前的事了。大家深知她乐天知命，把人生看透。在与校友聚会时才会如此开朗地教诲大家。于此又证明她在步入老境后，对面临的所有一切，都有着相当坚强的适应力。

这位长者曾说过极其伤感的话"长寿非福"！她说："一个人活得太久，就会看到太多不应看到的事！"这话令闻者动容。

三、在生活中观察毛先院长个性

读过毛院长回忆录《往事》一书，必然能体会出她是一位意志力非常坚强的女性。因为我们可以在书中了解她在这一百多年的历史里，曾经历过各种不同的境遇，屡次遭遇过多少常人所不能忍受的严重的打击和挫折，而她也曾面临过濒于崩溃的境地。但她只要一想到人生的重大责任时，都会勇敢而坚强地站起来，去挑起万钧重担！所以我们不难想象她是一位做事很有魄力的人。

《往事》的亲友篇里多为悼亡的文章，那些亲友都是她所敬爱的人或是极为亲近的人，其中以熊院长的溘然长逝，最令她悲痛欲绝，这对她的人生观念与后半生的生活都影响甚巨。

大陆局势逆转时，毛院长由上海仓皇逃难来台，再转赴美国，这时她突然变成一无所有，她的万丈光芒立即归于黯淡，她的心情都必转趋于消极和平静。到了重返台湾定居后，她已年近古稀，所以生活理念便开始力持平静，把一切事物都看成过往云烟。

在内湖毛公馆的客厅墙壁上，挂了一幅胡适先生送给"彦文女士"的赠书，写的是两句荆公诗："不畏浮云遮望眼，自缘身在最高层。"这两句诗若用来形容毛院长前尘往事，高贵身份，最为恰当。在台定居后她的心情虽然平静，但她的超凡气质、雍容风度也同样符合这两句诗的意境。

那时候无论任何事情，她都主张简单节约，不可铺张。有时请教一些关于她的年龄等问题，她一定问："你问这个做什么？要写我的文章吗？千万不要，我不喜欢把我的名字登在报上。"

"要给我做生日吗？我先谢谢你们的好意，千万不要！我自己已把生日忘了，糊里糊涂地过日子很好。如果过生日，过一次就加上一岁，我不喜欢。"

在两岸开放交流，熊先院长骨灰迁葬北京香山熊氏墓园后，就时常与两岸校友及亲属们谈论她的下葬地点，甚至葬礼方式。

毛院长非常注重仪表，讲究礼貌，但是她都从律己做起，尤其是礼貌，从她待人接物的认真态度，即可看出绝不马虎。包括家里的佣人，在替她做完一件事时，她都会说一声"谢谢"。她被送进医院后，我曾三次去探望她。

第一次去的时候她正睡着。陈振中先生叫我靠近病床旁边叫她。

我轻声地呼唤她："院长，我来看你啦！"

她吃力地微睁双眼，注视着我问："你是谁呀？"

我答："我是常锡桢。"

"你是常锡桢，你来做什么？"

"我来探望你。"

"谢谢你，我不行啦！"

一位照顾她的刘太太，替她揩拭眼角边上的泪水时，院长也对她说："谢谢你，辛苦照顾。"

从这里更可以明白，她的礼貌是始终如一的。

她的人生已经从灿烂的巅峰归于寂静，留下来的尽是淑德懿范与后人的无限追思！说不尽，更学不尽！这些往事虽是琐琐碎碎，却是深深的印象，希望借此悼念我们敬爱的毛院长。

青年作家蔡登山先生来访

蔡登山先生是我在电影界结识的朋友，我们是同行，做电影发行宣传

第六章　重入香慈怀抱　纪念回顾英灵

与广告业务。1996年前后，台湾电影走上了极端，包括美商剩下不足10家公司，圈子里已经不复以前的繁华景象。我在三年前退休，很少再到电影公司集中地西门町巡梭了。

有一天接到蔡登山先生电话，要到寒舍造访，见面后才知道他也离开了电影界，这两年正从事纪录片的拍摄工作，同时从事实地采访、编剧与写作，主题为《近代史文学作家与著名人物研究》，他曾经遍走英伦、巴黎与北京、上海跟湖南各地，亲自重踏名人足迹，探索遗闻、逸事，累积了丰富而可靠的研究资料。

他在图书馆读到刊载于《联合报》副刊，湖南滕兴杰先生所撰《感念慈幼先进毛彦文教授》的纪念文，才知道我是香山慈幼院的学生，与毛院长的师生关系，想获知一些有关毛彦文院长的生平资料。我当即把毛院长手著的《往事》与华霞菱学长出资出版的《怀念回顾》各致赠一册，蔡登山先生如获至宝，将之视为重要资料继续研究。

蔡登山先生乃台湾淡水人，毕业于淡江大学文学系。

吴振汉探询"毛院长日记"下落

在毛彦文院长故世后，香山慈幼院几位硕果仅存的台北校友，都主张编印一本《怀念回顾》纪念文集，以致怀念之忱，顺便也把在台湾存在了50年的校友会做一个总记录，留下历史见证。

这本书出版后，曾分别寄给台湾各大学图书馆及各近代史研究机构。约在2000年5月底接到"中央大学"历史研究所所长吴振汉先生电话，表示曾在台大图书馆借阅毛彦文女士的《往事》与香山慈幼院校友会出版的《怀念回顾》二书，但该图书馆并未收到此二书。我对此加以说明，事实上，我们曾经若干次寄赠有关熊希龄先生遗著书籍给各图书馆，首次寄书，手边并无任何图书馆资料，只能在电话簿上查阅，设立在中南部的各校只能书写学校所在地为收信地点，却未能认真查询"中央大学"校址而漏寄，十分抱歉。

吴所长要求寄赠以上二书，我于次日按址寄出，旋即接获吴教授6月17日来信。原信如下：

常会长钧鉴：

惠赠书籍收到，谢谢，贵校友会全无物质资源，仅凭精诚感情凝聚，能长期运作，且为毛女士做如此多的事，令人感佩。大陆近出《吴宓日记》十册，内容精彩丰富。惟吴先生至民国三十五年，一日听朱斌甲言及毛女士近情，犹在日记中言毛女士与熊先生结婚，系贪慕荣华富贵，可谓不了解毛女士心志矣。另毛女士《往事》附录二文中言她小朱君毅四岁，吴宓小朱两岁，而吴生于一八九四年，故毛女士生年似应为一八九六年。

目前有关熊（希龄）先生的资料颇多，学术研究成果亦富，惟像毛女士这样具代表性的从传统过渡到现代女性，仅有一本回忆录，日记复不见存，恐难在历史上留下记录，令人惋惜。

谨祝编安！

晚振汉敬上

2000.6.17

吴所长是唯一接到赠书后致信给我们的学者，我从先生的语气中获知，研究近代史者一致关注毛院长的私人日记，想要从中获至更多的第一手资料，研究出同时代相关的历史真相，甚至其他发现，当然包括她和吴宓先生的所谓"恋情"。

我和金锡嘏学长同往拜候毛院长时，在毛公馆的二楼确实见过她的日记，陈列在一个木书橱内。毛院长表示求学时就有写日记的习惯，几十年来从无间断，并且一直携带在身边，估计有70本之多。她说这些日记所写

第六章　重入香慈怀抱　纪念回顾英灵

全属私人闺房琐事，没有公诸世人的必要，并因难免涉及亲友隐私，更不能轻易示人，所以决定在她人生最后阶段，把它火化焚毁，先她而去。

不过《往事》一书，系于1989年编印出版。她屡次说：不到病危或往生后绝不送人。到了1997年，她100岁时才决定送人。这本书当初只印刷了200本，一直封藏在毛公馆二楼的书橱里。

一天，她叫我去公馆问说："现在还常参加校友会活动的校友还有几人？我打算每个人送一本我写的《往事》，请你分别寄给他们。我的亲戚与亲近的朋友也每人送一本，剩下来的没有用，就烧掉算啦！"

我问她："学术机构和大学图书馆要赠送吗？"

她反问我的意见。我很诚恳地回答："这本书在您来说，认为是个人的生活流水账，但我猜想书中一定着墨于诸多近代历史与人物，这些记载必然是研究近代史学者的第一手资料，其价值极为珍贵。因此可否依照之前寄赠熊先院长遗稿等书籍给各单位名单，寄赠给各大学与学术研究机构。"毛院长终于点头同意。

后来我读《往事》，在前言中，毛院长就写道："这似乎是一本流水账，谈不上格局，也没有文采，故本书将仅赠少数亲友作为纪念。"她的话说得很谦虚，但"仅赠少数亲友作为纪念"却是早已做成的决定。

吴振汉教授来信说："仅有一本回忆录，日记复不见存，恐难在历史上留下记录，令人惋惜。"关于这一点，在我追随毛院长近三十年来，从她的言行中体会她的想法，我非常肯定地说："这正是毛女士所冀求的。"

毛彦文女士来到台湾定居之后，她顾全的是熊先院长的声望和自己的名节，这一点可以在她所作所为中清晰地察觉，像我曾撰文《毛彦文两件不愉快的往事》所载以及她曾花费数百万台币重修北京香山熊氏墓园、归葬熊希龄先生骨灰回京、出版熊先生遗稿等书籍等，都可明显地看出她的心志。

吴教授在来信中提到"目前有关熊先生的资料颇多"，相信这些书籍绝大多数都是毛女士投资或全力支持出版的，包括：熊希龄（明志阁）先生遗稿、传、文集、诗集等，并均寄赠给各大学图书馆及历史研究机构以供典存阅览。

大陆出版吴宓先生日记，文中谈论到毛彦文女士，依常理论，应是极为正常的，事过七八十年后，所说也皆属"往事"了，毛女士爱惜羽毛，不愿多谈亦属自然。

读过《往事》，应该了解毛院长在封建时代，已经是一位"反抗不自由婚姻的女性"。她的言行都走在时代前端，对自己的感情和婚姻都有绝对的自主能力与权力，因此，别人对她与熊希龄先生的婚姻结合有所议论，是没有多大意义了！

但是作为当事人的毛彦文女士，于1935年（民国二十四年）与熊希龄先生在上海缔结秦晋之好时，可以说震惊了全国，轰动了社会！也曾引发诸多议论，其中不乏嘲弄论调，她不是都心平气和地接受了吗？但到了六七十岁以后，她就没有心情多听这些"闲话"了。

她在病重之前，曾经数次交代，在她谢世后不发讣文，不登报，不发新闻。叫我只通知住在台北的校友即可，这项遗嘱同样告诉她的亲属，也写信给大陆校友说明心意。由此可见，她对死后的荣辱根本不记挂在心上，如果今后世人还怀念她、记挂她，都该是非常自然的，不必苛求。

怀念毛彦文院长与香慈校友会的往事

1970年7月第一次参加在台北举行的香慈"回家节"，至今恰满40年，光阴荏苒，转眼白头，旧时的一些前尘往事还在眼前，因而怀念不已。

我因患胃肠胀气症，不耐久坐，筋骨老化手脚失灵，使用计算机写此

第六章 重入香慈怀抱 纪念回顾英灵

回忆小文，只能想一点儿，打一点儿，断断续续、零零碎碎地把一些我们北京香山慈幼院台湾校友会"有的没的"小故事，说给朋友们当作小插曲听一听，更务请原谅笔拙难及万一。

毛院长晚年不计较别人如何称呼

毛彦文身为民意代表，所以社会上称她为"毛代表"。

她曾任复旦大学、台北实践家政专科等学校教授以及复旦高中英文教师，她的学生和教育界人士都尊称她毛教授或毛老师，有人写信也称她为毛先生。

她的近邻一致都称她为熊太太。

香山慈幼院校友都称她"院长"。而她的亲眷中有几位孙辈，因此在亲族中都称呼她"婆婆"。无论如何称呼，她听了都很高兴！

有一次广西桂林校友李冠鸿公开称她"老太婆"，她欣然接受。

这件事是这样的：李冠鸿曾是香慈桂林分院的小学生，毛院长于1938年到过桂林，因此有见面之缘。1980年前后"台独"分子对首届民意代表大肆攻击，谩骂代表为"老贼"！她也以此自嘲，不为此与人争辩，证明她是心存是非的长者。在这纷乱时期毛院长上了新闻，李冠鸿在电视新闻画面中认出："这位老太婆就是香山慈幼院的毛院长！"当时他立即向妻儿大呼："没错！是我们院长，她老人家在台湾！"之后，他向"国大"秘书处电话查询，才与院长取得联络。

毛院长知道台湾还有这么一位桂林校友，便很欢喜地邀他参加校友"回家节"聚会，其后毛院长还时常重提此事，引为笑谈。

内湖毛公馆素描

毛院长于1973年迁居内湖公馆，这栋两层楼住宅没有什么装潢，家具也很普通；但明窗粉壁，朴素高雅。

客厅玄关墙角迎面挂了一个红纸尺半的大"福"字，这个笔势雄厚的大福字是校友王碧元的杰作。让人一进门就觉得喜气洋洋！

稍一转是客厅，靠北墙上挂了一张胡适先生书赠的诗句，纸高约四五十厘米，"不畏浮云遮望眼　自缘身在最高层"，看得出此书法是胡适先生的一贯手笔。再过去挂的是熊院长的横式水墨山水画。南墙两窗间挂着的是校友郭明桥制作的浮雕艺术框，还有一幅年轻女学子赠送给毛院长的一幅山水画。

毛院长曾谈起如何处理文物

有一年（1995年）春节前，毛院长叫我去公馆擦拭清洗这些画作框罩上的积尘。

毛院长曾经跟我谈起如何处理这些文物。她说："这些旧东西家里的人没有喜欢的，不知我死后送给谁好？"当时我有两个建议：第一是赠给北京校友会；第二是捐给湖南凤凰。她回答说："如果他们纪念馆盖好或有收藏的场所就好了。"

那时候我把这个话告诉了北京校友会，萧岳岚会长曾经嘱我代为争取；但毛院长原则理念既定，因此没有做成确定。

设若毛院长答允赠予任何一方，都须她老人家预立遗嘱才能算数，单凭一句话是不行的，因此我就没有积极开口的余地了。

后来在毛院长的丧礼中，我曾向陈振中先生探听这些文物的下落。陈先生说：都由熊芷老师的女儿继承去了。

公馆客厅后段是餐厅，设有一个圆桌。这是宴客或家人团聚时用的，平常毛院长个人均在书房里的一个小方桌用餐。

毛公馆的二楼除亲眷外一向是"男宾止步"。1999年夏毛院长召见我与金锡嘏校友，那时院长行动已非常不便，这才打破惯例在二楼小书房接

第六章　重入香慈怀抱　纪念回顾英灵

见，向我们垂询、交代一些事务。但我对二楼主客房的布置还是不太清楚。

客厅里U字形摆着一组条纹厚布沙发，上楼梯口边墙柱上有一个立柜，有客人来，院长会叫佣人从柜中取出几色饼干、小点心，盛在小碟子里招待宾客。如在端午时节，会在厨房中端出几个热乎乎的湖州粽子，遇到中秋前后必让客人尝尝应景的月饼，招待宾客亲切周到。

还有"请"字和"谢谢"永不离口，让任何人都会感受到她的慈祥礼貌，即便对待后生晚辈也是一样。

我们校友来到公馆，除非有事相商都是坐在这里话家常，而每次最感享受的是听她老人家"讲古述往"，谈话内容包括她的多彩多姿的生平际遇、求学留学经验，跟许多她同时代的一些名人传奇。包括熊芷、熊鼎以及张雪门先生的故事，都非常精彩动听，引人入胜，增广见闻，可惜我未能详记。

公馆有围墙，前后和右侧有院落，因为小区倚山靠水，长年绿草如茵，花木茂盛，几丛杜鹃在春节后开得最是鲜艳。

因为住宅地势有小斜坡关系，楼房大门前台阶超过30厘米，毛院长晚年体力衰退，出入大门、上下台阶都需人搀扶。当管家刘太太休假时，有人来访按铃叩门都是邻居代为应门，十分不便。

在毛院长故居里我有幸遇见过几位重要人物，如左宗棠第四代孙女左犹麟、刘建章学长的女儿刘玉民小姐（她是第一支来台访问比赛的大陆女子篮球队的领队）、汪洋教授与林涛学长夫妇（随北京幼教文化访问团）、浙籍"驻外大使"杭立武（他是因候补民意代表上任前到毛公馆拜会）、上海图书馆副馆长王世伟教授（为参加国际图书馆管理会议来台，特借机会晋见毛院长说明《熊希龄遗稿》编印出版情形，并恳请尽速交汇补助出版费用）。

再从一些小事来谈毛院长的节俭和认真

毛院长在代表任期内经常要去台北中山堂会址行走议事，来往都是搭乘公共汽车。从内湖公车站到住宅需15分钟，还要穿过两三百米的农田小路，遇到雨天很是辛苦。到85岁那年，她在台北市中山堂前上公交车时不小心跌了一跤，右大腿严重摔伤，住院治疗很久始得痊愈。经家人劝阻，她也自知服老，才改搭出租车上下班了。

那个时候很多代表都有三轮包车，甚至汽车代步。而毛院长因独居，家中不便雇请男工，再则不耍派头节俭为先。

有一次"回家节"遇到阴雨天，院长搭出租车过来，我在餐厅大门外恭候。车停，见她打开皮包数钱来付车资，她数了一数差了一元零钱，于是向我借了一元硬币交给司机，她才下车。出租车司机说："差一元没关系。"院长很认真地说："少给你一块钱怎么没关系？"

她对我说："一块钱虽小，工资不可马虎；亦不欠人情。等一等我会还你。"

有一次我陪她到中山堂福利社去购物，她每挑一样东西都很仔细地看包装说明，产地、规格、分量与价格等，有时候还会问有无折扣。

她说买东西要精选细挑，买有用的不浪费。商家要讲信用，价钱要求公道。这是她一丝不苟的地方。

毛院长虽是国民党举荐当选的代表，但她从未加入国民党。来到台湾后她在代表大会中仍属"无党无派"的代表。

她在上海时虽曾与一位天主教梅神父常见面，对天主教非常接近；但她也从未正式受洗入教。约在1995年圣诞节前后，毛院长嘱咐我带了一份礼品和红包，到新店市天主教耕莘医院去探望这位病重住院的梅（若望）神父，毛院长在红包上写了祝福之语外，还写道"至今仍未受洗，有拂雅意，实在抱歉"的话，由此可知在宗教信仰方面她是倾向天主教的，但终

第六章　重入香慈怀抱　纪念回顾英灵

生并未加入任何宗教团体。

毛院长临终之前嘱咐家人在她逝世后不办公祭，不发讣文，不登报纸，只要通知家属和台北校友向她行礼告别就可以了，不必惊动社会和别人。但是她的家人还是在她老人家过世后举行了规模很小的丧礼，好让家人、校友们与至亲好友们送她人生最后一程。

丧礼那天，国民党大佬李焕先生从《联合报》新闻中得悉讯息，特以复旦大学校友身份亲至灵堂上香祭奠。李焕已于2010年12月不幸病逝于台北荣民总医院，享年94岁，他在生前也是嘱咐丧礼不可铺张。

古人云："风俗之厚薄，系乎一二人之所向。"他们两位高龄人瑞均主张低调办理身后事，遵礼即可，何必惊动外人。他们似乎把人生看透，而其节俭、通达精神均堪为典范。

我于1993年为写《毛彦文女士二三事》文章，曾向毛院长请教她1947年在北平获选为市参议员与"国大"代表的经过。

她问我："你要写我的文章吗？我不喜欢我的名字登在报纸上。"

我回答："我想写一些您的生活起居和一些小故事，好讲给香山校友们知道。"她才同意把当年参选经过说给我听，还亲笔写下与她接触的"北平市政府民政局长马汉三以及国民党北平市党部吴铸仁"两个人的姓名（这张字条现存于湖南凤凰熊公故居）。

由此可知毛院长晚年淡泊清静、无求虚名了。我也知道她老人家非常忌讳别人歪曲她的故事，一些错误报道和说法都使她很震怒，但又很无奈！

同时她曾经说过"长寿非福"的话；但我们看得出毛院长性格坚毅，非常耐得孤独寂寞，生活如常得非常自在。

1992年秋，一天上午9点钟我接到陈振中先生的电话，说毛院长患重感冒转成急性肺炎住进"中心医院"，叫我赶去探望。我到达病房时护士正为院长换新点滴、注射抗生素消炎药剂。陈振中说：前天送到医院时院长病情非常紧急，经昼夜急救已稍稍好转；医生说她虽然发烧只有38度，但对一位90岁的老人来说已经是"高烧"了。

护士换好点滴后，叫我走近病床。

由于院长除了打点滴外，还插了氧气管，说话声音很低，我弯腰凑近才能听清楚，她交代的都是要我负责联系北京香慈校友会推动重要事务。当时那场景使我心情非常沉重悲伤，我把她所有嘱咐应办事项都逐条笔记。

她交代完毕后就催我尽快离开病房，她说："这种疾病有传染性，不必天天来探望我，有事情会打电话麻烦你办。"

我辞别时，毛钦翎送我到电梯口，她对我说："你们校友会怎么有这么多的麻烦事？还叫老人家操心生病？"当时我深感尴尬，无言以对。

毛院长在重病时刻还为了熊先院长和校友会的事务操心劳神，我心中也同样不忍；但我们作为校友的和作为亲属的感受却截然不同，我们觉得毛院长为了重修熊希龄墓园、移灵与完成出书等志愿，虽抱病亦不肯延误处理大事，这种精神态度是值得万分钦敬感佩的。不过我也非常体谅钦翎的孝心和面临长辈重病引起的焦虑不安。幸亏陈振中在旁化解，对钦翎说："常先生是院长请来嘱咐办事的，不要乱怪别人！"

说起来20年过去了，想起来真是令人感慨。

毛院长于次年（1991年）还患过一次"甲状腺炎"，发病在腰部。这种炎症非常疼痛，也曾住院治疗。

大约那年元旦之后，我到公馆探望。毛院长跟我说："我生病啦！"

她住院检查后，医生告诉她年纪大了免疫力降低，自身体内病毒诱发甲状腺亢进产生皮肤病变。治疗方式是使用抗生素消炎与平衡甲状腺药物防止扩散，约需一两个月的时间才能痊愈。因为病在腰部四周，衣服碰触摩擦都会疼痛，必须穿着柔软宽松的衣服，所以在家休养的这段时间，谢绝一切访客。由于我是香山校友才勉予接见。

她说:"我穿成这样子,不能随便接待客人。你要通知盛长忠、华霞菱和几位台北校友,过年初三你们也不要来拜年了,来了我也不会招待你们的。"

包括她搭公共汽车摔伤住院,这是我曾亲见毛院长三次伤病记录。最后她老人家以102岁高龄终老于内湖"国泰医院",那是1999年的10月3日,医生说她是"无疾而终"。

陈振中说:院长生于1897年,若老天再假以年,让毛院长多活两个月。过了2000年元旦就成为"寿命横跨三个世纪的名人"了!

敬告编写《熊希龄年谱》的学者慎重定夺

听说研究熊希龄的学者将要编写熊公年谱。这是约近20年来未决的一件大事,都因熊夫人毛彦文在回忆录《往事》书中以及书信与口头表达"熊希龄确实生于清同治八年,亦即公元1869年,己巳年",纠正了以往流传1870生年的错误记载。

我于2010年写过一篇《熊希龄究竟生于何年?》呼吁专家学者尊重毛彦文的主张,编印年表须辨伪求真,谨慎从事,千万要"大胆假设,小心求证"。因为熊希龄和毛彦文是夫妻关系,当初结婚之前或许合过八字,结婚时也当写过婚书,无论如何,熊夫人必定知道熊希龄的生肖是什么。这是一个常理,不能不知,更不能忽略!

编印熊希龄年表若差错一个年头,天干地支便完全不同,也就是说错改了熊希龄的生辰八字。若是真的错写了,我不知今人如何感觉,但对古人来说却是一件天大的"忤逆"!遗憾无尽。学者专家不应不近人情,宁蹈覆辙。

北平香山慈幼院在台校友的"回家节"

香山慈幼院实行"学校、家庭、社会三合一的教育"。"慈幼院是我的家"这个观念在香慈儿女心中扎下了根。

熊希龄先生曾写下这样一段文字："这些孩子都是真心地爱我，把我当他们的父母，我也把他们当我的儿女，成立我们这个大家庭。这便是我的终身志愿了。"

香山慈幼院的毕业学生一批又一批，不管他们走到天涯海角，总希望有机会回"家"来寻根、忆旧。熊院长为了满足大家的愿望，决定每年7月7日为香山慈幼院毕业生的"回家节"。1935年至1937年在香山举办了三届"回家节"。

为了举办这一节日活动，在多云亭的旧址上建起"白云亭"和"思亲舍"，取"白云亲舍"之意，这是"回家节"的永久纪念建筑。二校、四校的同学们曾经积极参加修路、绿化等劳动。

首次参加"回家节"的毕业生和来宾千余人，盛况空前。两天时间里参观和游览了新校园及各项展览，召开了各种形式的座谈会，举行了拔河、游泳、足篮排球等体育比赛活动，7日晚在风雨操场进行了文艺演出，8日晚是电影晚会。熊院长、毛彦文夫人与同学们共度佳节，熊院长欢喜之余，赋《醉桃园》词一阕。

> 四围山拥白云亭，儿时路所经。
> 远离亲舍望云亭，云停心未停。
> 云出岫，数归程，朝朝亲倚门。
> 云来云去绕儿身，儿毋忘母身。

第二届"回家节"1936年7月7日举行，日期改为一天，活动内容依然丰富多彩，并增加了一个移风易俗的项目——集体婚礼。

第六章　重入香慈怀抱　纪念回顾英灵

1988年7月10日"回家节"香慈校友、来宾与毛院长合影
后排左起：华霞菱、朱士勋、张锡光、高永哲、张英超、方正御、王碧元
中排左起：郭明桥、张锡麟、盛长忠、毛彦文院长、黄师、李国华
前排左起：常张明珠、常锡桢、陈振中、毛钦翎

在隆重而别开生面的婚礼上，熊院长夫妇、查副院长、杨圆诚董事为校友中五对新人分别担任证婚人、主婚人。集体婚礼为这届"回家节"增添了欢乐亲情，更彰显了香慈这个大家庭的生命力。

第三届"回家节"由院务会议于1937年6月30日做出决定，7月7日"回家节"如期举行，并安排了各项活动。就是这一天，卢沟桥事变发生了，万恶的日本侵略军开始了大规模的侵华战争，战火波及京西一带，回香山参加"回家节"的师生饱受惊吓，为了安全起见活动取消解散，远路来的校友各自赶回城里。"回家节"也就从此被迫停办。

此后过去了大约十年，香山慈幼院的"回家节"在台湾恢复了。即如前所述香山慈幼院校友会早在1947年间，由率先来台工作的校友们草创雏形，每年都自行聚会活动，到1999年已经有50多年历史了！

香山慈幼院旅台校友会在这50多年中间，充满的是香慈传统的真感情，这种真感情是永恒的，是其他任何校友会里享受不到的。我记得1996年天津校友林涛夫妇来台参访，曾到内湖拜见毛院长。台北师专校长孙沛德陪同造访。孙校长在毛公馆见到这场"师生会"犹如"母女会"！幕幕情景都是阵阵温馨，她感动地说："香山慈幼院校友师生间这种稀世真情是非常珍贵的！"这也正是香慈校友会长远存在的价值所在！

经过50多年的时空转换，台湾校友们由年轻到年老；校友会由成立到兴盛、到衰微以致渐渐走进消失，却是令人伤感和无奈！

华霞菱学长在10年前，曾把一本从1970年到1985年"回家节"会议记录，传交给我保存，在记录里记载着黄进生学长在1983年"回家节"的发言，他说："香山慈幼院校友会自民国三十六年成立以来，我担任总干事至今，已有36年历史，如有服务不周之处，还请大家原谅！"于此可知香山慈幼院校友早在1947年间就由率先来台工作的校友们成立了，到现在已经有52年历史了！校友会从无到有，活动从无间断而延续至今，黄进生学长居功甚伟。同时显现了他的亲和力、办事能力与服务热诚，使校友们至今仍怀念不已。

这本"回家节"的活动记录，首页是一张1970年参加活动的29位校友的签名，嗣后两三年出席人数还互有消长；但稍后几年即逐渐减少，原因是香山慈幼院停办，后继无人，来台校友都进入耄耋之年，有人不良于行，无力参与活动；有人远赴美加定居，长年身在国外无法返台，所以"回家节"的盛况不再。至今终于落幕，使人不禁黯然。

黄进生校友不幸于1984年6月病逝，校友会总干事职务就交给了年轻的我接任。

1986年校友会改制，公推郭宝玉学长为第一任会长。郭会长曾接受总干事建议编印《台湾校友通讯》，毛院长也表示赞成支持，第一期通讯

第六章　重入香慈怀抱　纪念回顾英灵

旋即在10月出版。郭学长曾参与《香山慈幼院院史》编辑工作，负责撰写最主要的"院史汇编"与"芷江分院"部分。当时郭学长身体健康欠佳，不幸于是年12月6日因病去世，曾使在台校友同声惋惜。

校友会曾一致推举盛长忠学长继任会长，惜盛学长坚辞悬而未决。至1987年"回家节"聚会时，毛院长提出意见，经校友同意才由我以会长名义继续为大家服务。

1992年毛院长与大陆校友会择订于5月17日在北京举行熊先院长骨灰迁葬大典。台北校友会原计划由我赴北京参加祭悼仪式，还有陈振中、毛钦翎夫妇与常张明珠女士同行，将于5月15日成行。5月9日盛长忠学长自美返台，我向他请示，在这样的紧要时刻，盛学长义不容辞地同意以香慈旅台校友会会长名义领团返京，参加为熊先院长举行的移灵大典。

早先参加"回家节"的校友可以分为三种：第一种是几乎全程参与，很少缺席。第二种是有时来有时不来的。第三种是偶尔参加一两次，然后就一个猛子不见人影儿啦！另外还有很少几位平素和老同学们有联系，但始终没有参加校友会的活动。

因为本院"回家节"日期订在每年7月7日，不但适逢酷热盛暑，而且也是每年莘莘学子升学考季。约在20世纪70年代时，常常有人为了陪儿子参加初、高中联考而不克出席。80年代时，有人为孙子升学去陪考，经常吃睡都不安稳，所以没心情参加活动。到了90年代，大伙儿的儿孙都学业或事业有成，也在工作岗位上退休，可以轻松了，却又迈进了老境，没精神力气往外跑啦。也有人携家带眷地移民去了外国，因此校友会的人数越来越少。人生常叹奈何，校友会也有多少奈何！

北平香山慈幼院院史出版经过与意义

1975年毛彦文院长曾在旅台校友会"回家节"聚会上说："要凭校友

的记忆重整香山慈幼院史料，留下历史见证。希望校友尽量搜集熊先院长资料，并整理年谱。"直到1980年毛院长在会中重提此事，她说："我认为重刊民国二十六年出版之《北平香山慈幼院院史汇编》很有意义，但可简化摘要，保存真迹流传更为重要！"

1980年正式表示要重编"院史"，开始分配校友负责撰写专稿，并征集校友回忆稿件，接着准备编辑工作。1983年《北平香山慈幼院院史》终于出版。由初步酝酿、计划，到征稿、编印、问世，经过了七八年岁月，真是得来不易。

这本院史由毛院长确定计划编排顺序为：

1. 原始资料——宗旨与创办经过；
2. 院史的扼要整理；
3. 抗战期间本院流离概况；
4. 战后复原情况；
5. 回忆与怀念。

正式出版院史内容完全依照此一原则编辑，只是增加了附录，另设了标题而已。

这本书印刷约三百本，免费分赠给海内外校友相关人士、学术机构以及各大图书馆。现在私人受赠的书可能多已遗失，仍旧保留着的恐怕已经很少了。

因为当时两岸尚未开放，有几篇文章内容措辞对大陆而言是很不妥的，故此书没有寄往大陆。

最近几年来海峡两岸从开放、破冰到国共两党交流后，关系日益密切，互相了解渐多渐深，对历史问题都以坦荡襟怀处之。因此我曾考虑将自己保存的一本寄赠北京香慈校友会作为重要历史资料与纪念。但与金锡嘏学长研商后，始终"心存顾虑"，认为不妥，未敢交邮。

在数年之前，王春宜学长和湖南凤凰龙儒文先生均曾向我征求资料，

第六章　重入香慈怀抱　纪念回顾英灵

我都不曾想到这本"院史"来！理由就是，十分担心因小段文章中的个别措辞不当而引起误解，甚至误会，便有弊无益了。

2010年5月，我接到北京香山慈幼院校友会寄来《熊希龄与香山慈幼院》历史纪念画册，张薇副秘书长附函，嘱咐我为《熊希龄先生诞辰140周年纪念专辑》写一篇纪念文章。原来对这个写作题目感到非常惶恐，这时才又想起这本"院史"来。取出重新阅读，寻求写作题材，不意竟想出一个解决方法，就是将不太妥当的文字用剪裁方式删除。虽有缺损遗憾，但可消除疑虑，寄赠给北京校友会就没有问题了。

金锡嘏学长1992年入会之前，与我是互相失联的，所幸他在台北图书馆借读到这本"院史"，读到了我的住址和电话，这才取得联系而参加本会。

由于金锡嘏学长至诚感念香山慈幼院与熊先院长对他的养育恩德，故在近二十年中对两岸校友交流做了大量工作，有着极大的实质贡献。都因这本"院史"造就机缘，意义也极为重大！

由此推测此书仍存于该图书馆，另外华霞菱学长手边应保留着一册。

这本1983年版《北平香山慈幼院院史》目录有：院歌、影集、遗墨、前言（熊毛彦文）和院史等。

院史部分为：

壹、原始资料——录自民国二十六年编印《北平香山慈幼院历史汇编》

子题为：

1. 北平香山慈幼院创办的宗旨（熊希龄）
2. 香山慈幼院发展史（熊希龄）

贰、北平香山慈幼院历史汇编节略（郭宝玉改写）

叁、抗日战争中的香山慈幼院（熊毛彦文与郭宝玉）

肆、抗日战争结束后的北平香山慈幼院（熊毛彦文）

伍、师生的怀念（熊毛彦文等廿四篇）

陆、附录：

1. 熊秉三先生传略（录自民国二十七年熊秉三先生湖南长沙各界追悼会稿）

2. 熊秉三先生赞像赞墨事略（录自民国二十七年熊秉三先生上海各界追悼会稿）

3. 民国初年财政总长——熊希龄（贾士毅——转载自《传记文学》杂志）

4. 先父季庭公与熊院长希龄先生（张锡龄）

这六大部分与毛院长当年指示的编序相当一致。

重读后，首先觉得毛院长"重编院史"动机，可能受到已保存40年的、认为已成为世间孤本的《北平香山慈幼院历史汇编》影响。她老人家生怕遭到损毁造成遗憾，才做出"择要重印"这个决定！因此她曾说："我认为重刊很有意义，但要简化摘要。"由"重刊"二字即可看出她的原意是在延续此书的生命价值。

原书厚如"辞典"，若翻印重刊费用太高！也考虑到实际需求，故决定抄录熊先院长著作最重要文章真迹，并委托郭宝玉将部分重点重新撰写新稿，再加入抗日战争前后两阶段发展史料等，合编一部比较完全的"院史"，希望"留作历史见证"流传更为久远。

我现在必须写下注脚：在新书《熊希龄与香山慈幼院》历史画册中发现刊有"1993立新版院史"的照片，深感安慰。因在下没有读过"1993立新版院史"，不知内容是新作抑为旧稿？若翻印自"民国二十六年版历史汇编"，那"台版院史"便没有那么重要了。

再说《北平香山慈幼院历史汇编》

毛院长于1975年谈话中就提到这本民国二十六年编印的老院史，1981

第六章　重入香慈怀抱　纪念回顾英灵

年为了编印新的院史，曾将此书交给编辑委员会（由郭宝玉、盛长忠、华霞菱、王碧元、黄师、黄鸿钧与常锡桢7人组成）研读，后交郭宝玉学长参阅抄录改写。因此我曾亲睹此一巨著，记得书的外型类似"辞典"，枣红色封面。曾恭读过前面的两篇内文，并无深入研究。

毛院长在1988年"回家节"上说明：唯恐此书损毁于无形，故经黄季陆先生转存于图书馆作为历史资料。当时曾向现任馆长朱汇森先生（曾任台湾教育事务主管部门领导）电话查询，获得回音知道这本《北平香山慈幼院历史汇编》确实珍藏于馆中。

诸位研究熊希龄先生历史专家学者或仰慕此"院史"者，可以径向该馆请求借阅。该馆地址：新北市新店（邮区号码23177）北宜路2段406号，电话（02）9111563。

重读熊先院长手著《北平香山慈幼院创办宗旨》和《发展历史》两篇文章后，很容易领略到慈幼院对"院孩"的养育、教育几乎无微不至！让男孩或女孩们在安定中生活学习不受干扰；小家庭制度让孤儿们建立家庭观念，享受天伦不觉孤独。我在校时常见同学们大带小、彼此照顾的情形；习惯自助助人与劳动服务的优良传统。在这种教育环境里学习成长的孩子会有更多机会成为可用之才；从小就有知恩报恩的精神，对社会风气有很大的帮助。本人年过80岁，在搭乘公共汽车时，见到老弱孕妇还有让座的习惯，相信是自幼在香慈养成。

最近常听一句赞美的话："改变人的一生！"熊院长创办慈幼院对所有校友们来说，这话不是很为恰当吗？

我再顺便说一说毛彦文院长的日记。

1998年7月我曾与金锡锻学长同时拜见毛院长，因老人家已为百岁人瑞，行动不便，特许在二楼起居间接见。除了嘱咐很多会务之外，特地打开一个小书柜让我们看，柜子里边装满红和蓝封皮的厚厚日记簿。

毛院长表示她从20岁开始便养成写日记习惯，70年从无间断，每年一本，至今已累积70多本。

她说："有人建议我择要出书公开于世，我已拒绝。我打算在过世之前要把它烧掉！你们的意见如何？"

我以为这70多本日记应该是一部近代史，资料真实，非常珍贵！烧掉太可惜。但这件事别人无法做主。我当然希望把珍贵的遗产留在世上。建议留给家属后人继续收藏或捐给历史权威机构作为第一手历史参考资料，都是很好的办法。

但院长以"日记"所记内容多属个人与家庭间的琐碎事务，实不足与外人道。甚至"闺房秘密"更不便公开，因此将和家人商议如何焚毁！

在毛院长逝世办理追悼会后，先后有两位文史学者找到我，想借到这本"日记"。一位是我在电影界做宣传工作时认识的蔡先生，另一位是台湾某大学的吴教授。我和这两位先生接触后，发现他们都着眼于"毛彦文与吴宓"这件事情上，大概想借此炒作出书，和大陆连续出版所谓"吴宓情书"扯在一起，相互辉映，大掀风潮，目的只是褊狭的商业行为而已。

因此不能不佩服毛院长生前思虑周到，将此"日记"放进了焚化炉，一把火烧掉了。避免有人以她的日记断章取义，渲染或扭曲她与表哥朱君毅至情至圣、轰轰烈烈的情史，成为三角恋爱，造成无聊的话题。

以上我仅提供几本书的资料和其下落，供校友与读者参考。

雷洁琼先生与香山慈幼院

雷洁琼先生曾先后担任香山慈幼院董事会董事长，香山慈幼院理事会理事长，为香慈的延续发展做出贡献。而我曾是香慈的一名小学生，虽然在香山就读时未曾见过雷洁琼先生的面，她亦是我的师长，是我心中崇

第六章　重入香慈怀抱　纪念回顾英灵

敬、景仰的人。

1991年至新世纪之初，我曾多次从台北回北京探亲访友，参加香山慈幼院校友会组织的活动。为此我了解到许多关于雷洁琼先生的动人事迹，特别是她对香慈的帮助与关爱。

1992年5月17日，在"熊希龄先生骨灰迎接仪式"大会期间，我第一次见到雷洁琼先生，那时她老人家已经80多岁了，专程前来参加熊希龄院长灵骨归葬仪式。雷老精神矍铄，与熊希龄院长的亲属及我们部分老校友话谈家常，和蔼可亲。

她在大会上发表热情洋溢的讲话，对熊希龄院长及其慈善教育事业的历史价值和伟大功绩给予高度评价和热情赞扬，她说："熊希龄先生是我国近代史上著名的教育家、社会活动家和慈善家，也是一位杰出的爱国主义者。他在旧中国奋斗了半个世纪。他的一生是忠于慈善教育事业的一生，是追求光明与进步的一生。"能亲耳听到雷洁琼副委员长如此中肯的评论使我十分感动。

我回到台北以后，家住天津的香慈学长林涛大姐将我新增订出版的一本《北京土话》寄给雷洁琼先生指教。很快就收到林大姐转来的回信。雷洁琼先生在给燕大校友会汪洋先生的回信中说："九月一日收到你的来信，谢谢你的关怀和问候。昨天又收到你寄赠的台湾作家常锡桢先生的著作《北京土话》一本，这本书的出版可以沟通海峡两岸人民的思想感情，为促进海峡两岸的文化交流做出贡献。"

雷洁琼先生一生从事教育事业，是著名的教育家、社会学家、法学家、杰出的社会活动家。她将一生奉献给了中华复兴、民主进步、社会改造、妇女和儿童权益保障事业。她关心的领域和层面宽广而深入。而雷洁琼和香山慈幼院的亲密关系和她为此做出的贡献却鲜为人知。

雷洁琼和熊希龄院长的女儿熊芷、熊夫人朱其慧的侄女朱曦都曾留学美国。为此她们之间早就惺惺相惜，互相往来。早在20世纪二三十年代，

> 燕大天津校友会
>
> 汪洋同志：
>
> 六月一日收到你的学报，谢谢你的关怀和问候。昨天又收到你寄赠的台湾作家常锡桢先生的著作《北京土话》一本。这本书的出版可以沟通海峡两岸人民的思想感情，为促进海峡两岸的交流定能作出贡献。
>
> 请你代我转达付常锡桢先生表示感谢和敬意。
>
> 向林清月同志问好。
>
> 谨祝夏安
>
> 此致
>
> 敬礼！
>
> 雷洁琼
>
> 一九九三年六月三日

雷洁琼先生收到拙著《北京土话》一书后给燕大校友会汪洋先生的信

北京石驸马大街熊公馆、香山双清别墅都曾留下雷洁琼的身影。雷洁琼也为了考察、了解香山慈幼院，常常去香慈家庭总部、蒙养园、镇芳楼等处参观访问。

雷洁琼先生和熊芷先生都是中国妇女儿童运动的中坚，她们志同道合，在共同的奋斗目标下结下了深厚的友谊。

雷洁琼先生也是香山慈幼院继任院长熊毛彦文多年好友，是毛院长十分信赖并能委以重托的人。1945年8月日本投降后，毛彦文决定续办香山慈幼院。她成立了基金会，聘请好友、燕京大学教授雷洁琼任香山慈幼院董事（后为董事长），聘任雷动先生为副院长，开展工作。经过艰苦卓绝的努力，香山慈幼院终又恢复战前的风光，发展到千人的规模。

毛彦文院长在台北谈到雷洁琼先生时曾对我们说过，1948年毛彦文院长从北平去上海之前，曾拜托雷洁琼先生照看好香慈，照顾好香山慈幼院的上千名孩子。

第六章　重入香慈怀抱　纪念回顾英灵

　　1949年香山慈幼院董事会顺应国家统一之大局，经研究同意将校址借给"劳动大学"（即中共中央），迁出学习生活了近三十年的香山校园。雷洁琼当时任该院董事长，她提出要妥善安排在院的一千多名学生。1949年3月，在解放军的帮助下，香慈师生迁至商定的西安门，另辟新校址继续办学。

　　50年代初，中央政府与北京市人民政府在阜成门外阜成路为迁至城里的香山慈幼院拨地百余亩建成15000余平米建筑面积的新校舍。

　　在中央和北京市地方政府的关怀下，雷洁琼主持了香山慈幼院理事会的筹建工作。经过筹划，组成了香山慈幼院新的理事会，聘请了20多位热心教育事业和社会福利事业的领导或知名人士任理事。理事会成员有康克清、李德全、史良、谢冰心、诸福堂、张晓梅、林巧稚、王之相等，雷洁琼任理事长。这使香山慈幼院延续了17年。1966年全院学生已达1300余人。

　　震惊海内外的"文化大革命"运动，错将香山慈幼院这株香花当成毒草，将其无情横扫和剪除。教学体制遭到冲击，积存数据遭到焚毁。随后"香山慈幼院"的校名也被"立新学校"取代。令人非常痛心！

　　改革开放后，毛彦文院长十分关心香山慈幼院的恢复，曾写信请周俟松老师转告雷洁琼先生，希望能恢复香山慈幼院。毛彦文院长表示，为此将继续给予支持。

　　1987年，全国政协副主席雷洁琼先生，曾寄信给北京市市长陈希同，讲述了香山慈幼院迁移沿革的历史，以及该校在"文革"期间遭到严重破坏，改名"立新学校"的情况。

　　她在信函中恳切地说："鉴于国家进行全面改革和实行对外开放政策；为统一祖国，振兴中华，要积极开展海外统战工作；大力发展教育事业等工作的需要，我认为恢复香山慈幼院是适时的，国内外广大校友和学校的要求是合理的，应当予以支持。"

虽然香山慈幼院至今未能恢复，但是作为香慈校友，我不能忘记雷洁琼先生为此做出的努力和呼吁！感激之情发自由衷。

1996年3月，雷洁琼时任全国人大常委会副委员长，她在《熊希龄传》的题词中写道："熊希龄先生是我国著名的爱国教育慈善事业家。他早年参加维新变法，民国担任国务总理，晚年投身社会慈善，救灾办赈，收养灾童，创办驰名中外的香山慈幼院，并且将自己的全部家产捐充儿童福利基金，同时还积极投身抗日救亡，他一生爱国利民，功不可灭。"

雷洁琼先生以她伟大的慈爱之心和忠诚的信念，实现了自己的承诺。作为香慈的学生，我对雷洁琼先生的崇敬与怀念，不只是因为她老人家为我们的母校之生存发展做出贡献，更是因为这位百岁人瑞把毕生精力奉献给中华民族的伟大复兴和人类社会的不断进步！

第七章

服务社会小区
守望相助真诚

永和智光里守望相助委员会

1979年5月,我从台北市万大路迁居到永和智光里,转瞬间过了30年。1983年间我被选为本里守望相助委员会委员,加入服务邻里行列,1991年被推举为主任委员。

"守望相助"是地方最基层民间组织,成立宗旨是为促进小区和谐生活空间,维护小区内的安全与卫生。直到1995年在完成一项"瓦窑沟挡水墙"的地方建设之后,我坚决辞去了主任委员的名义。计算一下,我在智光里守望相助委员会当义工,也有15个年头之久。

我在前面说过,我无意于虚名,不愿轻易加入任何社团,但在初来台湾时,我的好友王伯常先生劝我入国民党,以求保全。经他的介绍才于1955年1月加入国民党。我初次参加的小组里,除了王伯常(台北市影片商业同业公会总干事)外,还有王德甫(当时是执业律师,不久被延揽入阁担任"内政部长")、许健("中央电影公司"副总经理,曾任江苏省行政专员)、史信("内政部科长")、李仲华(曾在东北当过县长)、林德玺(也当过县长)、周景龙("内政部总务科长")等几位先进("先进"是在国民党内一般的尊称)。这个小组够气派了吧?我在这个小组里是十足的小老弟。偶尔大家会聚一聚,签个名便算是开过会了。

我于1957年进入《华报》馆,党籍转到新闻党部。《华报》和英文版

第七章　服务社会小区　守望相助真诚

1998年作者70岁生日，常锡桢夫妇和儿孙们合影
左起：常敬凡、蔡来弟（儿媳）、常雅婷、张明珠、常锡桢、常丰傑、刘志平（儿媳）、常家度

台湾《中国日报》《"国语"日报》，三家报馆合为第三十六区。1967年我迁居台北市东园街，户籍属于双园区惠德里，新闻党部派我担任"里联络人"，由此时我才参加了地方党务活动，也养成了出席里民大会习惯。我搬到永和后，仍然参加智光里的里民大会，因此才和里长结识，这是我成为"守望相助委员"的缘由。

"守望相助"是个很好的构想，如确实做得好，对小区发展、社会治安、环境保护都有所帮助。30年以来，智光里守望相助委员会是台湾少有的成功案例之一，曾受各级部门的重视。

我在1991年接任智光里守望相助委员会主任委员后，曾经投入很多心力，规划推动各项会务，设计会内记账单据制度，使金钱进出账目更加清晰、明确而取信于里民乡亲。而智光里最重要的工作，即是二十几年来最难解决的淹水问题。因为本里地势低洼，每年5月到8月遇到暴雨，全里街巷就会积水泛滥，如同水乡泽国，里民居家安全受到威胁，财产屡遭重大损失，虽曾不断向政府反映陈情，但始终无法解决。

因为我曾经在新闻界任职，在从事电影宣传工作时，又长期与媒体接触，也深切了解与媒体记者互动之道，懂得如何借重媒体发出声音。我在1993年4月创办了一份《永和市智光里守望相助会刊》，每月出版一期，免费分送本里住家乡亲阅读，并分别寄给各级行政主管部门首长与相关民意代表，以及内政、民政、建设等机关单位参阅。这份小小的小区报纸，除了期望本里乡亲们明了本会会务发展，争取认同外，还使我们的民意直接向上反映。

关于此点，我略作说明。"里"是台湾岛乡市之下最小的行政区，里长虽是民选产生，既不像官员，但也非民意代表。里内有任何意见，只能向乡、市公所表达。更无权对外使用公文，也不能越级提出报告。但是这份"会刊"却可把问题直接而公开地告知上级政府，达到诉求效果。

这份会刊自从创刊后，每月准时按期出版，直到我辞职以后停刊，一共编印了54期。

这期间我曾经策划请愿行动，承蒙洪秀柱女士的支持与安排，由里长发动120余位乡亲，于1993年10月5日前往相关部门顺利进入第九会议厅正式请愿，由洪秀柱女士担任会议主席，使智光里乡亲充分表达心声。又于11月9日由洪秀柱女士率领智光里里长赵振丞，里民代表常锡桢、周远裕、王震宇、邓东木、朱春菊、叶日红和王世伟等7人，会同永和市市长林忠荣、中和市市长童永雄、议员石筑翎、代表会副主席林德福等，到台湾地区行政事务部门面见连战陈情，请求协助解决"瓦窑沟遇雨泛滥"问题。

我很了解报社记者有采访路线原则，像台湾当局各部门和民意机关的新闻，都由专门记者负责采访，这些大牌记者对一个外县市里民的请愿活

第七章　服务社会小区　守望相助真诚

动是没有丝毫兴趣的。然而对台北县地方新闻记者来说却是重要新闻。可是台北县分社记者却又无权越界采访当局各部门新闻。如此一来，我们的请愿活动岂不变作无声无息？

为了使请愿产生更大效力，必须让新闻上报。于是我事先就计划好，在活动结束后立即整理写妥一份翔实的活动记录，另外撰写了一篇约400字的新闻稿，加洗20种以上新闻照片，赶在下午3点钟前分别送给台北县各报分社记者，作为新闻数据来源，请各报记者自行撰稿发表。

果然，次日各报台北县地方新闻版都有了显著篇幅报道，因而达到了我们活动的诉求目的。

1993年12月4日传出消息，确定着手在中和景平路兴建一条地下导流水道，引导瓦窑沟积水直接流入新店溪，来降低水患。这项"瓦窑沟东支流潜盾截流工程"长约2000多米，直径3.2米，总工程费台币18亿元。在此项工程完工前，先在智光里小区段的瓦窑沟两岸，加筑150厘米高的挡水墙，同时在沟边设置强力抽水机，抽取里内的积水进入沟内，使原来下大雨时泛滥的洪水集中在沟内，沟内水位高涨造成高低落差，积水即可加速流向下游，达到宣泄效果。

挡水墙工程于1995年完工，智光里淹水问题已显著改善，没有再闹水灾！因此本里乡亲很感念宋楚瑜的德政，我自认也贡献过很多的时间与智慧，经过长期不断的奋斗，协助地方争取，才使得这项重大工程落实，应该值得安慰。

因为智光里心腹大患已除，最艰难的问题已解决，所以我决定退出守望相助委员会，同时辞去了国民党区分部常务委员的名义，名副其实地"完全退休"。由于当时永和市党部的书记刘敏谦先生真诚邀约，安排我竞选市党部委员，我勉强答应下来，居然连任两届。4年后受聘为永和市党部考核纪律委员至2009年，2010年至2011年受聘为永和区党部委员会顾问。

1996年笔者担任台北县永和市智光里守望相助委员会主任委员期间，宋楚瑜主席来里视察瓦窑沟整治工程与笔者合影

回来再谈国民党在2000年大选中惨遭失败。我身为党员未免心有遗憾，但这个结果却早在意料之中。

其失败主因，一是国民党从独裁专制到政治开放适应不良，蒋经国死前所托非人。二是台湾历史上有曾被日本侵略之痛，亲日分子主张"独立"，使国民党时台湾的统治地位生疑成为争论！激进派在开放后成立民进党，但有部分投机者寄生在国民党内兴风作浪，"党同伐异"，使国民党几次分裂，先后出现了新党和亲民党。三是国民党党员高自主席，低至基层，无论从政党员或党务工作者都高度自私。各级选举提名都有不公平情形发生，而登记参选者一律势在必得，凡是未被提名者都心存不服，执意参选。因此造成很多鹬蚌相争，渔翁得利的案例！团结合作只是一句口号而已。

有人批评国民党党纪不彰，这是见树不见林的说法。大家都知道台北县县长几次选举失败的主要原因，都是党主席（李登辉）独裁决定提名，否定多数民意，结果屡次遭到败绩，却从来没有见到有人为败选负责。到了大选失败，党主席仍然没有负责意向！想一想，在此环境之下还能讲什么党纪、党德？

我听到太多的人替退职主席辩解，他们尽可巧言掩饰！同时他的独裁恶霸，根本无视外界意见，任意横行，国民党焉有不败之理？

担任洪秀柱女士顾问

周汝昌先生是我一生中最感骄傲的朋友。洪秀柱女士乃是最令我敬重的朋友。毛彦文院长则是我毕生感到荣耀的长辈。

我于1986年认识洪秀柱女士，那时她担任国民党台北县党部妇女工作组长，我在永和市党部担任文宣委员，一次出席县党部的辅选会报，在议场初次见到洪秀柱女士。那天她穿着一套淡梅红色洋装，清新整洁，不同于其他党工的穿着，显得非常挺拔出色。体态虽然娇小，却是仪表雍容、精神抖擞、气度非凡，透露出坚定稳重性格，给我留下非常深刻的第一印象。

不久洪秀柱女士投入选战，我曾主动为她辅选，从此真正相识而结缘。历经十几年来往后，彼此间增进了了解，也累积了深厚情谊。

我在过去二十余年中曾参与国民党大小数十次辅选工作，选举始终支持洪秀柱女士。我对她从一不变的立场是我的个性使然，就如我自1955年入党以来就对国民党忠贞不贰。

1968年起我历任台北市新闻党部里联络人、地方党部小组长、分部委员、常务委员与永和市党部委员、文宣委员或考核纪律委员。平心而论我都曾全力以赴，尽职尽责。我曾于1969年两次接受新闻党部主委马星野先生颁发"传令嘉奖"与1985年省党部主委宋时选先生亲颁"奖章"。

我可自豪地说："入党五十余年来热心推动基层党务活动，绝少缺席。当选或受举聘担任过的职位也从无空负虚名。"在选举事务上坚持党内规划的"责任区"制度，自认做到铁面无私程度，反对违纪参选。

洪秀柱女士每次参选都要求永和市党部把智光里规划为她的责任区，我的辅选工作也就顺理成章。

2001年春节过后，洪秀柱女士、"国会办公室主任"乔正中邀聘我为顾问，因自知才疏学浅、能力有限而婉拒；但基于乔主任态度坚定诚恳，表示这是洪委员慎重考虑后决定，希望我不要推辞，我才接受征召，3月1日正式加入洪委员的服务团队。至2012年3月已满11年。

洪秀柱女士曾屡次公开表示她的服务团队拥有"老中青三代"成员，其中一老就是指我，抬举我为"家有一老，如同一宝"，极受尊重。

2001年6月20日，国民党常务委员会讨论处理李登辉的问题，洪秀柱女士慷慨陈词。由于李登辉公然攻击国民党，洪秀柱女士气愤不已，痛斥李对国民党"不忠、不仁、不义"，是国民党内的"毒瘤、癌细胞"，坚决主张把他清除出党。她的这席话得到许多国民党党员的赞同。

经11年追随观察，我深知洪秀柱女士强记博闻。在很多场合聆听她谈话、演说，都能够深入议题，条理分明，巨细兼顾，且反应敏捷，辩才无碍。关于教育问题更是如数家珍，见解精辟，让人钦佩信服。

记得2001年8月洪秀柱女士再度参选，竞选总部在永和市正式成立，活动日渐频繁，我因体力差，不能完全参与，只在中和、永和或新店选区跟着团队协助服务工作。我深刻了解选举学问的深奥庞杂。我曾对参与选举者提出建议："凡是你想到的竞选方法，能做到的你都要在投票前认真去做。"

处理回信是我的重要工作，最初乔主任嘱咐"简单扼要"即可，但

第七章　服务社会小区　守望相助真诚

我没有这种尺牍素养，无法用三言两语表达诚意，所以采用详而尽之的写法。

我曾读过其他立委回复给民众的信件，有些采用制式化，我觉得这种简单写法缺乏真实感情，失去回信的价值意义。

洪秀柱举办基层活动或聚会时，都照例向宾客介绍服务团队成员。她介绍我这个老顾问时曾经说："常伯伯替我处理回信态度非常恳切严谨。有些乡亲收到回信大概太感动了，于是又再三来信，常伯伯都是针对来信内容代我回函，快成了连续剧了。"

自从接手处理信函文书工作11年来，粗略估计回复约有数千件。其中包括："修法"、"立法"建议案、意见书、论述文、陈情信、舆情报告、交际信、关怀信、表达爱慕信、感谢信、推荐信、祝贺信与赠诗、赠联、墨宝等，林林总总非常多样化。因我使用计算机起稿，所以保留了一些原稿。

文书工作还包括为两岸各界"题字"，多数为我创作或摘取前人诗文字句。特抄录部分如下：

辛亥百年陕西纪念文集志庆
志酬中华　气壮山河

二〇〇九年上海美食艺术大赛
食实适时

辛亥革命一百年书画展
同写辛亥革命史　共赏中华翰墨香

浙江余姚河姆渡文化遗址
千年文化万宗源

陈情信中阅读到的两则老兵故事

曾阅读过百余封老荣民寄给洪秀柱女士的陈情信,其中有两则故事值得一记。

台湾在戡乱戒严时期实施"惩治叛乱条例"和"检肃匪谍条例"整肃异己。不知这个法条害死多少人命,不知造成多少人的冤狱。

直到解严后才废弃了这两项法条,并于1998年通过"戒严时期不当叛乱暨匪谍审判案件补偿条例",由行政主管部门成立财团法人基金会施行受理申请办理补偿工作,很多受难人和家属都得到恢复名誉和金钱补偿。

但有些老兵虽曾受不当审判管束或被关进绿岛监狱,却提不出有效证据,求偿无效。有两位曾经受过"管束"和被关在绿岛好几年的老兵更感冤枉不平,因而写信向洪秀柱女士申诉求援。

绿岛监狱曾是专门关政治犯的地方,现已废除变成旅游之地。岛在台湾东北角宜兰县外海,与兰屿同为东台湾的两个观光外岛。

2001年高雄魏老先生寄来一封挂号信,并附寄了一大沓影印数据和其他民意代表给他的"回函副本",清晰地说明了他的身世、遭遇和申请冤狱赔偿未准经过,拜托协助设法为他解决问题。

魏涛是广东客家人,高中毕业。1949年随部队离开家乡,当兵时自视甚高,认为连长、排长学问都不如他,官都比他大、都要管到他,心里非常不服气。时常发牢骚、骂当局,言行偏激乖张,个性孤僻顽固,因此被视为"头痛分子"。连长把他调到他连,换了环境他依然故我,最后被人检举"经常发表不当言论,影响部队士气",交由军法惩处,随后被送往台东陆军管训大队接受"交付感化教育",等于被关进军事监狱,生活受到严格管制,比在部队里更没有自由。这个俗称"顽固营"的管训队,队员也会在各地分队间调动,魏涛曾从台东转移到屏东小琉球,管训长达两年,期满后回到部队才获得核准退役。

第七章　服务社会小区　守望相助真诚

魏涛具有高中教育程度，进入社会生活不成问题，曾在高雄市民间企业勤奋工作了40年，顺利成家立业。不过因他的自傲本性影响了人生发展，因为晚婚女儿还很年轻。

2000年新闻报道很多涉及"叛乱匪谍"案受刑人都拿到好几百万元新台币补偿金，他心想自己也应有申领资格，于是寄了一份申请书到基金会；该会回复他"缺乏直接证据"无法查证办理。

为了自己的权益，他特地跑了一趟基金会说清楚自己受管束感化的事实；可惜他手中并无官方档可作证明。事隔数十年后，曾经管束他的那个单位早已撤销，公文档案都已销毁，根本无法求得数据证明了。

魏涛很失望也不甘心，于是去信找一位国民党的知名人士帮忙，他接到回信却是"来文收到，感谢指教。无法协助，敬请原谅"。他接信后更是火冒三丈，怒将信件影印寄来大骂"岂有此理"！

当我接到批示协办此案时，先与魏先生通过电话，了解一下他与基金会接洽时的经过，问他到过哪些机关找证据。他说由于年代久远，主管部门人事经过更迭后，现已无档案可查。

我们最后建议他把家里所有"认为与管训相关文件"全部影印寄来，由服务处代他过滤，看能否找出有效证明。

我查阅他寄来的彩色影印资料，发现一张他从台东调往屏东小琉球的"名册表"。这份表格类似军队里的花名册，上列多名受训士兵的个人资料，包括姓名、年龄、原属单位、调往单位等。最下一格是管训员（或戒护员）签名盖章。这个长方形的小图章上刻有官衔和姓名，断定是官方制发使用，绝非私人刻制。因此证明魏涛保存的这份"调动表"确实属于"官文书"，可作为证明。

我建议他以此档作为主要物证，再次补件申请。此时他在屏东找到当初从台东戒护他至小琉球的小队长（升任少校后退役），请他作为人证，结果受到委员会采信；经过面谈调查，但有否获得应有补偿未得回音。

鼎沸沙鸣：从北京到台北的乡愁

另一位福建客家籍的叶国生先生，是军队文书出身，离开军队后跑到"退除役官兵辅导委员会"去当雇员。大约在1971年前后的某一天，"警备司令部"一位陈姓上尉军官带了几名宪兵来到退辅会，在众目睽睽之下把叶国生当场逮捕！陈上尉手中拿出一张公文递给"办公室主管"看了一看，并口头说："叶国生涉嫌'匪谍'案，我是奉命抓人。"那个时代只要听说牵扯到"匪谍"这两个字没有不害怕的，因此大家谁都不敢多问多言。叶国生就被几名宪兵围拢着拉上了军车带回"警备司令部"。

据叶国生的描述：他被押解到"警备总部"后，立即被禁闭了一个星期。他自知没有犯罪，应该有机会还他清白，但是心中还是非常恐惧，常常向戒护他的卫兵打听消息，都没有什么结果。7天后他在没有经过问讯之下就被送到绿岛监狱囚禁，莫名其妙地在此无奈地生活了一两年。被关之初他心中充满疑惑和冤屈，后来逐渐感到失望而绝望。众所周知绿岛是专门羁押政治犯的所在，叶国生在这里也认识了好几位社会知名人士。有人同情他的遭遇，但也无力帮他申冤。

有一天绿岛监狱接到台北上边打电话来表示："叶国生没事了，要监狱即日放人！"

叶国生听说"即刻开释"，心中那份重获自由的快乐真是难以形容，次日返回了台北。他到退辅会向长官说明一切，他猜测当初被抓被关可能出于误会，如今释放出来证明自己清白无辜。长官知道叶国生是个安分守己的人，准他复职继续回原单位上班工作，直到退休。

叶国生被释放后不久结婚生子，生活美满但不宽裕，他却知足常乐。1998年实行"戒严时期不当叛乱暨匪谍审判案件补偿条例"，他以为一定能够申领到一笔补偿金，这对他的日后生活有一定帮助。他没想到当年被抓后未经审判就送到绿岛囚禁，因此没有给他任何判决文书，释放时候同样没有证明给他。

第七章　服务社会小区　守望相助真诚

依照叶先生提供的相关单位协助再次调查，档案资料早已销毁无从查起。退辅会承认叶国生曾在会里任职，也知道被"警总"逮捕的事实；但他被捕后管辖单位属于"警总"，退辅会无权过问，更无法出具证明他的被抓与"惩治叛乱或检肃匪谍"有关。像"警备总部"、保安处早已成历史名词，纵或能够找到当初抓人的退休官员陈上尉出面作证也是无用，依法规定必须出具官方文书才能作为证据不可。

服务处为他协助联系、办理查询求证工作尽了全力，未能如愿深感遗憾。叶国生只好自认倒霉！

参加河北（平津）同乡会

约于1954年我曾随北平乡亲孟兆祥兄去过一趟河北同乡会，和总干事聊了一阵北平旧事。因为那时个人还在拼生活，无心也无力服务乡亲；相对来说同乡会也没有能力照顾穷困的同乡，所以没有办理入会。直到1998年才有了倦鸟归巢的念头，跑到金华街办公室填表申请成为河北同乡会会员。

台北市河北（平津）同乡会成立于1948年，历任理事长为：郝仲和（北平人，1948年～1950年），王秉钧（邯郸人，1951年～1966年），张清源（定兴人，1967年～1998年），吴延环（宛平人，1978年～1998年），关永实（1998年～2001年），赵希江（霸县人，2001年至今）。

张清源的夫人张希文是我香山慈幼院的老师，曾任"国大代表"、台北"'国语'实验小学"校长。2010年出版的《河北文献》高龄乡党名单中，还登载出吴庭械和关毓兰两位香慈校友个人数据。吴庭械：生于民前四年（1907年），是香慈女校初中二级生，曾任"国大代表"。关毓兰：生于民国二年（1909年），香慈老师。如果两位校友仍健在的话，都已是百岁人瑞了。

同乡会每年春节照例召开会员大会，顺便举办团拜餐叙，席开三四十桌，出席相当踊跃。大家都寄望在这天与乡亲故旧、昔日战友、同僚聚在一起把酒忆当年。听一听乡音、叙一叙乡情、述一述离情别绪、聊一聊两岸交流。如今第一代旅台乡亲年事已高，有幸坐在一起互相祝福，互道珍重，意义更觉深长。

我加入同乡会后遇到的旧识不多。原任台湾防务事务部门康乐总队新闻联络官傅敏（北京人），他退休后转任高雄《台湾日报》驻台北市新闻记者，算是同乡会中最熟悉的朋友。另外一位是同乡会常务理事张法鹤（河北南皮人），他原任"中央电影公司"副总经理，我们曾是电影界同行。

入会后认识了冀州同乡薄厚根乡长，他是台湾防务事务部门陆军中校退役。1992年他曾和我谈及组织"冀州同乡会"，他说全台湾冀州同乡大约20来户人家，多数为退役军人。自两岸开放后，薄乡长每年都回家乡探亲，常与冀县台办领导张树魁先生会面，屡次请他组织同乡会发展交流。他认为自己退下来的时间较晚，缺乏社会关系，因此想委我筹办，惜我精神体力不允难担重任。2004年我回到原籍冀州寻根探亲，台办向我重提筹组同乡会事，那时旅台乡亲老化凋零现象更甚，遗憾终未能如愿。

入会后我常投稿给《河北文献》，文章内容多属老北京风物见闻与探亲经验。2010年同乡会特印制了一种"感谢奖状"，在新春团拜时赠给7位近10年来写稿最多的同乡，我是获奖作者之一。

第八章

八十感怀补述
两岸和平共赢

"台独"是一条死胡同

1949年我像蜻蜓点水那样到过基隆,然后又像逛庙会那样去了一趟海南岛,再像坐高空缆车那样搭空军C-46老爷机从海口飞到嘉义;好像陷在泥淖里的小车子一样,没想到在台北待了60多年。

若问我在台湾的生活感受,我前边已说得很详尽。有道是:"鼎沸沙鸣,浊世晨钟。夕阳斜影,两岸沟通。"

我初来台湾时国共内战正炽,隔海壁垒分明。那时台湾危如累卵,蒋介石为了维护政权和自身安全,不得不实行军事专权,把反共抗俄列为第一要务!

当年"厌战、畏战、反攻无望论"都属叛乱思想,只凭一句话都可入人之罪!我们军人谈话中提到"总统蒋公"时都必须立正敬礼!谁敢对蒋介石不敬就是有罪,谁要是"污辱元首"骂蒋公定办不饶。

现在已是2012年,台湾现状如何?经过政治改革、两岸开放、政党轮替后,台湾形势完全改变。没人再称老蒋为"蒋中正",都直呼他"蒋介石"!这在早先那个时代是不可思议的。

中国人善良爱和平,可惜到了晚清国势颓废,一直受到外侮!列强乘虚而入,尤其日本狼子野心,屡次发动战争侵犯中国,霸占我台湾,造成中华民族百年遗恨,成为国耻。日本战败,台湾光复回归祖国怀抱,但日

第八章　八十感怀补述　两岸和平共赢

本人始终还是动台湾的歪脑筋，伙同旅居日本的台湾人搞分裂运动！

陈水扁趁国民党分裂取得政权，这个古怪精灵的"台湾之子"行为疯狂，几乎每周每日制造是非和问题，首先扩大"罪蒋论"，改介寿路街名、拆蒋庙招牌、拆移铜像等，施展"去蒋"运动，借之撕裂族群感情。再者大搞"去中国化"，台湾"中国石油""中国钢铁""中国邮政"纷纷改名。他的教育事务主管杜正胜大改教科书内容，企图彻底切割两岸历史文化。质疑国民党军队为谁作战，怀疑老荣民的政治立场，在陈水扁执政时期民进党常会公开上街示威游行，甚至演出"入联公投"闹剧，其实都是在虚晃一招，"玩台独把戏"，目的只是从中牟取政治利益而已。那八年里把台湾社会搞得鸡飞狗跳、动荡不安，使老百姓神经紧绷，生活倍感压力、精神痛苦不堪。

陈水扁除在任内搞政治闹剧过火之外，还贪污舞弊、卖官鬻爵！惹恼民进党前主席施明德，施明德发动"红衫军"走上街头，揭露阿扁贪赃枉法行为，阿扁居然趁乱洗钱，利用人头把赃款洗到境外，不料洗钱洗出汇款记录，成为他卸职后被定罪的铁证。

补述两位影视名人

2012年电影金马奖颁奖典礼于11月28日在台湾宜兰罗东举行。漫长的转播节目中，最吸引我的是长年不见的老朋友大导演李行，我从电视屏幕上见到他坐在观礼席第一排位置，手中多了一只手杖，想必他跟我一样走路必须有个支撑了。

禁不住对老友的关心，随之在网络上查阅他的近况消息，报道中说：李行罹患了大肠癌，已做过八次化疗。但他为了台湾电影界争取发展空间，曾带病前往大陆与相关主管商谈加强合作事宜，获得重大进展。国家广播电影电视总局实时公布了《关于加强海峡两岸电影合作管理的现行办法》，给台湾电影界前往大陆拍片工作者开拓了更宽敞的道路和更好的条件，对稍显低迷的台湾电影界实在是一大贡献。

李行是三届金马奖最佳导演得主，曾担任金马奖执行委员会主席多年，地位崇高。1961年在他导演闽南语片《王哥柳哥好过年》和1963年拍第一部汉语片《街头巷尾》时，我都曾到片厂与外景场地采访。

1966年我重返电影界，在"中华电影公司"任宣传主任，公司拍摄第一部影片《日出日落》（朱丽华、江明主演）就是李行执导。我为了准备宣传资料跟过他的戏，彼此接触更多，深知他的导演风格。1980年与1983年我也承接过他导演的《原乡人》（日升公司出品，林凤娇、秦汉主演）和《大轮回》（此片为三段式作品，由李行和胡金铨分别执导。台艺公司出品，江述凡监制、姜育恒、石隽主演）等片广告业务，交换过宣传重点意见。

日前在电视上又看到老友李行，还能端坐在金马奖贵宾席上三小时多，也能到大陆"趴趴走"，为台湾电影界找出路奋斗不懈，足见体力不差，精神甚是可嘉。希望他能注意调养治疗，恢复健康是没问题的。

我和白景瑞及胡金铨两位电影大导演也算是熟悉的朋友。

白景瑞，号担夫，他在1958年从影之前和我同是"影剧记者"，我们曾互相参加过对方的婚礼，算是知近朋友。

我也曾于1960年陪同《龙门客栈》导演胡金铨勘查外景，从宜兰经合欢山、梨山、达见、南投、东势走过横贯公路全程，至台中火焰山、大甲溪河床等场地拍照记录。在那五天时间内领略到胡导演的观察力和做事细腻之处。

我曾问他："我是否适合在电影制片做工？"他说我："没脾气！不跟人吵架打架！拍电影肯定没出息。"真是一针见血！所以我决定放弃"拍剧照"的工作。

第八章　八十感怀补述　两岸和平共赢

盛竹如主演第一部电影预告片是我导演的

　　台湾电视公司退休名记者盛竹如最近突然在电视媒体上爆红,很多档商品营销和活动推广都找他"代言",成为2012年下半年曝光率最高的人物,也是娱乐新闻的焦点。专访节目介绍他的成功之路,使我想起1973年联亚电影公司发行欧洲影片《吓破胆》时,由我编写了一个3分钟的"预告片"剧本,便是邀请盛竹如先生主演的,这应该是盛竹如生平拍摄的第一部广告片。

　　《吓破胆》是一部抄袭《大法师》的恐怖片,耍的是"大地震"的"震撼性音响噱头"。这部片的原有预告片画面不能显示其卖点,公司决定自拍一部预告片供戏院放映加强宣传,拍摄工作交由我策划执行。那时拍片没有那么方便,找传播公司专家制作旷日费时,来不及使用,因此编导都由我包办赶拍。

　　我用"医生警告"作为恐怖诉求来编写剧本,通过台视摄影工程师黄熙敦请台视记者盛竹如饰演医生,盛先生看过剧本后慨然应允。拍摄那天我们为他准备了一袭白袍和一支听诊器,看起来很有医生的架势。镜头在黑暗中一扇门呀然开启,门缝中闪出一道强光,同时一声女生尖叫。镜头由门缝推入(配心跳声),接着一位医生侧面坐在旋转椅上,医生转过身来面对镜头,开始独白约200字稿(插入影片精彩画面),最后语句是"心脏病患者请勿来!胆小观众请结伴来!"

　　这部预告片是在台北泉州街"国联制片厂"拍摄,张伟世先生摄影剪接,王荣芳配音室配音。

　　《吓破胆》是一部噱头电影,当年我特出差香港接洽进口8组12英寸音响喇叭,在上演档期装设在戏院舞台前和中、后段观众席两侧,每逢女主角在"鬼附身、变男声"时,加强音量来吓唬观众,使观众突然间产生震撼感。这个噱头是抄袭《大地震》的音响效果,利用强烈低音音波使戏院座椅发生震动，增加观众的临场震撼感。

现在这种"大声公"在台湾已是司空见惯，民进党在搞竞选或街头运动时，宣传车都装设这种高分贝扩音喇叭，声音强过当年《吓破胆》电影特效喇叭好几倍。虽不会让你吓破胆，也会吵死人！

1973年前后盛竹如在台视主持一个《电影街》节目，专门介绍即将上映的新电影，插播画面以预告片镜头为主，必要时剪取放映拷贝片段作为评介内容。于每周二、周五下午5时播出30分钟，这个节目曾被视为电影公司与观众的桥梁，很受双方欢迎。

盛竹如1940年3月生于西安。他的父亲盛文是陆军军长。

2010年迎春晚会说相声

2010年元宵节，洪秀柱女士在永和市怡人园举办春酒宴会，邀约选举战友相聚。席间准备自办余兴节目，宾主自动登记上台表演。事先我写了一份名为《同音联》相声稿，和助理孙忆轩稍稍背了一下稿，就大胆上台演出，粗枝大叶可想而知，不过还是有些效果。

这段相声的开头先以相声大师吴兆南为题开了一个玩笑，不料吴兆南的大徒弟刘增锴也受邀在座。我说完下台之后，刘增锴过来打招呼，直夸我头脑转得快！他说与徒弟徐嘉佩正在写一部《台湾相声史》作为硕士论文，要来访问我，填补在1962年至1964年那两年我和高明在"中广公司"表演的"历史空白"，随后约定于4月间在洪秀柱的服务处接受采访。

采访当日刘增锴师徒带来一套摄影和录音设备，让我面对镜头独白了近约90分钟，最后我和刘增锴还临时抓哏录了一段相声，作为结尾。听说这本论文已经完成，是否付梓出版尚无消息。

为了了解《台湾相声史》的出版消息，最近上网浏览了与相声相关的

第八章 八十感怀补述 两岸和平共赢

洪秀柱于2010年元宵节举办迎春晚会，笔者与孙忆轩等助理同仁说相声，段名《同音联》

网络文章，发现其中一篇近似"嚼舌根"的交谈文章，中间还谈到"北京小蘑菇"的相声艺术特点。我也想知道这些人究竟对小蘑菇的相声艺术如何评价？有何特点？我花了相当长的时间阅读，很可惜各位作者都没有说出个所以然来，因此激起我的强烈回忆。

北平的广播电台在我少年时兴起，广播厉害的地方在于深入家庭与社会，只要家里边一打开收音机，不管你愿不愿意都得要听，相声是每天都播，所以从那时起，北京人几乎没有不听相声的。早时上电台说相声的艺人先有高德明、绪德贵，后有侯宝林、郭启儒等，他们都各有各的长处特色，后者内容较新，更有文化内涵，是必然现象。而小蘑菇（1922~1951）则在天津发迹，他跟荷花女（1926~1944）搭档表演相声，红极一时。

小蘑菇是相声大师常宝堃的艺名。他先在富连成班学戏，后以变戏法谋生。他4岁始从父亲"撂地"卖艺，表演戏法的"说口"。嫩声嫩气，嗓音清脆，抓哏逗笑，运用自如，颇受观众的喜爱。因他生于张家口，那里盛产蘑菇，大伙儿亲昵地称他为"小蘑菇"。

在日本占领华北时期小蘑菇和高德明分别在天津电台和北京电台做了一次《相声连播》节目，这是广播相声史上的创举，引起很大的轰动。记得在结尾时小蘑菇对高德明说："别胡说，小心我会打你！"高德明说"你打？你在天津，我在北京，你打得着吗？"这是临时抓哏，抓得好！

后来因为物价飞涨老百姓日子难过，小蘑菇在电台上说："昨天一袋儿洋白面粉卖50块，今天落价了，一袋儿只卖5块钱。""不可能，5块钱买一袋儿洋白面？""是啊！""多大的袋儿呀？""牙粉袋儿。"

就因为他具有民族气节，编演《牙粉袋儿》等节目，大胆公开讽刺了日本侵略者的压榨，讽刺了当时的物价高升，民不聊生，因而激怒了敌伪政府，听说日本宪兵队曾把他抓去侦讯、毒打，所幸最后没事！

从这两点可以看出小蘑菇针对时事抓哏的聪明机智与不畏权贵，确有过人之处，应是特色之一。

我在独汽十四营当兵的时候，亦即1946年冬季，小蘑菇剧团从天津携盛名来到北平，假东安市场吉祥戏院演出。节目包括杂耍、相声、口技和短剧等。还记得表演口技的演员叫"沈君"。

每天演出的独幕剧形态就是现代的所谓"相声剧"，剧目总共有五六出，包括《一碗饭》和《笨贼》等，剧幅约在半小时左右。《一碗饭》讥讽饥饿社会，喜中带悲，颇获好评，最为有名；但是北京人对这类的"文明戏"不感兴趣，对他的这一套玩意儿不太赏光。还有他可能错估了北京说唱艺术市场需求，也就是北京的观众没有天津那么热情。原来在北平开业的"杂耍场子"，如"上海游艺社""紫竹林剧场"与开业最久的"启明茶社"等都属于小型剧场，上座差一点也不显得冷清。小蘑菇以大红特紫的心态来京发展，租下一所戏院每日需演出同样戏码，观众有限，难免显得卖座松散了。

第八章　八十感怀补述　两岸和平共赢

那一段时间，我看过他的短剧不少，听他的相声却不多。不过我总以为他是想让自己的相声从天津式的咸湿粗俗中升华，更贴近高雅文化。

小蘑菇是启明茶社老板常连安（艺名"小鑫奎"）的大儿子，他的弟弟二蘑菇、三蘑菇都在启明茶社说过相声；但没见过小蘑菇来启明茶社演出。

这话说来已经六七十年前的事情，有很多片段细节记得清楚；但大部分已难追忆了！

办公室不可或缺的长辈

最近这11年中不断地跟着年轻人相处学习，确实有些增长和进步，使我享受到价值感；但岁月催人老，身体逐渐退化、动作迟缓，故曾想到请辞。

2012年年初洪秀柱在台湾当选第八届不分区民意代表，并当选为立法机构副领导人，兼任中国国民党副主席。我透露要请辞顾问职衔后，洪秀柱立刻安排于5月16日上午在办公室茶叙，表示我是办公室不可或缺的长辈，并对我的健康关怀备至，嘱咐注重调养身体，经常活动还是必要的，还赠送我一盒西洋参，每天泡茶喝对我的血压低会有改善。乔正中主任挽领我参观了办公楼层各厅室，留下深刻印象。会见"国会"办公室各位助理同仁时，乔主任再次说明我追随洪秀柱22年中的工作贡献，令我深深感动。

2013年7月21日中午洪秀柱光临寒舍探视，为我祝寿，贵客临门顿觉蓬荜生辉。洪秀柱日理万机，在百忙中尚能记得我的农历生日（六月十五）并冒盛暑携贺礼亲访，使我这个老战友、老部下感动万分！这种真情真义确实难得，更是敬佩不已。

洪秀柱关怀笔者健康，于2012年5月16日上午接见茶叙留影（侯一罡摄影）

洪秀柱与常锡桢、张明珠合影于永和（侯一罡摄影）

笔者夫妇和小儿子常敬凡（左）、孙子常允泽、孙女常雅婷、儿媳蔡来弟与洪秀柱合影于永和（侯一罡摄影）

第八章　八十感怀补述　两岸和平共赢

洪秀柱助理侯一罡随行，拍摄了纪念照片。

由"识正书简"所想到的

2009年马英九提出汉字"识正书简"的议题，不意在两岸都引起轩然大波。绿营认为"书简"二字是赞同跟着大陆推行简化字，因而大骂马英九！马英九被迫再出面公开解释："识正书简"就是让大陆人认识繁体字，书写时用简化字。不料这个解释又引起两岸学者更大反弹与反驳，有人批评说"马英九你错了"！张大春骂说"没教养"！指的便是"识正书简"这四个字的含义。

我在表示看法之前先说故事。当大陆改革开放后，两岸民间开始有了交流接触。1985年我创办香山慈幼院旅台《校友通讯》刊物，收到许多大陆朋友来的书信与投稿，都是用简化字书写。书信方面所谈皆为互相所知的事物，我虽初次见到简化字，但阅读起来容易理解没有丝毫阻碍，偶尔遇到不认识的字，可从上下句的语意推断或猜出那个字来。唯有一篇湖南周秋光先生所著《熊希龄与醴陵瓷业》的专稿，文章中有一个农业的"农"字，真的一下子难住了我！如何想、如何猜都是枉然，向朋友请教也都不认识这个字，为此伤透脑筋。

两天后，突然发现这个"戴草帽穿蓑衣的字"很像"农夫"，因而恍然大悟，确定是"农业"的农字。由此证明当初字形的问题严重！但也发现简化字里边也有"象形文字"（繁体"農"字是"曲辰"组合）。

1939年我在香山慈幼院读小学时，老师曾介绍有一位老学长从美国辗转寄来的一封信，除了信封上的字是中国字外，信的内容完全是用拉丁文拼写。听说这就是当年有人倡议放弃中国传统方块字，推动使用拉丁文字母拼音书写中文。这位香慈校友应该是在那股风潮下实践者之一了。

中华人民共和国成立后也曾打算推行用拉丁文拼写中文的政策，但未成功，所以朝"简化字"方向改革。简化字实行六十几年，业已根深蒂固，可以修订、不可动摇。

严肃的问题我轻松地说："幸亏当初使用拉丁文拼写中文的政策失败！"否则两岸文化交流与和平统一必然受到不良影响、增加太多的阻碍！

1992年周汝昌先生曾经对我谈到过：大陆简化字改革成功不是几句话可以说清楚的。简化字笔画少，最大的好处是书写省时省力；但写书法时便缺乏繁体字的那种美感。有些字简化得太厉害，会失去中国字的原有内涵。周教授举了不少的例字，如干字、历字和厂字等。后来大家都举"爱"字为例，爱字无心如何有爱？

2008年看电视剧《汉武大帝》，剧情中说到汉武帝为了攻打匈奴，所以在洛阳大兴土木扩建城池。有一幕街景上出现了一张"皇榜布告"，这张布告不单是简化字还是横写，完全以现代化的文字呈献。当时我看着就有些别扭，心中疑问"汉朝时代哪会有这种书写方法？"这个问题存在心中已经很久，今日才有机会提出讨论，请问"繁体字"除了容许书法和研究古籍旧文学问使用外，今后是否应该适用于历史影剧中，才显得真实贴切？

如今我学会使用计算机处理稿件，也可以上网查阅一些参考数据，只要按一下键，屏幕上的文字由简转繁或由繁转简，非常方便。二十几年前那个"农"字的困扰现已不存在了。因此觉着马英九提出的"识正书简"或"识简书繁"，其实是相容并蓄既存事实，没必要一时锣鼓喧天互相攻击。《两岸常用词汇对照表》已经出版，必要时可以用来比对参考。两岸语言文字工具书《联合大辞典》或《中华大辞典》也将要出版，对繁体字与简体字的通用问题正在加速解决中，两岸对此深有默契，时机成熟协议自然达成。

第八章 八十感怀补述 两岸和平共赢

我的一位朋友曾经说过:"只有知道自己从哪里来,才知道往哪里去!"还有一位朋友说:"两岸目前的关系是扯不清,理还乱。"我则认为两岸同胞的血脉关系是扯不开、切不断的。两岸人民都是华夏子孙,共享方块汉字就足以证明我们是从同一文明走来,其事实是千真万确的。两岸能够就共同使用的语言文字相互沟通讨论,绝不存在谁向谁投降与屈服的问题。引申到更广领域,通过对话、交往和互信,维持两岸的和平发展,依靠两岸政治家的大智慧,加强两岸民间的交流与往来,就一定能够找到双方都一致认同的道路,奔向光辉灿烂的未来!

展望两岸和平统一,为时不远矣!

附 录

一、毛彦文院长致作者的信函

> 1996.6.24日
>
> 锡桢校友：
>
> 每年回家节叙餐，似以自助餐为适宜，来一人算一费（位）。我所知道的餐馆有二：
> (1)忠孝东路四段，缘梦西餐厅，好像每客三百多元
> (2)海霸王中山北路
>
> 你必须将此上两处要好，更为理想，请多打听我处。
>
> 时间由你选定，请外来的人有张锡光先生，桃园市桃一街60号之一滕吴杰先生，陈振中老年有要请何敦羽夫妻？如果没有请，就不要请。匆此顺祝
>
> 俪
>
> 祺　　章夫人均此
>
> 彦文
>
> 金锡城去北京，我不知道，他回来没有？我请的两个餐馆，都不知电话，你了到电话簿上查到。

1996年6月24日"回家节"前毛院长给常锡桢的信（信封、信笺各1份）

附 录

锡桢挚友：

三日信收悉。仝仝小孙女人见人叫婆，真可爱，这孙子一定很聪敏，爸是你们三代的福气。

锡桢挚友将赴北京也对想不出有什么可记的事。半个月以来，我自坐愁城，胸经一走糊涂，因为钦翎经荣检查患胂瘤，起初家人瞒了我，到无法瞒叶才告诉实情，我自1962年因台空昏此来，一切事务都由钦翎处理，现身心事由她夫妻上柱撑，偏致钦翎先我走了，我还能不去吗？我实在活得太老了，看不会话看举，顺带新报有众，不患悄他代送，顾的礼运了资有厥来新货有金，身心实不好。爸是

三〇〇号
83.2.5日

钦翎患病后，毛院长给常锡桢之信，1994年2月5日

鼎沸沙鸣：从北京到台北的乡愁

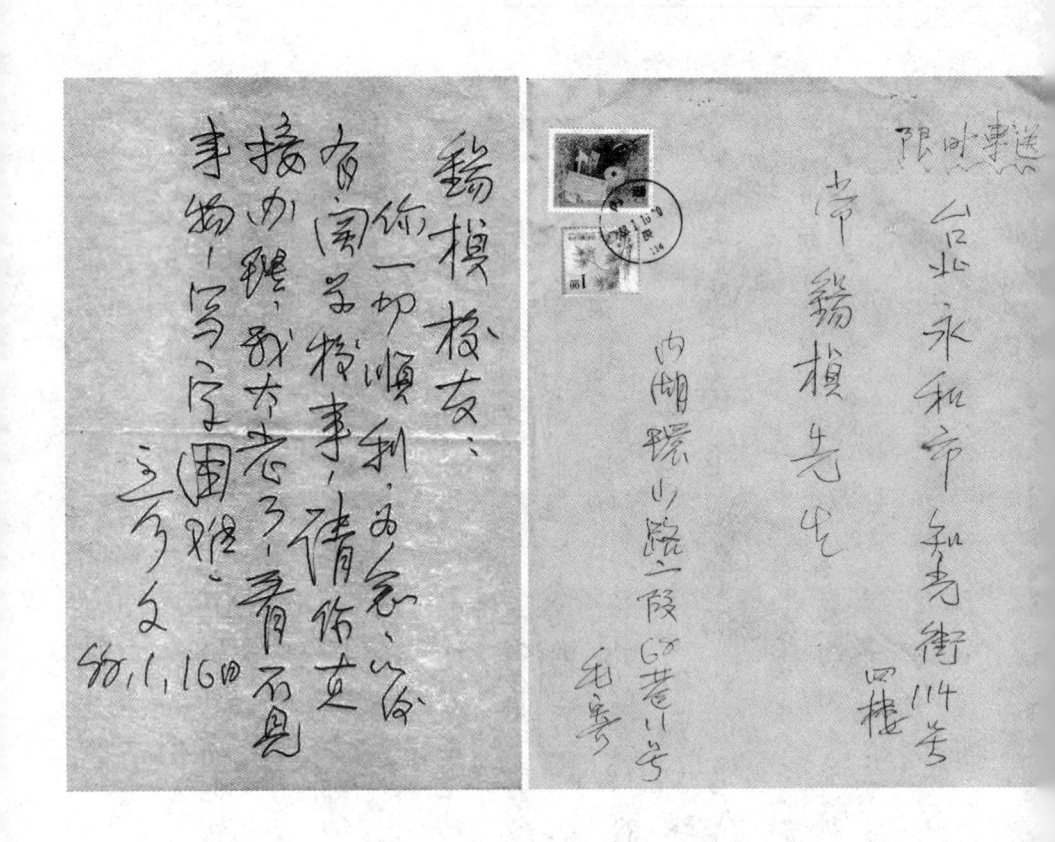

毛彦文院长给常锡桢校友关于"以后有关学校事，请你直接办理"的委托信笺（信笺、信封各1份），1999年1月16日

附　录

二、周汝昌先生为《北京土话》撰写推介文章手稿影印件

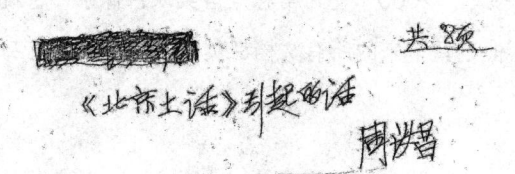

《北京土话》引起的话

周汝昌

一册新书，使我喜悦而又感慨。

这册书题名叫做《北京土话》。也许有人一见这"土"字，就皱眉了，先有三分看不起的"心态"。如有此种思想感情，恐怕需要诊疗才好，那确实是"病"了。我们讲具有中国特色的社会主义，这特色是什么？……我们又讲弘扬中华文化，这文化是什么？……在海峡彼岸，有千万人在心头牵系着"故土"之情怀，梦寐以求地渴望一亲此"土"。一抔故乡之土，对寰宇瀛洲的无数的侨胞来说，比同掬量的珠宝金银要贵至百倍千倍。这个

北京人之宜濒州书，我是无庸赘言的事；但我简是觉得天津人翻过浏览，因为我发现书中所列，至少有十之八九是北津话中听到的俗语，其实如感是仿佛一样的。现今北京出版社新印。乃是黄松在此增订的一个大陆新版本，内容大有进了一步。

三、常友石先生1950～1952年间的信件

以下这些信件都是家兄常友石先生于1950年至1952年间寄给我的。我已保存了60多年。2000年侄儿常思危自美来台探亲，曾说起他父亲于1992年逝世，他遗留下来的所有文档都焚烧了。因此这几封信应是家兄最珍贵的遗物了。

三弟：

我今日患难之境，如坐针毡，寝食不安；你处今日安逸之时，甘之如饴，不思长进。说勤不勤，说苦不苦。当如何奋发深省？奈何就此浑噩一世？望及时勉励！[1]

[1 这是用两张便条纸书写的，没有落款。以前我每次收到家兄的信，有随身携带的习惯，因此都留下很深的折印。]

三弟：

我想要你办两件事：一、你把相片盒打开，找找我夏天照的一张相片底片，到延平南路一段访梅照相馆[1]加印一打，寄来备用。二、我的身份证如已无用可交邮（航平）寄来。

郊外房子是用我报户口所用之图章订立契约，地皮租约亦系沿用此章，希即检出交冯（子安）先生。恐五月底六月初（或许延在九月中旬也说不定），地主必然索租或连续订约要用的，如已变更户名即不必了。

"二十年中事，伤心到台湾。不将两行泪，轻对手足弹。"

右步翁同龢示后人诗原意，示我弟盼能惕励奋发。

友石手泐四月七日（一九五〇年）

[1 在来台之初，我也曾到延平南路一段这家访梅照相馆照过相。]

附 录

桢弟：

　　公司开幕前我弟曾以劳务帮忙，无论公私方面均属该当，且我弟住在公司，如能不惹人讨厌，我将安心。你在公司住，既蒙杨、王两先生不弃寒贱，暂住无妨。公司伙食要按月清摊，希将此意转达鸿吉兄。在公司帮忙伙食亦甚好，但账目方面要清楚，此事要作得好，不要因此闹出事非。对厨夫、工友要能监厨得当，不伤和气。[1]

　　姚先生[2]来信谓通校招生无期，你下期可入工程科深造，学费事已另函王鸿吉兄，可持函面借。

（一九五〇年）

[1 这封信第二页散失。 2 姚先生是家兄同事，原想介绍我去通讯学校受训，惜招生无期，我就去中华无线电补习学校学习工程科。]

桢弟如晤：

　　十一月三十一日函十二月四日收到，兹分复如次：

　　1. 所寄函件已寄子安兄代转。嗣后如收有李复华先生函件，可径交青田街赵先生处[1]。

　　2. 子安兄如迁入本巷十号[2]，更易照料，我心甚慰。

　　3. 我弟在台处人处事均宜严谨，切勿放荡，为人所羞。

　　4. 汝嫂到此后，因胃病未痊，须在此疗养。

　　5. 关公司正进行租剧院事，如已有成，买影片则为次要事。何日订约？盼代问李景仁兄，并速复我知。

　　6. 程先生[3]于召见我弟之后，对我有何反应？盼函告。

　　7. 公司用印鉴事，已有专函到此。

　　8. 父亲来信，我已先复。盼常写家信交我转寄。

友石手书　十二月五日　夜（一九五一年）

鼎沸沙鸣：从北京到台北的乡愁

[1 青田街即程开椿住宅，赵先生是程的秘书。2 本巷十号即台北市浦城街16巷10号，当时我住在同巷17号另一栋日式住宅。3 这封信中所提的程先生就是我大哥的长官程开椿将军。冯子安是同僚科员。]

三弟：

一月十三日来信收到。你把事完全看错了！你怨我看不起你么？你错了！

去年下半年起我的生活陷于绝境，在香港找事可真难，我本想凭着年青、务正、思想纯洁到处都可生存，但我也想错了！没有钱会急得你发慌。这是我生平第一遭！

八、九两月曾在一家船厂充当更夫，我虽非娇生惯养，但炎热与海风之下也受不了。其间因海盗事曾历许多艰险，幸而我一向对人绝无过分之处，尚能勉强度过。拆船以后因当道用人失当，致亏折二十六万元无力继续举办，遂告解散，在这一方面又失业了许多人。

上月得友人介绍，始到一家出版社[1]当校对，这个职务对于一向懒于读书的我是最恰当不过，我因此也必须翻翻《辞海》，我因此更能感到文字上的修养是多么难得。不到一周便得到主办者的垂青，因而升了编辑。从此九点上班到夜十二点始能离开，有时要到两三点钟。在时间上就是全部贯注在上面，也嫌不够。成天和笔墨、剪刀、浆糊、纸张，并与排字房打交道，在我是一份极其新鲜的事务，做来虽然吃劲，但在精神上并不受任何人欺负，也无须提心吊胆怕挨官腔。过几天我想拣几本可看的寄给你。

去年八九月接父亲来信，痛苦之状一言难尽。我所最担心的还是弟妹问题，我很想叫她出来到台湾去，可是我的力量又只能限于心想。从而又要接父母南来，这不是一件小事，我心里最难过处也正为了这个。因此也没脸给父亲写信。现在是一苦难时代，要想度过这一时代，必须苦下身段。假如仍是照从前我每天办事八小时，也就算过去了。遇事

附录

20世纪40年代电影明星白光红极一时，她主演的《荡妇心》最为脍炙人口。1958年复出主演《神仙 老虎 狗》，再自费拍制《财神爷》，亲到台湾宣传。与笔者合影于台北圆山饭店前

不下苦心研究去做，仍是马马虎虎，即使高喊什么口号，就可以达成愿望了吗？不啊！不是这么简单！看看今日祖国苦难便可知晓。我们应当醒悟，我们应当淬砺自己、充实自己！[2]《荡妇心》[3]结局时有一句话："单凭倚着那个人待我好，都靠不住。必须要充实自己才有更光明的前程！"当你看过这部电影以后，你可曾发觉这一重点话语么？

友石手泐 一，十六夜（一九五一年）

[1 家兄所说的出版社即为"友联"，他初任校对工作，不到一周就升任编辑。2 那时他曾召我去港，但我畏惧约束管教，宁愿留在台湾，依照自己的方式生活。这一点我感受甚深，因她婚后管教儿女手段"小时候严，初中以后逐渐放任"。成人以后绝对不再参加任何意见。就为了"小时候严"竟已造成父子间的一层隔阂，足见儿女们也有我的性格遗传。我曾经说："不要轻易想去改变别人！"是我亲身体验出的道理。3《荡妇心》是一部白光演的黑白电影，我只看过电影说明书。]

桢弟：

　　来信已悉。公司新址被宪兵占为干训班事[1]，想已成为过去，傅先生十二日来函并未谈及此事。

　　弟思此事，如要求在延平北路一段作干训班，几乎近于要挟。因此处（判）断不能作干训班也。

　　公司因接受某人之委托部[2]招来麻烦不少，想此事不作彻底解决，尚有其他麻烦也。

　　我弟在台读完二期后，如不能进入通校，亟谋一正当出路。希先斟酌，即祝近安。

　　父亲来信说：祖母病了几天，尚未痊可，后事已作准备。叔父在家照应，祖母又不能原谅。姊姊、文瀛都已回老家，贫困之状已至三餐不继，亲翁齐肇元已老到不能做事。

　　　　　　　　　　　　　　友石手泐　一九五二年一月十七日

[1 家兄代表公司出差到香港洽购影片，他的同僚因嫉妒他担任最高职务，而使出很多阴谋花招，放出宪兵要占公司地址等谣言。2 "某人之委托部"也是同僚主持的商业机构。]

三弟：

　　二十一日前函晚到，今始收阅。

　　公司股份过户，此乃明智之举，非但无不利，而且有益的。且李书箴先生系近同乡，宜属乡前辈，学问道德以及商业之经营胜我十倍，公司前途仍极光明。

　　今晚接向寒[1]之四叔来信，略谓祖母病势沉重，父亲已赶回老家料理后事[2]，但愿祖母身体安泰，得早复元。

　　祖父临终时曾以善视祖母谆谆告诫，今夜思念当时情形，宛如言犹在耳。时父亲尚在彰德，弟当时年幼，想此事已不能记忆。兹往事

附录

已十七年矣！我初在邯郸，每两三月上能寄祖母三五元。七七事变后，即已音闻断绝，战胜后亦未奉问。仅汝嫂由平返家时，曾与祖母相处数日³，言当时想念情形，实令人心酸不已。

我在幼时独得祖父钟爱，以是能在万难之中完成一部分学业。祖父去世十七年，所谓得济于儿孙如我等者，能毋愧乎！

友石手书　一月二十五日（一九五二年）

[1 我大嫂刘兰屏号"向寒"。2 我父亲那时尚在彰德，此事非不记忆，实不知也。3 1949年胡宗南部在成都坐困愁城，总部包括第七补给区司令部等都搭机撤往西昌，官员家眷一律各自归乡。那时我大嫂带了三个女儿，回到北京。此时曾到冀州探省祖母。]

鼎沸沙鸣：从北京到台北的乡愁

三弟：

今晨奉父亲手示，略谓于一月十三日夜车返籍，省视祖母时，已数日不进饮食，人事昏迷，迨十八日午后一时与世长辞，闻讯悲伤哀痛万分。

按祖母距祖父之逝，相去为十七年。[1]天竟不假以寿，而假以荒乱，使家人四分五裂，临终犹不得送其终老？

揆父亲来信之意，弟妹尚未返家。且款到日，父亲先行致奉祖母区区之数，亦不能于生前享其一二，其命如耶欤？

友石手书　五二年　一月二十九日晨

[1 先祖父逝世那年我5岁，隐约有些记忆而已。1939年左右从闷葫芦罐胡同4号搬到6号，多出一间北房，才接祖母来家同住。老人家脾气倔强，鲜与邻居来往，稍见寂寞。因为时常替奶奶点旱烟袋，所以从18岁开始学会吸烟。]

锡桢弟：

林其华[1]夫人前借黄金一市两，希抽暇去金门街44巷6弄6号索还。倘林大嫂谈及我弟住何处？可答住在朋友家，不必说住在公司，免招闲话[2]。林嫂将款还后，可即换成美金，分两次用航函（不必挂号）寄来。我近来困苦之状几至不能维持，故向其函索。若林嫂有意不还，可将原信寄回，至盼。

友石手书　四月五日

[1 林其华是家兄的同事，索债未还。因为有了替家兄索债的经验，使我日后对借钱予人有了原则："小钱可借给人，当作相赠。日后有还，当作所得。"　2 家兄为免招闲话，叫我隐瞒住所，可知他做人谨慎。]

三弟手足：

昨天发去一信，略谈驴德颂一诗，意在示以人生要勤慎服务，不论轻三弟手足：昨天寄去一信，恳谈驭德颇一致意。希望以人生受勒惩服劳不论短长不计短长，不存侥幸心理。

公司津贴你的事不可再谈。傅先生与杨先生爱屋及乌，自是无限感谢。你用劳力以抵住房问题，劳务与租值能不能相抵还是个问号，如何再受公司津贴？何况公司近来连职员薪水都发不下，心安能忍？一个人亨通富贵是命定的，不可强求。但一个人要有一技之长，要想做学问中人，要想做一个正人，非命所能限制，全在人为。

所写给你的信，你要尽可能保留着[1]。当你心慌意乱时，翻开看看或较有益。因为在信里除了对你申诫之外，其中不知有多少辛酸泪，你只有熟读后，再体味它了。

友石手泐　四,八,午

［1 家兄要我保存信件，我照做了。日后，尤其是彷徨无措时常拿出来阅读，颇为受用，并体会出他对我的期望和用心，从中得到了激励和启发力量，使我毕生受益匪浅。］

三弟：

求学校介绍工作或看报纸广告应征工作，都是光荣的出路，这才是属于纯能力的。

我临来港在基隆上船时，曾余款一千八九百元，当时请王鸿吉兄买成美钞代存。由我弟陆续支取，作上学之用，这钱可以够用。

我在基隆与王鸿吉[1]结算存项时，我还存有黄金二十市两。近来生计艰涩，屡函鸿吉设法交汇，迄今不复只字，不知是何道理？目前延平北路生意既已不做，应即将款汇来才是交朋友之正理。你可以顺便问问王先生，看他讲什么？如果不承认，不必追究，算我瞎了眼就是了！

友石手泐　四月二十一日

［1 我自己承认当时少不更事，因此我哥哥离开台湾时，连留给我念书与零用钱，也不直接交给我。却交予他的朋友王鸿吉。那时我每月需向别人伸手要钱，月支新台币50元。他留下的1900元，约计可以支用两年半！很可惜不到一年王先生就不给了。遑论他存放的20两黄金呢！说一句不该的话，如果哥哥把钱留给我，我很自信没胆量把它花掉！在前一信中即可发现，他是一位甘于宿命论者，我亦是"不与人争"，家风如此。］

桢弟：

四月十八日来信收到。

1. 我交你转致三张名片，乃系索要代汇款项。李景仁、冯子安、李书箴等三人，我以前认为均属肝胆之人，如今代汇款项，早将收据寄台，竟一无回信，诚令人可恨也。[1]

梅兄：四月十八日来信收到。

1. 我已为你转致三张名片乃徐雯女士，汇款项、李景仁、杨子安共书籍廿三人。我已前谓君扬书服之人似令代汇此项，早停收挺等参差一年回信诚令人可惜也。

2. 上週（十四日）马秀奇兄（广东银行稽核）来我处，托我介绍邵维瑛氏即徐雯氏立会接洽人物。我遂书就一函致朱佑衡先生。

3. 按南洋制片厂一向忠心台湾，此次邵氏赴台。

4. 令影片出路方面当有发展也。曾三次向程先生请示，山我生每年香港云前。

5. 粤每吃均已应允，我如有迟件亦惟联我每每要其候印部决书令文忱每之事，另一人如理并亦不可迟耳。

---

    2. 上周（十四日）马秀奇兄（广东银行稽核）来我处，托我介绍邵维瑛氏，在台接洽人物，我遂书就一函致朱佑衡先生，次日并直函朱先生关照。[2]

    按南洋制片厂一向忠心台湾，此次邵氏赴台，在影片出路方面当有发展也。

    3. 我在前年来港之前，曾三次向程先生请示，渠每次均已应允，

鼎沸沙鸣：从北京到台北的乡愁

唯盼我多留数日，备印裁决书[3]，我以为这件小事，交另一人办理并无不可，遂即来港。不意在十二月间接子安兄来信，谓港方某氏去信，谓我在港出入交际场所手面豪华。我以为必系有人中伤，遂函陈程先生述明一切。另一方面在港与共和、联美两公司接洽代理事宜，同时拟购《硫磺岛浴血战》一片，（该片当时在港叫座特佳，四五轮后仍不衰退。索价二万元，大概一万五、六千元可以成交。后为利舞台主人买得台湾放映权。）两公司要求押金共为四万元，我在港与周昭略兄接洽，大概出四分利（即每万元四百元一月），可以借到时，台方自由外汇停止[4]，我正踌躇订约后如何归还。一月二十二日接到程先生电话，谓股东名义已更换为李书箴，此种措施与我弟来信情形相对照，显系被人倾轧！程先生（补给区司令程开椿）复亲笔写来函，要我返台。在此种情形下，我显已无返台必要。因职务已被别人剥夺也。及后影片到台，又有人谓我从中欺骗，此事唯有天知、神知！当初买片我并无硬性主张，所有片名、程度均与永兴兄详细斟酌，始敢放手买卖，赔赚本无把握，不然商人个个都应当发财了。至于建筑戏院[5]，在地点上、座位数目上均非我所同意，曾一再申述不可兴建。后接少华来信谓已得东家[6]同意，我遂不再争持。（如今所有信件，我都留着，备我弟团聚参看。）

我随程先生做事，自始至终可谓擎天一柱！此次受小人包围，程将自食其果。因为程手下无一死士，一旦失势，则鸟兽散矣。我们都还年轻，可以等着瞧吧。我在某项弹劾案中实为主要角色，操心劳力，无所不用其极！如今诚为范蠡所言："高鸟尽，良弓藏；狡兔死，走狗烹！"证之文种在复国后之被杀，益信范蠡有先见之明也。[7]

关于用钱，程先生曾给我一个尺度，这一尺度，如果与我的功绩相衡量，实乃九牛之一毫。死了的徐言罕，乃系受恐惧而死的！若论经营上的损失，我还算是谨慎又谨慎的。单只王汉在港经营损失二十二万港元，徐言罕经营损失达二十五万台币，另有张君勉损失十二万港元，姚春伯则亦

附　录

损失七万二千元。此乃时势所趋，并非何人不忠不实，总之一句话："不是好来的，便不会好去！"[8]

论气度与办事方法，傅某绝无过我之处，我如果斤斤较量，我还不至于落到如此地步。

当时在王处存款，我以为两三个月后可以归来，谁知风波迭生，遂付东流。这件事我绝对看得开，神给我的是谦卑、容忍，我一切要依照主的意思。我并非没有其他方法，主把我的思想范围了。我在不卖友、不卖主的条件下坚决忍耐着。

带去的东西及代垫汇款，又片价今共不下二千八百元，如果说这钱我不应得，那么应该是名誉生命抵押而来，为什么不还？简直岂有此理！

子安、少华、景仁、书箴，连王鸿吉在内，我何曾亏负他们！如何该这样做法？他们应该回想一下。

关于影片方面的消息，我可以供给你，以后我当随时拣寄或抄去。不过此中情节需要我格外检点罢了。

举家来港事，我正踌躇。以后有信当可随时告知。

友石手泐　四月二十二日（一九五一年）

[1 这一封信可能是家兄责备人、议论人最激烈的一次！在全信中他述说出遭到同僚倾轧、冤枉和被朋友出卖等的委屈和悲愤。家兄公差赴港，同僚托他在港代垫款项，汇回大陆接济家人，事后这些人竟不顾家兄之窘困，拒还垫款，实有违君子之道。但后来我跟李寿（景仁）兄在台相交50余年，算是少有的至交。2 邵维瑛是香港"邵氏"电影制片公司总裁邵村人的长子，为了影片发行事宜要到台湾，家兄介绍他到台湾时与朱佑衡先生接洽。之后我却于1952年底经人介绍进了朱佑衡先生的久华公司，后来公司发行的正是邵氏出品影片。3 胡宗南将军本部撤退来到台湾后，曾遭到李梦彪等40余位官员提出弹劾，当时轰动一时！经过艰苦的答辩申诉后，防务事务主管部门终未对胡做出追究，随即发给胡一份"裁决书"。至于复印裁决书给谁？就不清楚了。4 约在1950年底前后，台湾实施外汇管制，输入香港影片等商品都需要自备外汇。5 指大有戏院。6 东家指程司令。7 弹劾案即弹胡案，此案自辩书卷全部出自家兄手笔，最后"裁

决"没罪，算是赢了一场官司，家兄的功绩不小！记得撰写自辩书时应在1950年四五月间，有一天家兄闹偏头痛，呕吐、脸色苍白、神情十分痛苦，我见状非常紧张，帮忙找头痛药帮他服下，稍后见效。他说正在担负一个非常重大的任务，几乎每天只休息两三个小时，又很费心思，已经半个月，正面临关键时刻！觉得很疲倦、很不安！几天后他才跟我略做说明。8 这一段所提的人名都是司令部主管官，他们各自掌管了一部分金钱经营商业。因为军事管理与民间商业经营是两回事，因此都以经营不善而折损。好一句"Easy come easy go"——"不是好来的，便不会好去！"]

桢弟：

闻公司即将出租，我弟如能在新戏院组织下谋一枝栖，当可工作，若勉强为人接纳，则不必。

一时无住处，可由杨经理暂为设法，永兴兄对我弟诸多奖掖，今后可依杨先生为命。

再鸿吉兄处有美金一百七十元，除弟已支取者外，余数应请鸿吉兄照付，再交杨先生代为保管，作为我弟不急之需。又我在王兄处存有黄金二十市两，外人不知者，鸿吉兄确有亏累，不知先付我半数何如？如有可能，应即声请外汇汇来。我近来不名一文，焦虑殊甚也！必要时拟送向寒等回家去，免得我有牵挂也！

友石手泐　四月二十七日子夜二时（一九五一年）

三弟：

大有公司落到今日地步，实出意料之外。在当初开办时正是同心同意，合作无间，在我临来（香港）时可谓无一点隔阂。此后王淮引去，代表退股，董事长之争议，戏院租出订约败诉，诸如此类，皆非我想象所能及也。

当初成立公司，在一个秋后的晚上，程先生及其女公子和我在和平东路散步，我问程先生："公司组成后，是用您的名义，还是用夫人的名义？"程先生稍一思索说："还是用你的名义吧。"我主持一件事，早上八时一定要先到公司，走在王、杨之前。后来因有弹劾纠缠，曾有数日间断。傅某则轻易不来，来则小坐即去，大事亦不多参加，有时托李寿发言，此乃当时情形。

我到港后新片《女人与老虎》早已被某公司订去，《金刚》一片由马徐维邦导演者，一直是传说而已。《火凤凰》因内容问题，台北方面几乎被骗！现五十年代公司早已瓦解。

经与西片商共和、联美两公司接头，要求代理其在台湾之发行权，押租约需四万元。又《硫磺岛浴血战》一片，约为两万元，此数当时本可出息借款。恰于一月二十二日奉程先生电报退股事，遂中途而废。倘当时求得万金之后，大有公司当不致如此也。

猜忌倾轧是人事组织里最大的致命伤，不信，后事还可证明，这话不错啊！前函已告知，我的生活已至零下。朱（佑衡）夫人[1]来此仅数度会晤，并无应酬，已否返台尚不知也。即颂近好。

友石手泐　六月三日（一九五二年）

[1 朱佑衡及其夫人王兰均为1948年天津选出的"国大"代表。朱氏夫妇于1953年在台北开设久华影业公司，我于1952年年底久华成立前到朱佑衡处工作。1953年久华曾代理香港邵氏公司出品电影台湾发行业务，约一年多。发行影片有：尤敏主演的《玉女怀春》《女儿心》，李丽华主演的《小凤仙》《红玫瑰》《碧云天》《寒蝉曲》和《卧薪尝胆》等，都是红极一时的大片，由于代理合约条件苛刻，久华赚钱不多，周转不灵，于1956年停业。]

四、常友石先生的履历表

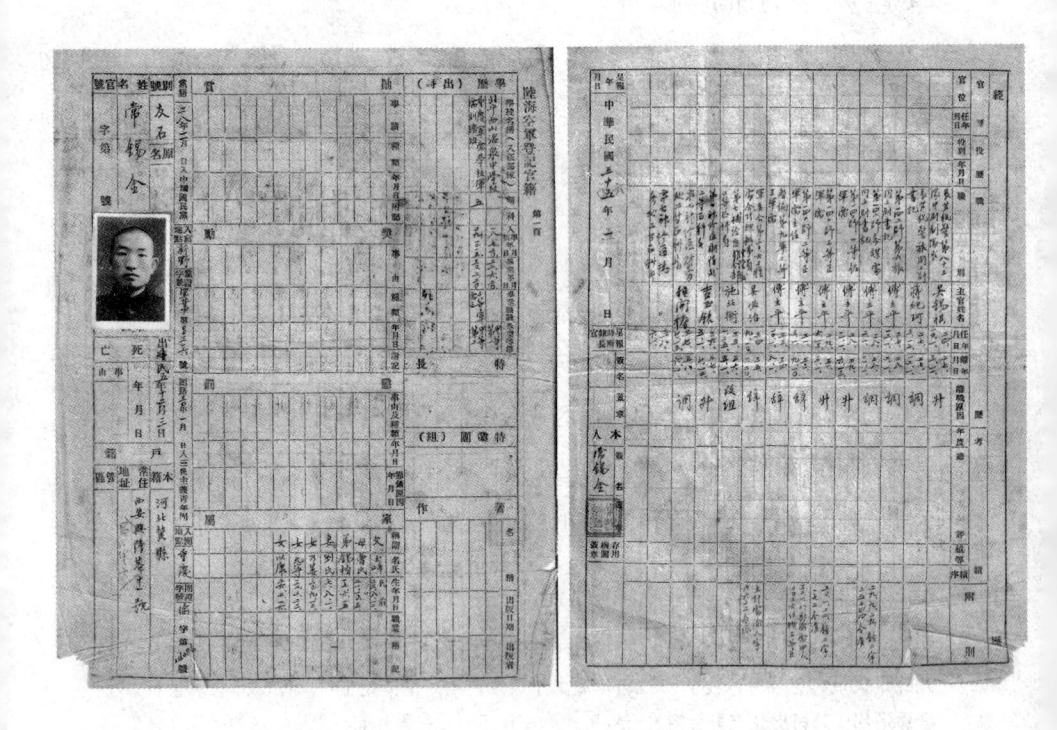

1. 这张履历表记载了常友石的个人完整资料，包括生日、学历、入国民党日期、地点和家属资料等。背页记载着军中经历。
2. 此履历表填写于1946年的底稿，其后三年职务每年均有升调。

附 录

五、常友石先生任《银河画报》督印人

《银河画报》第10期封面

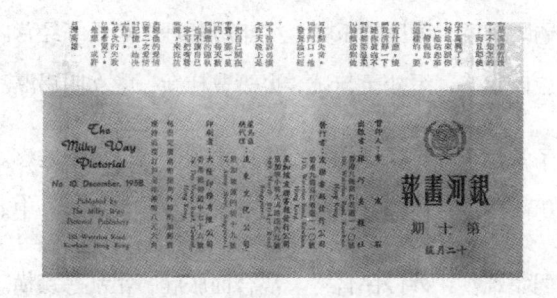

《银河画报》第10期版权页，督印人[1]常友石

[1 督印人是在香港监督报纸、刊物出版的人。督印人作为法人，负法律上的一切责任。]

六、乃麟作《读〈鼎沸沙鸣〉》抒怀

恭读父亲新作《鼎沸沙鸣》之书稿，才略知家史，顿生回冀州原籍寻根之念。辛巳年夏，二姊夫刘玉德病逝，吾曾返乡吊唁，遂访亲拜友，寻根觅源。得知祖上自高祖起世代行医，名震冀州，救死扶伤，医德高尚。回顾家族历史，悲离伤痛，聚合艰难，感叹人生无常！不禁作拙诗百韵，以抒孝思怀念之情。

鼎沸细沙鸣，飙狂恶浪汹。溪流归大海，历史贯长虹。
微末怀家史，祖德见真诚。颗颗赤子心，代代爱国情。

冀州古郡县，北平四九城。家乡甘苦水，哺育我爷兄。
高祖常连祥，行医在大清。世居常家宜，久负老槐名。

承业立存志，技精号老桐。扶危张氏母，婉拒重金封。
药铺肖张立，长春道义崇。尊佛归善果，慕孔性中庸。

继嗣甥贤智，孝廉常玉峰。少年习药理，略长练经营。
军旅谋和略，缉盐至与诚。娶妻曹桂新，爱女叫锡瀛。

得子常锡金，举家迁北平。最怜小三子，体弱爷娘疼。
经历军阀乱，惨遭日寇凌。艰难挨岁月，善恶辨心中。

国弱家难富，外侵民自空。混合面胀肚，霍乱恶疾横。
菩萨难垂眼，万民苦熬撑。更遭劫舍难，悬命险肢松。

可恨日韩鬼，罐中恣意凶。毒枭暴敛财，恶霸逼房腾。

附 录

激起民族愤，怒朝肝胆升。智服假二鬼，示众粪车停。

粪业多劳苦，平民病忧忡。诊疗免费资，路见视亲朋。
贫穷施汤药，病危起五更。心慈传家久，医德继世恒。

金玉媒为顺，二瀛风雨擎。温泉伯绩好，慈幼启父蒙。
生母多舛命，大娘几飘零。三支均有后，仁厚致谦恭。

抗战转谈判，善良充壮丁。全民反内战，城镇学运红。
向背从民心，北南失泰衡。兵败如水去，落荒王朝崩。

着意调停人，海峡做反应。东南盘一隅，蓄势待谋攻。
携卷走百万，归留依命凭。苦汤隔两岸，默数几十冬。

别久盼相见，舍断煎媪翁。雏幼育难哺，残年痴愿朦。
长哀遗眷苦，梦噩游子惊。难诉相思泪，顽石亦为溶。

借问南来雁，可知父貌容？人言亡命者，伪警特残兵。
回家问祖母，洒泪叹无声。祖父含冤逝，苍天理不公。

无奈母前走，十年难重逢。老幼相依命，夜冷守孤灯。
惨淡乏靠依，盼儿到临终。被裹骨灰匣，归魂葬祖陵。

孤身渐长大，苦索陷朦胧。命就归他类，心痴白发增。
情深邻里好，意重师生评。亲近知言暖，独思省五经。

千载盛衰史，民族图振兴。后人得护荫，前辈做牺牲。
思至突高远，自揣建苦功。怨心何自起？极目看苍穹。

人生心志苦，学海须持恒。艺练劳筋骨，题难解工程。
研修日本后，埋头专利攻。导师亲颁奖，技能显东瀛。

鼎沸沙鸣：从北京到台北的乡愁

改革与开放，国策万民拥。勤俭能致富，民生望政晴。
海台逐靠近，情挚破寒冰。传信亲人归，泪花喜芙蓉。

别离三十载，伯母奔燕京。母女相拥晚，泪涌洗凤荣。
齐声问伯父，贵体可安宁？家族绵延责，英杰一肩承。

大娘言海外，情绪愈深凝。香港初创业，澳洲远谋生。
锡桢独自闯，台北几番征。常氏人丁旺，环球遍西东。

默默念姑姐，谆谆问外甥。血脉连姑表，聚合起温馨。
穷苦志无悔，勤劳业凸丰。八宗延脉继，四海展鲲鹏。

风熏夏初暖，父偕娘北行。久别无日苦，忍泪显轻松。
生母梅珍至，远乡两姊迎。表哥闻讯喜，团聚乐无穷。

探亲担重任，纪念熊希龄。慈幼老校友，校园喜重逢。
北京土话书，积稿卅年成。海外赤子魂，满腔热血浓。

家史切莫忘，国忧常在胸。民族要互爱，安定百祥呈。
分裂遭劫难，回归大业成。历经数代苦，刻骨千秋铭。

中华好儿女，搅海舞长龙。百载屈辱泪，一朝天地轰。
东方起巨人，世继华夏宗。两岸黄皮肤，神州归一同。

　　五言辑句，百韵合成。微末家史，世纪见证。
　　飘零离乱，几家雷同？深情聚在，鼎沸沙鸣。

2001年8月　常乃麟作于北京

后　记

　　人生历练不断，总是希望坚强，勇往直前。及至年迈，身入老境，器官衰退，宿疾逐渐凸显出来。比如我的肠胀气每个月都会增加痛苦。尾椎骨有一节长骨刺，翻身时会疼痛。

　　2013年4月8日病情加重，我从耳鼻喉科诊所拿药回家时，几乎无力行走，上楼梯很是艰难。之后出现便秘，排便不通，右腹部十分胀痛。

　　当晚8时通知儿子敬凡。

　　我卧床熬过一夜，坐起站立都需用拐杖全力支撑，且疼痛难忍。决定去三总医院急诊。救护车的二位是用我的棉被兜我下楼，我的腰部恰好靠近楼梯台阶的尖锐处，下楼梯时曾经三五次触碰阶梯的尖角。

　　经医院CT检查后发现，有一节脊椎长骨刺，但不至于引起疼痛。但另一节变窄，没有"突出现实"，却有"初期骨折"现象。

　　现在我这个腹肠病状，至今不知疼痛原因，大概是累积下来的结果。如今不能起身生活便不能自理，这是令人担心，也不好处理的事。如不能解决起立剧痛之症，自己便成为一个有思想能力而无行为能力的"瘫痪人"。

　　值此之际，我心中惦念的事情很多很多，其中就有我的回忆录《鼎沸沙鸣》的修订与出版事宜。《鼎沸沙鸣》书稿从开始写作，经历了大约二十几个年头，中间也曾搁置了十来年。最初的原稿都是用圆珠笔起草，其间曾多少次誊抄，顺便修饰文句，但故事都是事实，因此从来没有更改过。至今还是保持"原汁原味"。

鼎沸沙鸣：从北京到台北的乡愁

自从两岸开放以后，特别是最近半年的时间，我才得以畅所欲言，把岛内戒严期间不敢讲的，或不便说的都尽我所能，回忆所及，不做保留地陈述出来！

书稿中我的家人、同事、同伍都是真名真姓。像柱子、栓子、顺子都比我大几岁。还有虎子比较年幼，大家总是一群玩伴。虎子就是被"高丽棒子"霸占房屋的"刘瘸子"的儿子，他很聪明，擅于象棋，不知他的学业和命运如何了？

像被就地正法的老广，卖黄牛票的罗刚都确有其人。只有舞女贾小姐那段故事中遭遇的华侨菲利原名吉美，他是"星马"的富商，和我的董事长是好朋友。有时会合作或介绍有台湾版权的外国影片交我公司发行。也算是我的股东老板。吉美每一两个月不定期来到台湾，他来时身边必会出现两个跟班。其中一个便是狂妄自大、喜欢抬杠的高副官。他借着吉美是贾汝英的恩客，两人又打得火热，几乎出双入对，老高时刻不离扮演"护驾"角色，不让吉美对贾汝英逾越红线。老高自以为身份高贵，目空一切。不过这个人确实很有辩才，不愧"抬杠高手"！吉美和汝英的婚姻在欢场是为常事，是否为一场骗局不易判断！故事的结局是我虚拟的，文中提到的无名老和尚是台湾岛传说中的人物，他当年带兵打仗，造了很多杀孽，退到台湾后皈依了佛门，苦心修行，超度众生，希望消除业障，成菩萨道，走向莲池。我心对此有感，故将"将军与和尚"的民间传说穿插在故事里面。

我于1998年皈依佛门，承蒙得道高僧祥云师父赐授三宝，赐名法号"福慧"，收为关门俗家弟子。祥云师父曾予很多加持和深厚的恩惠，在精神生活方面使我得以再生；他的德泽惠及我祖孙三代。

师父圆寂后，荣登莲座，长伴佛陀左右，清净妙界。因我常念师父法号，偶在灵光妙曼中得见师父法相尊严，对我这顽劣之徒眷顾有加。我虽不通深奥佛理，用功不多，但我心中有佛，法轮常转，诵念佛号，常住我

后　记

心，我信佛能怜悯我，助我渡过彼岸。

关于这本回忆录的修订和出版，我要感谢的人有：

我儿常乃麟助我编修用心良苦，与各方联络、沟通、请益，出自至诚，使我感动。

李靈女士曾经读过我的初稿。大概是我这个长期居住台湾的老兵毕生遭受的苦难和生活经验有些与众不同；或许我的儿时记事以及我当国民党军队阿兵哥时的行军、作战、押运被服的回忆记录使她感到闻所未闻的那种新鲜和惊奇，尤其是我的文笔也较特殊。承蒙李靈热心为我逐句逐段润饰词语，使文章增添文藻气质，让读者阅读更为顺畅。我在此向李靈致以由衷感谢！

我的新朋友侯一罡，他是在2010年冬起担任洪秀柱在台湾地区立法机构的助理，我们曾共同研讨过台湾地区立法机构历史文献问题，彼此想法意见都相当一致，对服务选民事务与回复信件也都合作无间。2012年3月他鼓励我在家中架设网络电子邮箱，以此互相联络沟通，更发现他的学识广博，阅历丰富，善于协调，做人与待人均极为诚恳。他已在军中完成好几个阶段性艰巨任务以及数项民间企业的工作计划，都能顺利达成目标，为社会做出贡献。他的成功和完美人格可亲可佩！目前他是洪秀柱办公室主任乔正中的得力助手。

这次修改《鼎沸沙鸣》书稿，若无网络就不可能与北京如此便捷地联系，得以即日阅读校订新稿。若仍用邮政交通，恐怕要耗费几十倍的时间。因此我深深感谢侯一罡先生的积极建议，使用了网络电子邮箱，更感激他给我在写作上的精神鼓励。

2013年5月5日

跋

常乃麟

　　2001年的初夏，当我第一次看到家父梅宇先生的回忆录《鼎沸沙鸣》书稿时，被书中跌宕起伏的故事和家族亲人艰难曲折的经历深深感染和震动！我顾不上天气炎热和事务忙碌，一口气读完书稿。我感叹造化弄人，直到中年才逐渐详知自己的家世，自少年起就背负的身世疑团也终得释解！

　　11年以后的2012年，机缘巧合，商务印书馆得到家父的书稿，认为《鼎沸沙鸣》这本回忆录是以一位国民党老兵的身份，从小视野讲故事，衬托一段历史大背景，会给读者带来不同的感受和思考，决定推荐出版。由于家父已值耄耋之年，又远在台湾居住，因此我借居住北京之便，接受商务印书馆的建议和家父的嘱托，担负起协助家父完成《鼎沸沙鸣》书稿的修订任务，我视之为历史使命。

　　协助家父完成《鼎沸沙鸣》书稿的修订过程是自己学习和思考的过程，也是重温家史和中国近代史的过程。在这个过程中我发现书中一桩桩生动的事件恰与历史记载契合，一个个鲜活的人物亦曾在历史长河中闪现。这是一幅感人的画卷，真实地反映了家与国的关系，个人与民族的渊源，真是荣辱兴衰，休戚与共！

　　我深深感到，《鼎沸沙鸣》的作者是以一种善意的态度和不可推卸的责任感，用自己的亲身经历揭示了在社会大变革、大动荡，大改组的惨烈战争中，中国人民所遭受的苦难和牺牲，以及为了国家的统一所付出的惨重代价。作者并没有过度沉湎于个人和家族悲惨遭遇的哀怨和愤懑之中，

跋

而是把个人的命运与国家民族的命运紧紧联系在一起，真诚乐观地告诫世人，历史的悲剧绝不能再重演！

作者并非否定一切战争。但希望"中国人不打中国人"的口号不是某种权宜之计，而是"兄弟阋于墙，外御其侮"这句古语的深刻诠释和体会。希望当今两岸中国精英发挥智慧才能和道德精神，希望两岸同胞认清形势，加强交流与互信，以和平的方式相处和交往，最终达到实现国家的统一和中华民族繁荣昌盛的神圣目标。"台独"是绝对没有出路的！

《鼎沸沙鸣》中的许多故事剖析了人性善恶的特征。不但反映了在苦难、贫穷、危险和逆境中人性尊严的挣扎、沦落甚至泯灭，而且更多地歌颂了人性的善良和人伦道德的操守。老北京普通百姓之间的关爱和帮助，邻里之间和善相处，均来自于人性的本质和传统道德文化的滋润与补养。

《鼎沸沙鸣》涉及大陆文化和台湾文化的交融，两地有相同渊源，又有特色和差异。自从大陆人口大批迁移到台后，不但与本岛文化冲撞交融，而且大陆各地的文化风俗也空前地在台岛汇聚，语言天南地北、小吃各有风味……眷村生活、荣民的苦乐功绩都是大陆年轻人此前少有了解的生活情态。

教育的作用对人生和社会的良性发展是巨大的、关键的。香山慈幼院的早期培养使作者受益终生。"天命之谓性，率性之谓道，修道之谓教"，可见教育对人性的导向和道德的培养尤关重要。家父没有受过高等教育，之所以在业界有所成绩，并能服务社会，造福乡里，其原因在于香山慈幼院的幼年教育，家庭的熏陶，兄长的激励。除此之外更加重要的还有家父本人的勤奋和自律。我不能忘记至今仍然挂在家父书房墙壁上的书信警语。那是家父初到台湾时伯父常友石先生劝导鼓励胞弟的警诫训辞。我作为后辈非但没有理会家父年轻时曾有的稚嫩，反而更加增添了对家父的敬重之情和由衷的赞叹！

家父常说，自己体质不强，能力有限，却有小成，全赖贵人相助！书中记载了作者与毛彦文院长、周汝昌大师、洪秀柱女士、叶祖孚编审、贾凯林女士的真诚交往；回忆了在部队、在业界的朋友对自己的帮助；书中念念不忘同在熊希龄先生关怀下培育成长的香慈校友……所有这些，都记录了一份份深厚的情谊，令人感动，这是一种无形的精神财富！

我也出生于四九城宣武门外的闷葫芦罐（胡同），虽然年轻时对父亲背井离乡的经历一无所知，但对1949年故园周边的情景有些朦胧的印象，特别是家父1991年首次回京探亲及其之后二十多年间发生的事情我都亲身经历。这经历对于我来说，不只是亲人的久别团聚，也不只是个人身世的解惑，更重要的是对历史、对家族、对国家、对民族总体认识的升华。因故我对家父《鼎沸沙鸣》回忆录所要表达的内涵有着较为深刻的理解和会心的赞同。

由于条件所限，家父回祖籍省亲的愿望迟迟不能实现。2004年夏，家父如愿以偿，完成了从台北到北京，又从北京到河北冀州的回乡之旅。那时家父虽已年过70，却精神百倍，青春焕发。76年的期盼，76年的乡愁，终于在踏上这片热土时纾解释怀，亲和到这无边的冀州大平原之中。一路上家父千语不嫌多，双目不够用。说不尽的离情别意，看不够的乡土民风，想不到的家乡巨变，理不清的思绪满胸。当这位年逾古稀的"海外游子"长跪在故乡的大地上，亲吻着清香的热土时，我不禁热泪盈眶，被他的深情所激动。这就是乡情，这是一种发自内心的情感，什么力量也割裂不开的情感，这便是团聚中华民族经久不衰的根本动力！

此次回乡得到当地政府台湾事务办公室的热情接待。感动之余，我在给故乡政府相关接待部门回信时附诗一首，以表感谢之情。

梦绕魂牵念冀州，故园热土解乡愁。
听君一席千杯暖，吻地三躬百泪流。
惊叹新城盘古郡，喜看碧浪泛轻舟。

跋

从无浆水浓于血，必有恒心唱晚秋。

《鼎沸沙鸣》书稿的修订出版得到商务印书馆教科文中心的支持。在书稿的校对、补充和润色等方面，李靈女士给予了很大帮助。在此一并表示深深的谢意！

写于 2013年3月22日